本书获国家自然科学基金项目（72003170）、浙江大学中国农村发展研究院和ZJU-IFPRI国际发展联合研究中心支持

Income Growth and Inequality
in Rural China

Based on the dual perspective of "opportunity" and "effort"

中国农村的收入增长
与不平等研究

基于"机会"与"努力"的二元视角

史新杰 著

ZHEJIANG UNIVERSITY PRESS
浙江大学出版社

图书在版编目（CIP）数据

中国农村的收入增长与不平等研究：基于"机会"
与"努力"的二元视角 / 史新杰著. —杭州：浙江大
学出版社，2022.2
ISBN 978-7-308-22252-5

Ⅰ.①中… Ⅱ.①史… Ⅲ.①农民收入—收入增长
—研究—中国 ②农民收入—收入差距—研究—中国
Ⅳ.①F323.8

中国版本图书馆 CIP 数据核字（2022）第 004809 号

中国农村的收入增长与不平等研究：

基于"机会"与"努力"的二元视角

史新杰　著

责任编辑	陈佩钰（yukin_chen@zju.edu.cn）	
文字编辑	葛　超	
封面设计	雷建军	
出版发行	浙江大学出版社	
	（杭州市天目山路 148 号　邮政编码 310007）	
	（网址：http://www.zjupress.com）	
排　　版	杭州青翊图文设计有限公司	
印　　刷	杭州高腾印务有限公司	
开　　本	710mm×1000mm　1/16	
印　　张	13.75	
字　　数	260 千	
版 印 次	2022 年 2 月第 1 版　2022 年 2 月第 1 次印刷	
书　　号	ISBN 978-7-308-22252-5	
定　　价	68.00 元	

序　言

人生多浮沉,唯此多飘零。此刻在从厦门回杭州的高铁上,台风"烟花"的来访,南京疫情的二次暴发并向全国多个省份扩散,一切让这趟旅程变得百转千回,也不得不取消了接下来前往成都的会议,并提前从厦门回杭州。2021年已过半,而我们依旧在与疫情的博弈中前行。

回想疫情的初次暴发,到现在已经过去一年半的时间,很难想象这场未曾预期的灾祸给我们带来了怎样的影响,从就业、收入,到生产、生活,无不经受着考验。而低收入群体无疑在这场大考面前有着更大的脆弱性与不确定性。很显然,这部分群体大多来自农村,或是生活在农村的农业劳动者,或是在城市打工的农民工群体。而这本书,基于我的博士论文,对这些弱势群体作了一些探索性的思考。

中国改革开放40多年带来的经济高速发展极大地提高了劳动人口的人均收入,但是农村经济发展的动力仍不足,农村和城市之间收入差距依旧较大。同时农村内部收入不断分化,收入不平等问题逐渐加剧。虽然越来越多的文献开始关注农村地区收入不平等问题,但是鲜有研究从机会—努力的二元视角进行解读。该视角的焦点在于将导致收入不平等的因素分为个体不受控制的机会因素和个体可以控制的努力因素。本书基于已有研究成果,致力于从该视角深入理解中国农村收入增长和收入分配不均的议题。在此基础上,本书提出了两个主要问题:(1)中国(农村)的收入不平等在多大程度上是由这些不可控的机会因素决定的?(2)农村居民是否可以通过个人努力来改变自身命运?

其中第一个问题的背后体现的是一个社会的公平程度。如果高度的社会不平等主要是由机会不平等造成的,那么这个社会的阶级固化程度应该很高,由此而产生的社会问题也会更加严重。研究中国农村的机会不平等问题,是无法与城市割裂开来的,因为出生于农村还是城市本身就是最为重要的一个机会因素。除此之外,诸如性别、出生地点(东部、西部、中部)、家庭背景等因素也都不受个体控制,是在个体出生时就已经决定的。如果能够把这些机会因素分离出来,研究其对于收入不平等的贡献度,通过比较农村地区和城市地区的差异性,就能清晰地看到对于本身处于弱势地位的农村来说,机会不平等问题是否已经非常严峻。第二个问题可以细分为教育和劳动力外流作为两个关键的努力变量能否增加农户收入并且降低农村地区收入不平等程度,同时这种作用对于不同群体是否具有异质性。

基于以上问题,本书主要得出以下结论。

首先,本书通过参数估计和不平等分解方法比较研究了中国农村和城市地区收入不平等中的机会不平等现状。研究发现中国 2013 年的机会不平等相对系数高达 35.7%。年轻个体面临的机会不平等小于年老个体,农村地区高于城市地区;父亲的背景(受教育程度和职业)对收入不平等的贡献度高达 8.9%,出生地和户口是单个贡献度最大的两个环境变量,分别为 9.0% 和 7.6%,其他环境变量也有较大贡献度;在 Roemer 和 Barry 两种情境下,劳动力外流和个人受教育程度两个努力变量对收入不平等分别贡献了 24.4% 和 31.7%。环境不仅直接影响收入,还可以通过影响努力进而间接影响收入。该发现证实了相较于城市而言,农村地区机会不平等现状更为严峻,户口、出生地、性别、家庭背景等不可控因素都对个体的收入不平等有很大影响。

其次,本书通过固定效应模型、工具变量方法以及反事实模拟方法发现劳动力外流能够显著增加个体收入,缩小农村收入不平等,并且这种作用在不同方言区域具有异质性。具体而言,农村劳动力外流提升了农村家庭整体的收入水平。而这种作用在官话区最为显著,在吴粤区影响最为微弱;农村劳动力外流已经由前期的"流动成本限制"过渡到低收入农户的"后发优势",随着越来越多的低收入农户开始流出,农户之间的收入差距逐渐减小。这同时也意味着农户外流和收入之间的关系已经由"正向选择"向"反向选择"逐渐转移;随着低收入村落的低收入农户逐渐转移到非农部门,低收入村落通过"后发优势"也正在逐渐缩小和高收入村落的收入差距,同时这种作用在官话区和其他方言区更为显著。

最后,本书采用基于年龄组的生命周期视角,使用双重差分(结合倾向得分匹配)方法发现教育也会显著增加个体收入、缩小农村收入不平等,并且常规教育(义务教育)与非常规教育(非农职业培训)的影响具有差异性。研究发现,非农职业培训对收入具有"即时效应",而义务教育没有;非农职业培训和义务教育对收入都具有基于生命周期的"长期效应"，随着年龄的增加，这种效应呈缓慢上升趋势。这种效应在不同外出就业类型、从事行业以及从业地点具有异质性。同时本书还发现，义务教育和非农职业培训不仅能够提升农民工的外出收入，更重要的意义在于会降低农村地区的收入不平等，并且非农培训发挥的效用更大。

据此，本书提出了相关政策建议，提出应对相关问题的"一个中心、两个基本点以及三个重要策略"。

本书主要内容源于我的博士学位论文（浙江大学）。本书的付梓，离不开师长、亲友、同事的支持，离不开中国综合社会调查（CGSS）和全国农村固定观察点数据的支撑，更离不开国家自然科学基金青年项目——农村机会不平等的趋势与影响研究（项目号：72003170）、浙江大学公共管理学院百人计划研究员启动经费、浙江大学中国农村发展研究院和 ZJU-IFPRI 国际发展联合研究中心的资助，在此一并表示感谢。

由于研究水平有限，本书难免有不足之处，由衷地希望社会各界批评指正、不吝赐教。

目　　录

第一章　绪　论 ……………………………………………… 1
　　第一节　研究背景和问题的提出 ………………………… 1
　　第二节　核心概念界定 …………………………………… 4
　　第三节　研究目标、研究内容与研究意义 ……………… 8
　　第四节　研究方法、数据来源和技术路线 ……………… 10
　　第五节　可能的创新与不足 ……………………………… 14
　　第六节　本书的结构安排 ………………………………… 16

第二章　理论与研究回顾 …………………………………… 18
　　第一节　理论基础 ………………………………………… 18
　　第二节　研究回顾 ………………………………………… 29

第三章　中国农村的收入增长与收入不平等:机会与努力的历史变迁…… 59
　　第一节　中国农村的收入增长与不平等 ………………… 59
　　第二节　中国农村的机会与公平 ………………………… 66
　　第三节　中国农村的劳动力外流 ………………………… 72
　　第四节　中国农村的教育与培训 ………………………… 77

第四章　收入分配中的机会不平等问题研究 ……………… 84
　　第一节　引言 ……………………………………………… 84
　　第二节　相关文献回顾 …………………………………… 86
　　第三节　模型 ……………………………………………… 88

第四节　数据与描述性统计 ………………………………… 92

第五节　实证结果与分析 …………………………………… 96

第六节　"筚路蓝缕，以启山林"：个人努力的效应 ………… 101

第七节　结论性评述 ………………………………………… 106

第五章　农村劳动力外流对农村收入增长与不平等的影响研究 …… 108

第一节　引言 ………………………………………………… 108

第二节　事实与假说 ………………………………………… 111

第三节　数据、变量与描述性分析 ………………………… 114

第四节　模型与主要结果分析 ……………………………… 119

第五节　总结和讨论 ………………………………………… 135

第六章　教育和职业培训对农村收入增长和不平等的影响研究 …… 137

第一节　引言 ………………………………………………… 137

第二节　理论与文献回顾 …………………………………… 139

第三节　模型 ………………………………………………… 142

第四节　数据、变量及描述性分析 ………………………… 144

第五节　实证结果 …………………………………………… 148

第六节　总结和讨论 ………………………………………… 165

第七章　结论和政策启示 ……………………………………… 168

第一节　主要结论 …………………………………………… 168

第二节　政策建议 …………………………………………… 170

参考文献 ……………………………………………………… 173

图 目 录

图 1-1　技术路线　·························· 13

图 2-1　主要理论体系　······················ 18

图 2-2　刘易斯二元经济模型　················ 20

图 2-3　新劳动力迁移经济学框架　············ 27

图 2-4　洛伦兹曲线　······················· 34

图 3-1　2011—2014 年中国农村基尼系数　······· 65

图 3-2　基于不同机会组别的收入累积分布函数　·· 69

图 3-3　2008—2017 年中国劳动力数量变化　····· 75

图 3-4　2008—2017 年农民工月收入变化　······· 76

图 3-5　2009—2017 年农民工接受义务教育状况　·· 82

图 3-6　2011—2017 年农民工职业教育状况　····· 83

图 5-1　2008—2016 年农民工数量　············ 109

图 5-2　劳动力流动影响收入的路径变化　······· 114

图 6-1　年龄与收入分布　··················· 147

图 6-2　非农培训匹配效果　················· 156

图 6-3　义务教育匹配效果　················· 157

表 目 录

表 2-1　机会不平等测度方法 ……………………………… 40

表 2-2　机会不平等环境变量选择 ………………………… 43

表 2-3　努力变量的选择 …………………………………… 45

表 2-4　机会不平等在不同国别的研究 …………………… 47

表 3-1　中国 20 世纪以来土地制度变迁 ………………… 62

表 3-2　中国农村劳动力流动特征 ………………………… 75

表 3-3　义务教育相关政策回顾 …………………………… 79

表 3-4　2011—2014 年农村教育和职业培训状况 ……… 81

表 4-1　描述性统计(按农村—城市划分) ………………… 92

表 4-2　描述性统计(按出生组划分) ……………………… 94

表 4-3　基于出生组的收入方程 OLS 回归结果 ………… 96

表 4-4　基于农村—城市的收入方程 OLS 回归结果 …… 98

表 4-5　机会不平等系数(不考虑异质性) ……………… 100

表 4-6　机会不平等系数(考虑异质性) ………………… 101

表 4-7　环境变量对努力变量的影响(Probit 模型回归结果) … 102

表 4-8　环境和努力变量对个人收入的影响 …………… 103

表 4-9　环境与努力贡献度 ……………………………… 105

表 5-1　样本方言分布状况 ……………………………… 115

表 5-2　2011—2014 年农户收入分布状况 …………… 116

表 5-3　家庭劳动力外流以及若干控制变量的描述性统计 … 117

表 5-4　基于劳动力外流与非外流家庭的收入与收入不平等比较 … 119

表 5-5　混合回归:家庭劳动力外流对家庭收入的影响 … 121

表 5-6　面板固定效应模型:家庭劳动力外流对家庭收入的影响 … 123

表 5-7　FE-IV 模型:家庭劳动力外流对家庭收入的影响 … 124

表 5-8　固定效应工具变量模型第一阶段回归结果 …………………… 125

表 5-9　基尼系数分解结果 ……………………………………………… 128

表 5-10　不同方言区基尼系数分解结果 ……………………………… 129

表 5-11　混合回归:劳动力外流对村级收入不平等的影响 ………… 130

表 5-12　面板固定效应:劳动力外流对村级收入不平等的影响 ………… 131

表 5-13　反事实模拟:基尼系数的变化 ……………………………… 134

表 5-14　基于方言区和村级层面的 GE(0)不平等指数分解 ………… 134

表 6-1　农村居民外出打工非农收入等关键变量的描述性统计(整体
样本) ……………………………………………………………… 145

表 6-2　农村居民外出打工非农收入等关键变量的描述性统计(分样本) … 146

表 6-3　义务教育和非农培训对非农收入的影响(基于生命周期的考察) … 149

表 6-4　义务教育和非农培训对非农收入的影响(限制部分样本的回归
结果) …………………………………………………………… 151

表 6-5　非农培训对外出收入的重要性(基于生命周期的考察) ……… 152

表 6-6　非农培训 vs. 义务教育对非农收入的影响(基于生命周期的
考察) …………………………………………………………… 153

表 6-7　基于义务教育和非农培训的 Logit 选择模型 ………………… 155

表 6-8　义务教育和非农培训对非农收入的影响(基于 PSM 的回归
结果) …………………………………………………………… 157

表 6-9　义务教育和非农培训的异质性作用(外出就业类型) ………… 159

表 6-10　义务教育和非农培训的异质性作用(从事行业) ………… 161

表 6-11　义务教育和非农培训的异质性作用(从业地点) ………… 162

表 6-12　义务教育和非农培训对收入不平等的影响 ………………… 165

第一章　绪　　论

第一节　研究背景和问题的提出

　　"以地为生"的农村发展背景和"人多地少"的现实背景使得中国的农业和农村发展具有自身的独特性。新中国成立以来，"以农业支持工业"的国家发展战略导致中国农村的经济社会发展状况远远落后于城市地区，尽管1978年改革开放之后，国家层面开始推行"工业反哺农业的策略"，进入21世纪以来也不断强调农业和农村发展的重要性，比如2004年以来历年的中央一号文件都涉及"三农"问题，但是农村经济发展的动力依旧不足，农村和城市之间收入差距依旧巨大（宋洪远等，2012；张红宇，2016；蔡昉和王美艳，2016）。同时农村内部收入逐渐分化，收入不平等问题也逐渐加剧。这些问题的产生一方面阻碍了农村经济社会的可持续发展，尽管大量的农业劳动力转移出农村，但是依旧有大量的农村劳动力生活在农村，如果他们的收入得不到保证，那么很难实现中国社会的均衡发展目标；另一方面，农村和城市收入差距不断拉大以及农村内部收入不断分化，将对社会稳定产生一定的威胁，如果不加以重视妥善处理，可能将会是极大的社会隐患（薛宇峰，2005；赵亮和张世伟，2011）。

　　从经济发展规律来看，非农部门的劳动生产率往往高于农业部门，这也是很多发展中国家（包括中国）在发展初期选择着力于工业发展的主要原因。然而随之而来的问题是：为了实现经济发展的跨越和升级，一定要牺牲农业部门和农村人口的利益吗？如果从哲学的角度来解读，这个问题可以被理解为：为了实现部分人的利益增值，就应该牺牲另一部分人的利益吗？事实上，对于这个问题的理解不能过于片面，问题的关键在于两点：其一，经济资源是稀缺的，为了保证经济资源利用效率的最大化，势必会有所取舍；其二，农村利益的损失应该是暂时的，从长期来看，这种折损应该是有益于社会全体的福利提升，而不是一小部分人。然而，中国目前经济发展不均衡的最大问题就在于后者，农村群体在中国经济发展成果的分享中有很大的劣势。从个体的角度来看，出生于农村，也就意味着很有可能所能够获得的资源相对于出生于城市的人而言处于劣势。然而，出生于哪里，却又在个人的控制范围之外，这种劣势在某种意义上来说是"天定"的。

由此引出了本书研究的第一个关键问题：中国（农村）的收入不平等在多大程度上是由这些不可控的机会因素决定的？这个问题的背后体现的是一个社会的公平程度。如果说一个社会的不平等程度很高，但原因主要在于社会中不同个体的努力程度差异很大，那么似乎是可以理解和接受的。相反，如果这种高度的社会不平等是由于机会不平等造成的，那么可想而知这个社会的阶级固化程度应该很高，由此而产生的社会问题也会更加严重。另外，由以上的分析来看，研究中国农村的机会不平等问题，是无法与城市割裂开来的，因为出生于农村还是城市本身就是最为重要的一个机会因素。除此之外，诸如性别、民族、出生地点（东部、西部、中部）、家庭背景等因素也都不受个体控制，是在个体出生时就已经决定的。如果能够把这些机会因素分离出来，研究其对于收入不平等的贡献度，通过比较农村地区和城市地区的差异性，就能清晰地看到对于本身处于弱势地位的农村来说，机会不平等问题是否已经非常严峻。

如果第一个问题所提出的机会不平等问题在中国情境中确实存在，并且农村地区相较于城市地区而言，处于明显的弱势地位，那么由之而来的第二个问题是：农村居民是否可以通过个人努力来改变自身命运？要解决这个问题，首先要界定"努力"，即哪些选择是在其自身掌控之中的。从农村情境来说，农村劳动力外流进而实现非农就业是其中一个重要的自身可以控制的因素。大量的研究证明了农村劳动力外流显著地提高了农户收入（De Brauw et al.，2002；Démurger et al.，2010；Li，1999；Mohapatra et al.，2007），但是很少有研究对这种影响的异质性进行分析。体现这种异质性的一个例子是方言的差异性，方言的背后既是地域差异的体现，也是文化差异的体现，生活在不同方言区域的劳动力在选择外出打工的地点时可能存在差异，同时不同方言区域对于来自不同方言区域的劳动力也具有选择性，由此而产生很大的工资差异。如果说一个人出生在什么方言区是个人无法控制的环境变量,那么是否选择外出打工以及选择到哪里打工是在个人一定的可控范围内的。

　　除了劳动力外流之外,教育是农村劳动力可以在一定程度上予以控制以此来改变命运的另一个重要手段。教育对于提升中国农村劳动力的非农收入具有很大的作用,尽管这种作用相较于城市地区而言依旧有限(Rosenzweig & Zhang,2013)。一方面,从不同的研究来看中国城市的教育回报率很少超过5%(Meng,1996;Meng & Zhang,2001),而农村地区基本都低于5%(Luan et al.,2015;Parish et al.,2009)。另一方面,从教育形势来看,目前的农村教育主要有正规教育和非正规教育两大类,正规教育更多地是指在学校接受的正式教育,比如说义务教育;非正规教育更多地是指职业培训等更具有导向性和实践性的教育形式。如果说农村居民能够通过教育改变自己的命运,那么这两种不同的教育形式会产生怎样不同的作用也是亟待探索的一个研究课题。

　　如果说劳动力外流和农村教育是两个农村个体可以自我掌控的最重要的努力变量,那么另一个值得关注的问题是:这两个努力变量也可能受到机会因素的影响。从劳动力外流的问题来看,一方面,同样出生在农村地区,西部地区的人相较于东部地区的人而言,收入更低,更有转移出来的强烈意愿,同时对于很多东部地区的人而言,可以不通过劳动力外流而实现非农就业。但另一方面,由于劳动力外流存在一定的成本限制,西部地区某些特别贫穷的农户可能由于这种限制而无法实现转移。从教育的问题来看,农村地区家庭背景越好的个体,越有可能接受更高等的教育,这其中有家庭投资的差异性,也有父母受教育程度的代际流动性。

　　在厘清了机会与努力的关系以及回答了努力是否能在一定程度上改变自身命运之后,随之而来的另一个问题是努力的这种作用对于不同群体是否具有同质性,这个问题之所以关键是因为它体现了个体努力的增加能否降低群体之间的收入不平等。如果说所有个体都额外付出了同等的努力,本身收入较高的那部分农村个体相对于收入较低的那部分人收入提升得更快,那也就意味着这种努力的提升虽然在一定程度上增加了个体的收入,但同时也可能会拉大群体之间的收入不平等。反之,如果这种努力的作用在本身收入较低的农户身上体现得更为明显,那么努力不仅可以改变自身命运,而且在一定程度上降低了收入不平等,进一步促进了社会收入分配的均等化。

　　以上几个问题之间是相互关联的,究其本质而言,本书想要探索的是:在中国现阶段,特别是在处于弱势的农村地区,是不是"我命由我不由天"? 具体来看主要有两个大的议题。首先要回答的是相较于城市地区而言,中国农村的收入不平等在多大程度上是由机会不平等造成的,这其中需要重点考察的就是户籍制度带来的农村和城市地区的差异性。其次要回答的是个体的努力能否通过增加收入改变自身的命运,这种改变具有怎样的异质性以及最终是否会降低收入不平等使得社会分配趋向均等化。

以下的篇幅详细阐述了为了回答这个问题本书所使用的方法、数据和逻辑。毋庸置疑,本书在这些方面还存在一些瑕疵,对于方法的使用尚存在改进之处,数据的选择不尽完满,逻辑的展开也有待商榷之处,但希望本书能为中国农村以及农民的收入不平等研究尽绵薄之力,让更多学者、政府官员、社会人士以及所有关心中国"三农"发展的人士了解到目前中国(尤其是农村地区)收入不平等以及机会不平等的现状,对于已经发生并且正在持续的农村劳动力的外流以及农村教育的深化所能起到的作用有更进一步的认识,对于共同富裕背景下机会公平和乡村振兴(农村居民的收入增长)的重要意义有更深入的理解。

第二节　核心概念界定

一、收入不平等

收入不平等是与收入均等相对应的一个概念,具体是指在收入分配过程中产生的分配不均等的现象。而为了便于理解收入不平等的程度以及对不同情境或者群体之间的收入不平等进行比较,往往可以通过一系列的指标进行表征,比如说最为常用的基尼系数以及其他一系列指标,诸如广义熵指数、阿特金森指数等。本书的第二章对于这些指数的差异进行了详尽解读。

一方面,社会对于收入不平等现象是予以排斥的,因为在理想的乌托邦,财富的分配应该是均等的。财富分配不均也就意味着社会公平公正的缺失。但事实上,完全均等的收入分配体系在现实经济体中是不存在的,即便在北欧、澳大利亚等社会服务体系极为发达、财富分配体系相对公平的地区和国家,收入不平等现象依旧存在。然而,过大的收入差距可能会导致一系列的社会后果,比如社会动荡等,因此收入不平等问题一直是学界关注的焦点。

　　另一方面,越来越多的研究开始对"不平等即不可接受"的观点产生质疑,原因在于他们认为有很多不平等的产生是合理的。这种观点的核心是把一般的不平等划分为两类:一类是"起跑线"的不平等,指先天条件的不平等,好比在一场跑步比赛中被放置于不同的起跑位置,这类不平等是不公平、道德上不能予以接受并且应该被消除的。另一类是结果的不平等,也就是一般意义上所能看到的不平等,比如说通过直接观察收入看到的收入不平等,这类不平等并不是完全不可接受。在跑步比赛的例子中,如果两人从同一起跑线起跑,剔除先天体质的差异,如果由于其中一人投入了更多时间进行训练而赢得比赛,那么这种不平等是可以被接受并且不应该被消除的。在收入的例子中,如果一个人收入高不是因为具有很好的先天条件,而是因为在工作中投入更多的努力,那么这种收入差异的产生是应该被鼓励的,因为他对个人起到很好的激励作用,并且利于整个社会的长期均衡发展。由此也引出了接下来的两个关键词:"机会"与"努力"。

二、机会

　　所谓机会,是指外生的先天条件。如果放在收入的例子中,就是指那些一个人出生就被决定的、自己无法掌控的因素。比如说一个人的性别(男性或者女性)、出生户籍(农村或者城市)、出生地点(东部、中部还是西部)、民族(汉族或者少数民族)、家庭背景(父母受教育程度、父母职业、家庭收入)等。

　　上述的因素虽然个人无法决定,但是同样会对收入产生影响。比如说男性可能会比女性更易于获得高收入,出生于东部城市背景更好的家庭可能会有很大的优势等。而由这些因素所造成的收入不平等也就是"机会不平等"。从本书第二章可以看到,机会不平等是一个社会真正所不能容忍、应该致力消除的。

三、努力

　　与机会对应的另一个概念就是努力。所谓努力,是指那些个人可以在一定程度上有掌控力的因素。比如说一个人的受教育程度，虽然也可能受到某些环境因素的影响，如家庭背景越好个人越有可能接受更好的教育，但是在某种程度上而言，教育是个人可以努力的方向。比如说古代的科举制度最初就是国家给寒门学子提供的一个社会阶层跨越渠道，现在的高考制度亦是如此，虽然其中也可能存在很多的不公平不公正现象，但是相对而言确实是个人可以决定的实现阶层流动的最有效方式之一。除此之外，还有一些因素，比如说农村劳动力选择外流，也是个体可以自主选择和决定的一个努力因素，这种选择是基于个体对家庭生计的考量，想要在城市的非农部门获得更高的收入而形成的。尽管本书第二章将提到，早期的劳动力外流可能也受到诸如家庭原始资本等的资金限制，比如说很多特别贫困的农户可能无法负担转移的成本，但是随着经济发展，这种限制也变得越来越弱。

相对应地，由于这些努力因素造成的收入不平等被称为"努力不平等"，这种不平等是在道德上是可以接受的，并且政府不应该致力消除这种不平等，否则反而可能会带来很多负面影响。比如说，北欧国家拥有很强大的社会福利体系，虽然这种制度使得整个社会的平等程度大大上升，但是造成的问题也很明显，由于在这些国家的人即便没有工作也可以从政府领取相应的救济金，足以支持自身的基本生活，所以很多人即便有工作能力可能也会选择不工作。这种问题的产生原因就在于政府没有尊重那些由个人努力所造成的不平等，导致社会的激励措施缺失。

四、劳动力外流

农村劳动力外流的主体是农民，"农民"在《汉典》中的解释是"长期从事农业生产的人"。其最早可以追溯到《谷梁传·成公元年》中所记载的"古者有四民。有士民，有农民，有工民，有商民。即士农工商四民"。在中国，农民的身份也与户籍制度息息相关，它是用以记载和留存住户人口的基本信息的法律文件，一般来说分为农业户口和非农业户口两大类，并且与升学、教育、医疗等社会福利与保障体系挂钩，两类户口被区别对待。个人的户籍状态与父母的户籍状态相关，在个人出生时就已经决定，比如说父母双方为农业户口，则出生时的户口状态一般也为农民。当然，后期可以通过升学等转为非农业户口，并且目前部分地区开始户籍改革，取消了农业和非农业户口的差异，统一为居民户口。

而随着经济发展和城镇化进程的推进,很多原来以农业为生的农民开始离开农业从事非农业工作。对于这类群体来说有两种选择,一种是在附近的县城寻找非农工作,对这类群体来说并不需要完全离开乡村。但是对很多中西部地区的人来说,附近县城并没有那么多的非农就业机会,由此他们选择了第二种路径,也就是转移到东部沿海较发达地区寻找非农工作,由于空间距离限制,对于这些人来说绝大部分时间可能都居住在他们打工的城市。而农民工(劳动力外流者)就是指那些外出打工从事非农工作超过 6 个月的农村户籍人口。

五、义务教育

一般来说,教育有广义和狭义两种不同的概念。广义的教育指所有会对人的身心发展产生影响的社会实践活动。而狭义的教育则是指学校教育。而义务教育则是指国家统一实施的所有儿童必须接受的教育,具有强制性、免费性和普及性的特点。目前中国的义务教育一般囊括了 9 年时间的小学和初中教育。但是很多偏远地区农村的教育资源分配还存在很大问题。

六、职业培训

相对于义务教育来说,职业培训更具有针对性。它是帮助劳动者提高劳动职业技能的一系列培训活动。与义务教育相比,周期更短,投入成本可能更小,但是对于技能性工作的直接帮助可能更大。

对农村地区来说,职业培训既包括农业职业培训,也包括非农职业培训。前者主要针对在农村从事农业生产活动的农民,帮助他们解决农业生产中的各种问题,比如说播种、施肥、收割等过程中的相关注意事项,农业机械的使用和普及,新的农产品的引入,等等。而随着时代的发展,一些新的农业培训项目也在兴起,比如说培训农民如何发展农产品品牌,向农民普及农业电子商务的知识和技能以及向部分想要进行农业创业的农民进行创业指导,等等。而非农培训更多地针对想要从事非农工作的农民,帮助他们提升非农就业的技巧,或者针对部分有意向进行非农产业创业的人进行相关的商业指导,比如说商业计划书的撰写、商业谈判以及商务管理等。

第三节　研究目标、研究内容与研究意义

一、研究目标

本书的主要目标是：在宏观经济逐步增长的背景下，运用主流的经济学理论和相关方法，通过机会—努力的二元视角来研究中国农村的收入增加和收入分配不均等的问题。具体来说，可以分为以下两个主要目标。

目标一是基于收入不平等和机会不平等的相关理论框架，运用参数方法和相关分解方法研究中国农村收入不平等现状，回答这种收入不平等在多大程度上是由个人不可控的机会因素造成的，在多大程度上是由个人努力差异造成的。研究过程着重关注农村，同时注重农村和城市的对比分析。

目标二是基于中国机会不平等存在的现实，运用科学的研究方法来探讨通过个体的努力是否以及在多大程度上能够有效地提高收入，是否以及在多大程度上会影响农村社区的收入不平等现状。

二、研究内容

基于以上研究目标，本书致力刻画在新型城镇化背景下中国农村社区收入增长和收入不平等的全貌，着重研究以下三方面的内容。

内容一是研究户籍、性别、家庭背景、出生地等机会因素对于收入不平等的贡献度，比较农村地区和城市地区的差异性。同时分析这些环境因素如何影响个体受教育和外出务工的选择（努力），以及两者之间的关系如何影响对于机会不平等的测度。

内容二是研究个体外出非农就业作为个体可以选择的"努力"之一，如何影响个体的收入以及农村社区的收入差距。同时将这种研究置于方言视角之下，比较不同方言区域之间的异质性。由此可以分析，农村个体是否可以通过实现非农转移改变自身命运，同时通过比较这种改变对于优势群体和弱势群体之间作用的显著性差异来判别劳动力外出流动能否进一步缩减农村社区之间的收入差距。

内容三是研究教育作为个体可以选择的另一个"努力"变量如何影响收入增长以及收入差距的变化。本书基于生命周期视角(年龄组),研究了农村义务教育和非农职业培训作为最为重要的两种教育形式,其作用机制是否具有差异性,进而回答了农村个体是否可以通过接受教育和培训来克服由于机会因素带来的消极影响。

三、研究意义

本书通过引入机会—努力的二元框架,系统地分析了目前引起中国农村收入不平等的不同因素,总的来说具有以下理论与现实意义。

从理论视角来看,虽然关于机会不平等的研究在国际上是一个研究热点,已经有大量针对不同国家的相关研究,但是针对中国的经验研究还比较缺乏,尤其是对于农村和城市的比较研究。由于中国户口制度的特殊性,对于中国农村和城市地区机会不平等的比较研究具有很大的理论意义。因为户口本身作为一个机会因素,对收入不平等具有很大的影响。目前很少有文献能够将机会与努力置于同一个分析框架之中,本书在这方面作了一些尝试,不仅对两者的关系进行了探讨,分析了其将如何影响对于机会不平等的测度,还着重研究了两个重要的努力变量是否能够消除来自不利机会因素的影响。从目前的文献来看,这也具有一定的理论意义。

从现实意义来看,中国目前的阶级固化问题已经引起了学界和媒体的广泛讨论。一个社会的阶层流动是否顺畅是其公正公平的体现,也是社会稳定的基础。中国总体经济实力已经跃居全球第二,人均 GDP 也逐年增加。但是这种增长的背后显现的问题是增长的不均等性,也就是说中上阶层的收入增长明显快于中下阶层。并且从诸如教育、医疗、公共福利等不同的社会福利层面来看也体现出较为严重的分配不均等问题。这种分配不均的背后体现的是机会不平等引起的阶级固化,而农村人口占中国人口的绝大多数并且相较于城市人口而言处于弱势地位,因此中国农村人口收入不平等以及机会不平等问题的研究对于理解中国的阶级固化问题、解决中国目前一系列经济社会热点问题具有重大的现实意义。同时在共同富裕背景下,机会公平是其核心内涵,通过提高农村居民收入促进乡村振兴是其重要手段,本书相关研究为此提供了相应的经验证据,具有重要的参考价值。

第四节　研究方法、数据来源和技术路线

一、研究方法

本书的研究方法注重经济理论与计量模型相结合，在理解和扩展相关理论模型的基础上，运用前沿的计量经济模型对相关问题进行科学的研究，以期对本书提出的问题有着全方位、多视角的理解，具体来说主要包括以下方法。

方法一是理论研究法。理论研究是实证研究的基础，本书通过大量的文献回顾，回溯了相关的理论研究进展，并对相关理论进行了拓展。本书的研究从本质上是基于城乡二元经济理论展开，基于城乡收入差距的现实，关注了农村收入不平等问题。因此收入不平等相关的理论是本书主要参考的理论体系之一，比如说收入不平等的测度、收入不平等的成因等。而机会不平等的相关理论是本书第四章对于收入不平等中的机会不平等问题进行研究的基础。另外，劳动力流动的相关理论以及农村教育的相关理论是本书第五和第六章对农户自我努力（教育和劳动力外流）对收入和收入不平等影响研究的基础。在第六章的相关探讨中，本书还融入了生命周期理论（年龄组）的视角，以期更为全面地分析义务教育和非农职业培训对于农村地区收入增长和收入分配不均的影响。本书基于这些零散的理论体系，建立起完整的分析农村收入不平等问题的理论研究框架，为之后的实证研究打下了良好的基础。

方法二是计量经济学研究方法。在理论研究的基础上，本书使用科学、严谨、全面以及前沿的计量经济学研究方法，对所需要研究的主要问题进行了探讨。本书第三章主要运用了描述性统计的相关方法对中国农村收入增长和收入分配不均等的问题进行了历史性回顾和现实展望。本书第四章使用参数估计方法（回归模型）研究了中国农村（和城市）收入分配不均等问题中的机会不平等问题，在此基础上还融入了收入不平等分解方法（Shapley值分解、方差分解等）等。第五章综合运用了固定效应模型、工具变量方法、基于倾向得分匹配的模拟方法等研究了基于方言差异性的劳动力流动对于农户收入增长和农村地区收入分配不均等的影响问题。第六章综合运用了固定效应模型、双重差分法以及倾向得分匹配等方法研究了农村地区义务教育

和非农职业培训对农村收入和收入不平等的影响。基于不同研究方法的适用性,本书试图使用具有针对性的研究方法对本书的研究问题进行合理规范的探讨。

方法三是比较分析法。除了以上两种方法之外,本书通篇普遍采用对比分析法,以期对一个问题的不同方面进行客观深入的研究。在本书的第三章,对比了中国农村收入不平等的历史发展脉络和现实发展走向,为之后的实证研究奠定了良好的研究基础。第四章基于户口的差异性,对比分析了农村地区和城市地区机会不平等的不同。第五章则以方言差异性为视角,探讨了基于不同方言区域的劳动力流动对收入和收入分配影响的异质性。第六章则区分了常规教育和非常规教育的差异性,对比分析了义务教育和非农职业培训对于农村收入增长和收入分配影响的异质性。

二、数据来源

本书的研究基于微观的研究视角,故而所使用的数据以大型微观调研数据为基础,主要有以下三个来源。

首先是中国综合社会调查(China General Social Survey),以下简称CGSS。该数据库是中国最早的基于全国范围对中国经济社会变迁进行综合调查的数据库之一。从 2003 年起,该调查对中国大陆各省份 10000 多户家庭进行连续性界面调查,收集了社区、家庭和个人多个层次的信息。CGSS 的总体议题框架是基于社会结构、生活质量以及两者之间的内在关联机制。其中包括了年龄、性别等基本的人口特征变量,父母受教育程度、父母职业等家庭背景变量以及诸如户口、出生信息、个人教育状况、收入等体现个人以及家庭经济社会特征的变量,非常适合研究中国的机会不平等问题。从抽样方法上来看,CGSS 一直采用多阶段分层 PPS 随机抽样,以求通过合理科学的抽样方法获得最具代表性的全国样本。本书的第四章主要选取了 2013 年的数据集作为分析样本,在剔除缺失值后,样本观测值为 7136 个,其中农村样本 4310 个,城市样本 2826 个。

其次是全国农村固定观察点数据。该数据是由农业农村部农村经济研究中心组织展开调查的长期追踪数据,包含中国 31 个省(区、市)300 多个村的 20000 多农户。该调查起始于 1986 年,样本的选取基于随机分层抽样方法,每年以很小的退出和进入比率进行样本追踪调查①。其在诸如农村收入消费等方面的数据都与国家统计年鉴具有可比性,具有一定的全国代表性。数据通过每年各地农村观察点的常规记录和入户调查获得,调查在每年(农历)年底进行,由每个农户在家的成年家庭成员回答。由于大量的外出务工劳动者会在春节前夕返乡,该数据的调查时点保证了每个农户都尽可能有成员可以回答问卷,这在一定程度上增加了数据的精确度。同时该数据包含丰富的农户信息,包括农户类型、每个家庭成员的信息以及家庭土地、资产、生产经营、收入支出信息等。因此,中国农村固定观察点数据在研究农村劳动力外流、农村教育和农村收入问题上具有不可替代的地位,是最为权威的数据来源之一。本书第四章和第五章都主要使用了 2011—2014 年的面板数据,并删除了少量具有城市户口的样本,将分析样本限定在具有农村户口的农户上。本书之所以在第四章到第六章(主要实证章节)使用了两套数据,是因为不同研究问题和不同数据之间的匹配性和适用性,针对机会不平等相关问题的研究,农村固定观察点数据无法识别相关的家庭背景以及出生地等信息,而 CGSS 则提供了相应的数据;而针对农村的劳动力流动、教育和职业培训等相关信息,在 CGSS 中并不完全可得,但是全国农村固定观察点数据则非常详尽。另外,两套数据都具有很强的全国代表性,大量的学者都用两套数据做过非常多出色的研究,两者具有可比性,并且都具有科学性和可靠性。

除了以上两套数据库之外,在第五章的分析中,本书还使用了方言相关数据库。为了分析不同方言区在劳动力流动和收入变化上的异质性,本书利用许宝华和宫田一郎(1999)所编《汉语方言大辞典》和中国社会科学院(1987)《中国语言地图集》确定了 278 个地级市的方言。这两个数据库详尽地记录了中国方言种类和分布状况,中国的汉语方言由粗略到细致分为:汉语、方言大区、方言区、方言片。本书采用方言大区作为基本的方言单元,除了官话外,还有九类汉语方言,其中包括晋语、赣语、徽语、客家话、闽语、吴语、湘语、粤语、平语。

三、技术路线

本书基于机会—努力的二元视角,采用科学合理的研究方法对中国农村

①   1986 年、1992 年和 1994 年由于资金限制没有进行调查。

收入不平等问题进行了详尽的研究,具体可参见图 1-1。

| 第一章 | 教育 外流 → 机会 努力 → 城市 农村收入低 不平等加剧 → 农村长期发展 城乡协调发展 社会稳定 | 绪论 |

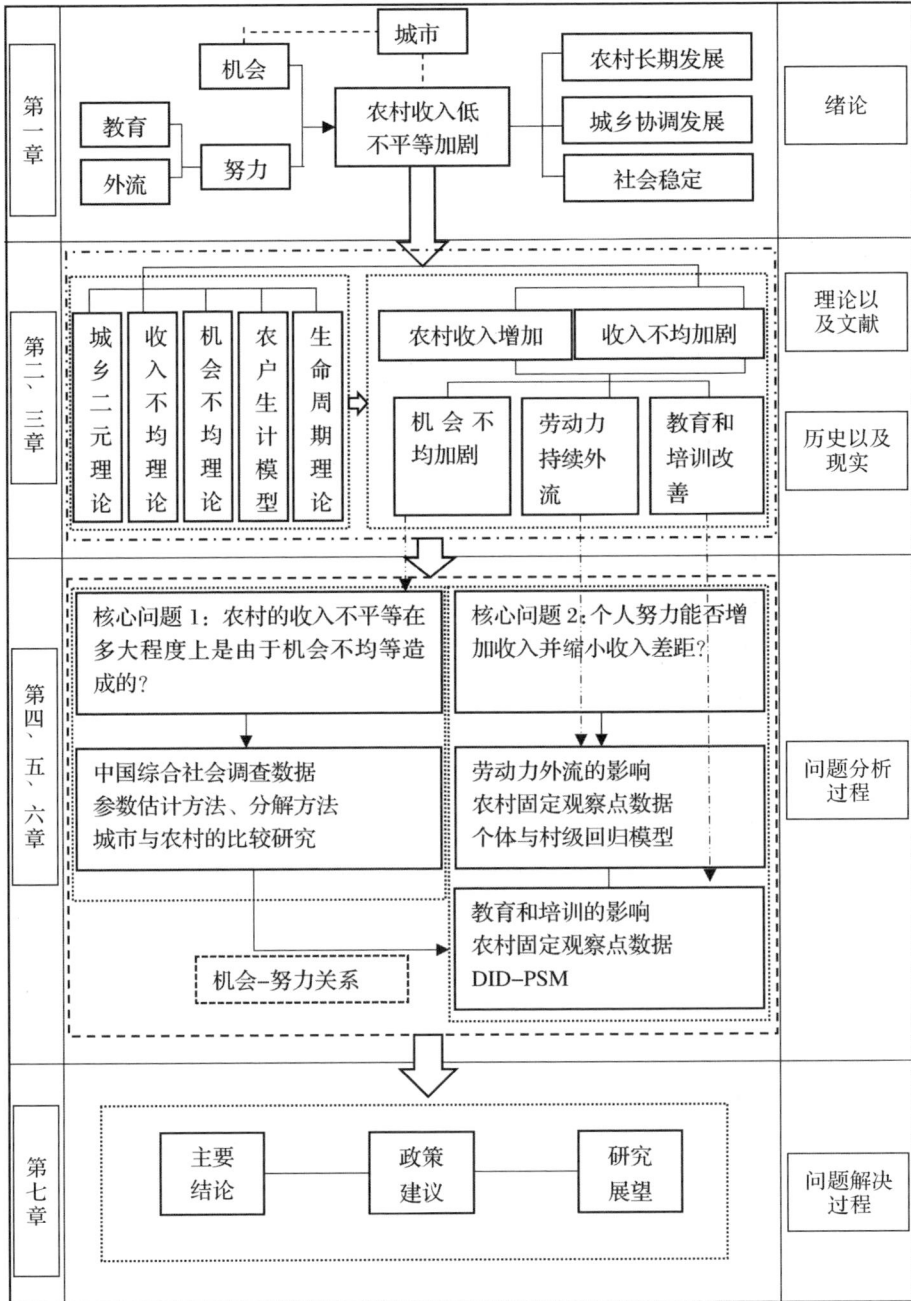

图 1-1　技术路线

第五节 可能的创新与不足

基于城乡二元经济理论体系,本书着重分析了中国农村收入不平等问题,从研究视角以及研究方法来看都具有一定的创新性。

一、研究视角创新

首先,与以往中国收入不平等问题的研究不同,本书的研究基于机会—努力的二元视角,并不认为所有的收入不平等都是从法律以及道德上不可接受的,只有那些由先天无法控制的机会因素造成的不平等才是社会应该关注、政府应该致力消除的。而那些由个人努力不同而造成的收入不平等应该予以尊重,这是激励一个社会的个体不断创造个人价值和社会价值的基础。

其次,本书将研究的重点放在中国农村,原因在于目前的社会大环境往往关注农村的收入增长问题却忽略了农村的收入分配不均等问题,从这个角度来看,关注中国农村的收入不平等问题更具有社会价值。同时,由于户口也是一个重要的机会因素,本书同时比较分析了农村和城市机会不平等问题的现状,由此可以更清晰地看到农村收入分配过程中的问题。

再次,本书并不仅仅着眼于农村收入分配中的机会不平等问题,还关注在收入不均等存在的现实之下,农村个体通过个人努力能否改变自身的命运。对于农村个体来说,个人受教育以及通过劳动力外流实现非农转移是两条最为重要的途径。因此本书的另一视角是:农村个体通过接受更多的教育以及非农转移能否克服不利环境因素带来的收入劣势,同时这种作用对于强势群体和弱势群体的作用是否不同? 由此而来的问题是:教育和劳动力外流能否降低农村地区的收入不平等? 这里面暗含的机制是:如果弱势群体能从教育和非农转移中更多地获益,理论上应该能缩小收入差距;相反,如果强势群体的努力更能对收入产生积极的作用,收入差距可能反而会增大。

最后值得注意的是,虽然个人教育和农村劳动力外流作为努力变量,在一定程度上是个人自身的决策,但是可以明显地看到它们也会受到性别、家庭背景等机会要素的影响,本书对两者之间的关系也进行了相关的探讨。

二、研究方法创新

从研究方法上来看,本书也具有很大的创新。首先针对机会不平等的相关研究,本书在传统的参数估计的基础之上,将努力变量纳入分析框架,一方面探讨了努力变量从误差项中分离的可能性,另一方面选取两个主要的努力变量探讨了努力变量和机会变量之间的关系如何影响机会不平等的测度问题。

另外,针对两个努力变量(受教育以及劳动力流动)如何影响农村收入和收入不平等的问题,本书基于内生性处理的考量,综合运用了固定效应模型、双重差分、倾向得分匹配以及工具变量等方法,以期最大程度得到科学准确的结果。另外不仅从个人层面进行了考量,还从村级层面进行了分析;不仅从当期影响出发,更基于生命周期(年龄组)进行了更为深入的研究。

三、研究相关不足

除了以上的创新点之外,由于笔者自身的研究水平和相关研究条件的限制,本书也存在一些明显的不足之处,主要体现在以下几点。

其一,由于不同数据的适用性以及本书研究问题的需要,本书并没有全文贯穿使用一套数据,在对于机会不平等的研究中主要使用了 CGSS 数据,而在对于两个努力变量的研究中使用了全国农村固定观察点数据。虽然两套数据都具有很强的科学性和实用性以及一定的可比性,但是如果能够使用一套数据对本书的主要问题进行研究,会增强研究结论的稳健性,也能够以更为完整的视角来看待各个章节之间的联系。同时,两套数据在时间跨度上都具有一定的限制性,如果能从一个更长期的范围对相关问题进行研究,可能会更具有现实意义。

其二,本书第四章对于机会不平等的相关研究,无法解决相关机会变量的内生性问题。这是目前相关文献公认的一个还无法解决的问题,因为对于机会不平等的测度是基于多个环境变量的组合,不同于两个变量之间的因果关系测度,无法使用工具变量等方法来解决遗漏变量等导致的内生性问题。而这种问题会不会导致机会不平等的测度产生很大的偏差,目前学界也没有得出一致的结论。

其三，本书第五章基于方言视角研究了劳动力流动对于农户收入和收入分配的影响，但是对于不同方言区之间的区分还没有科学的理论体系作为支撑。同时本书还没有办法区分基于方言差异的影响的异质性究竟是由方言本身的差异造成的，还是由方言区不同的经济发展状况所导致的。

第四，本书第六章从生命周期的视角研究了农村义务教育和非农职业培训对于农村收入增长和收入不平等的影响。但是由于数据的限制，无法获得个人整个生命周期的数据，这使得最后的估计结果可能会产生一定的偏差。但是目前关于中国问题的研究，尚没有基于生命周期的调查数据，这也是相关研究的一大限制。

第六节　本书的结构安排

本书一共分为七章。本章为本书的绪论，主要介绍了本书的研究背景、核心概念（收入不平等、机会、努力、劳动力外流、义务教育以及职业培训等）、研究目标、研究内容与研究意义，并对本书的研究方法、数据来源和技术路线进行了论述，据此提出了本书可能的创新与不足。

第二章介绍了本书的理论基础并对相关的研究进行了回顾。该章首先回顾了与之相关的理论体系，其中包括城乡二元经济理论、收入不平等理论、机会不平等理论、农户升级模型理论以及生命周期理论。另外，该章节着重回顾了与本书相关议题的已有研究成果，其中包括中国农村收入不平等的相关研究、收入不平等中的机会不平等的研究、农村劳动力流动相关的研究、农村教育和职业培训与农村收入的研究等等。

第三章对农村收入增长与不平等以及造成不平等的机会和努力变量进行了历史背景回顾，同时使用相关数据对其现状进行了初步刻画。通过历史和现实的比较分析，该章节旨在为接下来的实证研究提出初步的证据。

第四章致力探讨中国农村（和城市）目前的收入不平等在多大程度上是由机会不平等造成的，通过这种探讨，希望运用科学的量化方法，对目前社会和媒体广泛讨论的"拼爹""寒门难再出贵子"现象有进一步深入的认识。该章使用了 CGSS2013 年的数据，并将其按照年龄组和户籍划分了子样本，运用广泛使用的参数方法，估计了中国的机会不平等系数；利用相对最有效的 Shapley 值分解方法，分解了每一个环境变量的贡献度；同时采用相对最新的方差分解方法,探究了劳动力流动和自身教育两个变量对于收入差距的贡献度。

第五章和第六章探讨了劳动力外流和教育两个努力变量对于农村收入增长和不平等的影响,以期解答农村个体能否通过自身努力改变命运的问题。其中第五章利用中国农业农村部农村经济研究中心全国农村固定观察点 2011—2014 年的数据,研究了农村劳动力外流如何对农村家庭的收入、农户之间的收入差距以及村域之间的收入不平等施加影响。同时基于不同的文化背景,以及不同的经济社会发展环境,探究了这种影响在不同方言区之间的异质性。这种区分既考虑了不同方言区域的经济社会条件,同时也考量了在方言背后的文化因素。

第六章同样使用全国农村固定观察点 2011—2014 年的数据,采用基于出生群组的生命周期视角,使用双重差分(结合倾向得分匹配)方法,研究了义务教育和非农职业培训对于提升农民工外出收入的重要性和异质性。大量的文献都已经证实了教育和培训对于增加收入和就业率的作用,但是还很少有文献对两者的作用差异进行比较研究。本书主要研究了以下问题:在中国农村的义务教育和非农职业培训分别对农村居民的非农收入有什么差异性的影响?这种影响在不同的就业类型和不同的就业地点有什么异质性?更进一步,教育的投入以及职业培训的开展能否缩小农村居民之间的非农收入差距?

第七章对全书进行了总结并提出了相关的政策建议。

第二章　理论与研究回顾

第一节　理论基础

本书的主要理论体系如图 2-1 所示。本书主要是在城乡二元体系的背景下来分析农村的收入不平等问题,并且将影响收入的因素分为环境因素和努力因素,在这个框架中会涉及农户生计理论以及收入不平等的相关理论。农户收入的机会不平等理论主要与第四章相联系,该章节分析了机会因素对于收入不平等的贡献度。相对应地,农户基于生计的考量,也会通过自身努力来改变收入低下的境况,劳动力从农业部门转移到非农部门是其中一个重要途径(第五章),与此相关的是劳动力流动的相关理论;另外,通过教育和培训

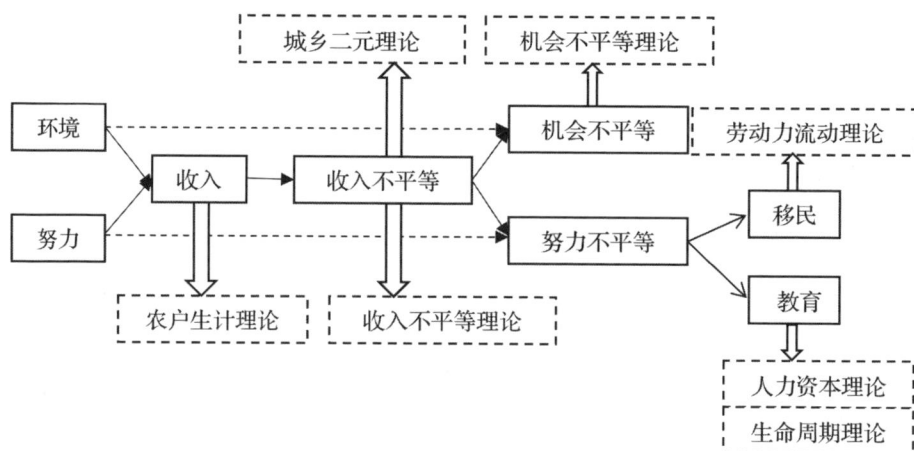

图 2-1　主要理论体系

来增进人力资本也是一条重要途径(第六章),与其相关的理论主要是人力资本相关理论和生命周期理论。下文将对所涉及的这些相关理论进行简要回顾。

一、城乡二元经济理论

任何对于"三农"问题的研究,追溯其根源,都必然与经典的城乡二元经济理论相联系。刘易斯是最早提出该模型的学者之一,其发表在英国曼彻斯特大学学报上的奠基性著作——《劳动无限供给条件下的经济发展》开创性地揭示了这一理论的内涵(Lewis,1954)。他的研究发现发展中国家并存着以农村传统生产方式为主的农业和城市中以制造业为主的现代化部门,由于农业中存在着边际生产率为零的剩余劳动力,因此这些剩余劳动力向非农产业的转移能够提高生产率。可以看到,该理论须建立在几个重要的假设之上。第一,存在基于非资本主义部门(主要指传统农业部门)和资本主义部门(主要指现代工业部门)的二元经济结构,前者用传统方式进行生产,生产率较低,劳动报酬低,并且存在着大量的剩余劳动力;而后者生产方式更为先进,生产率高,工资水平也更高,同时需要吸纳大量农业劳动力。第二,劳动力无限供给,也就是说现代工业部门在一定固定的工资水平上可以得到所需的任何数量的劳动供给。第三,工业部门工资高于生存工资且固定不变。

图 2-2 展现了该理论的基本思想,其中 OS 表示生存工资(农业工资),OW 表示工业工资,WA 是水平的劳动力供给曲线,K_1、K_2、K_3 表示不同资本投资水平下劳动边际生产率曲线(劳动力需求曲线),WFN_1 表示初始资本剩余,由于其中的某一部分用于二次投资,固定资本数量上升,所以劳动力边际生产率曲线上升为 K_2,进一步上升为 K_3,此为该模型表示的第一阶段,在该阶段劳动力无限供给,资本相对稀缺,工业工资不变,生产剩余全部归资本家。而发展到第二阶段之后,非农产业不断增长,农业劳动力向非农产业转移,最终使劳动力也变得稀缺,工业工资也开始上升(AA'),增长的利益在资本家和工人间分配。从劳动力无限供给到劳动力短缺的转折点,被经济学家称为"刘易斯拐点"。

该模型把发展中国家二元经济转型和剩余劳动力流动过程紧密联系起来,揭示了农业剩余劳动力的存在是发展中国家农业生产率低的主要原因。该理论也基本上与我国改革开放以来的劳动力流动现实相吻合。然而,该理论也存在诸多限制，因此引发了很多批评。比如说该理论认为农村剩余劳动力以不变的劳动价格向工业部门转移，是以农业部门的不发展为隐含假定的，因为农业部门的发展会提高农民收入，进而也会提高工人工资水平。

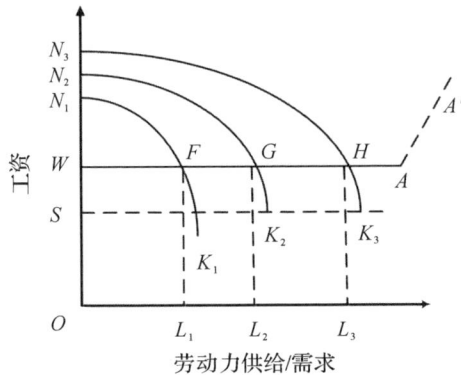

图 2-2　刘易斯二元经济模型

基于此，费景汉（Fei）和拉尼斯（Ranis）对刘易斯的模型进行了修正，将农业部门的发展也纳入了整个分析框架（Ranis & Fei, 1961; Fei & Ranis, 1964）。在刘易斯模型中，一旦农村剩余劳动力被城市工业部门完全吸纳，则无限的劳动力供给将不存在，劳动力转移过程结束。而在费景汉和拉尼斯的模型中，只有当农业生产率提高，并且劳动力转移的速度大于农村人口增长速度时，这个转折点才会达到。这也就是说如果农业增长停滞并且农业人口增长过快，那么农村劳动力永远都会存在剩余，这个转折点就不可能达到（林汉川和夏敏仁，2002）。据此，他们把劳动力转型过程分为三个阶段：第一阶段为劳动力无限供给阶段，该阶段存在大量边际生产率为零的剩余劳动力，工业部门可以从农业部门得到任何数量的劳动力；第二阶段为伪装失业者被工业部门吸收阶段，该阶段为了维持工业工资的购买力，工业工资提高，利润减少，农业劳动力转移过程受到抑制；第三阶段为农业现代化阶段，农业和工业都进入现代化发展，农业部门和工业部门的工资水平都由其劳动力的边际生产率决定。

费景汉和拉尼斯对刘易斯模型的补充使得二元经济模型逐渐成型，学界通常把二元经济模型称为刘易斯-费-拉尼斯模型。但是托达罗质疑了该模型的合理性，提出了托达罗模型，进一步对早期的二元经济模型进行了补充（Harris & Todaro, 1970; Todaro, 1969）。在该模型中有几个重要的假设，托达罗用模型予以验证：其一，农村不存在剩余劳动力，而城市有大量失业人口；其二，农村劳动者迁移到城市主要是根据城乡预期收入差距作出的决策，而不是根据实际收入差距；其三，城市部门分为正规部门和非正规部门。

总的来说，二元经济模型对于城乡发展政策的制定具有很大的现实意义，其中最重要的一点就是应该减少向城市的政策倾斜，应该消除一切人为地扩大城乡实际收入差异的措施，而要做到这一点，必不可少的就要促进农村经济的发展，提高农民的收入。关于这些，后面的模型和文献回顾将会有更为深入和全面的探讨。

二、农户生计模型理论

农户模型是基于微观经济学理论，对农户相关行为（生产、消费等）进行研究的经济学理论。苏联经济学家恰亚诺夫（Chayanov）是最早用农户模型进行分析的学者之一，他当时的研究主要着眼于农户内部的家庭劳动力如何在工作和休闲之间进行时间的分配，他提出了只有当农户消费的边际效应等同于休闲的边际效用的时候，才会形成生产和消费等"有条件的均衡"（张林秀，1996；陈和午，2004）。而这个结论的提出基于几个基本假设：第一，假设不存在劳动力市场；第二，农民可以自由地获得土地；第三，存在农产品交易市场，既可以在市场出售也可以满足农户自我消费；第四，农户有最低的消费水平作为保障。

之后的研究逐渐对该模型中农户效用函数的假设进行放松，对其进行了拓展，总的来说经历了两个发展阶段。首先是单一模型阶段（unitary model），该阶段的基本假设是农户家庭成员具有共同的效用函数。比如说 Becker（1965）首先提出了农户在一定约束下，会追求效用最大化，从而可以通过数学方法求出最优消费。之后又有一系列的研究在这基础上进行了拓展，进一步探讨了这种最优化求解过程及其相关应用。第二个阶段为集体模型（collective model），在该模型中假设家庭成员具有不同的效用函数（都阳，2001）。

而农户生计理论是农户模型中具有代表性的理论体系，具体是指农户为了生存以及提升家庭生活标准而做出的一系列经济社会活动（Ellis，1998）。在农户生计模型中有几个关键性的要点需要注意。

第一，所谓农户生计，最为重要的就是收入，这里的收入既包括现金也包括实物。但是生计不仅仅只是收入（Lipton & Maxwell，1992），还包括对于其他一些可以提升生活标准的要素的可获得性，比如说社会组织和社会关系（Berry，1989，1993；Bryceson，1996）、性别关系（Davies ＆ Hossain，1997；Dwyer ＆ Bince，1988；Hart，1995）、产权以及由政府提供的公共服务，诸如教育、健康服务、水、路等（Blackwood ＆ Lynch，1994；Lipton ＆ van der Gaag，1993）。

第二，虽然由第一点可知农户生计的多样化不仅仅是收入的多样化，但通过增加收入来源提升农户收入是农户生计决策中最重要的一个部分。这事实上也与前面的城乡二元经济理论模型联系了起来，因为农户原始的收入绝大部分依赖于农业收入，由于城市经济体的存在以及非农就业工资比农业收入高的特性，很多农户会选择进入城市获得收入，这也在一定程度上增加了农户收入来源，而这些生计活动对于农村减贫和增加收入具有很大的作用，这一点在中国以及其他很多发展中国家都被证实（Adams et al.，2008；Gupta et al.，2009；Hoang et al.，2014；Hogarth et al.，2013；Ibrahim ＆ Srinivasan，2014；Kung ＆ Lee，2001；Reardon et al.，2000；Scharf ＆ Rahut，2014；Wouterse ＆ Taylor，2008）。

第三，关于农户生计模型的分析单位。绝大部分的模型都将家庭视作生计决策中的分析单位，这是因为家庭是位于同一地点的不同成员之间进行集体决策的单位，不同个体在这个单位分享信息，考虑家庭效用的最大化（Meillassoux，1975）。但是，不少文献也指出，这种做法很多时候不能成功地捕捉家庭内部每一个成员的决策信息，比如说不同个体决策的考量角度是不同的，家庭内可能存在不同程度的权威体系使得决策容易偏向某一个人以及家庭决策中可能存在明显的性别差异（Bruce，1989；Folbre，1986）。

三、收入不平等理论

收入不平等的理论基础是收入分配。在一个封闭的经济体中，收入来源于利用土地、劳动、资本等要素进行的生产性活动。这种生产性活动在不同的企业和政府部门之间进行，同时产生的收入在不同经济体中进行分配。在这个过程中，收入进行分配的方式事实上是在不同时间和空间上具有规律性的，由此有很多文献开始研究这种规律性。

根据 Kakwani（1980）的总结，从目前的文献来看，早期的关于收入分配的理论主要着眼于三个议题：其一，收入分配的函数形式；其二，每一个生产要素在收入分配中的贡献度;其三,对于个人收入分配模式的分析。前两个议题主要关注生产中不同要素,而越来越多的文献开始关注收入在不同个体间是如何分配的。

Kakwani(1980)进一步指出,对于收入如何在个体之间进行分配的理论主要有两派观点。第一派别的观点被称为理论统计学派,主要支持者有 Roy(1950)、Champernowne(1953)、Aitchison 和 Brown(1954)以及 Rutherford(1955)等。这些支持者的结论主要建立在随机模型基础上,因此也招致了很多批评。比如 Mincer(1958)就认为该方法并不能有效地揭示收入分配的内在规律。

与之对应地,第二个学派被称为社会经济学派,该学派试图通过一系列经济社会指标来解释收入分配规律,包括性别、年龄、职业、教育和地理因素等。该学派内部的分析视角也略有不同,包括基于生命周期收入的人力资本方法(Becker,1962;Becker,1967;Chiswick,1968,1971,1974;de Wolff & Van Slijpe,1973;Husén,1968;Mincer,1958)、基于市场需求层面(Bowles,1969;Dougherty,1972;Psacharopoulos & Hinchliffe,1972),以及基于供给-需求综合视角(Tinbergen,1975)等。

同时,在收入不平等理论当中,有几个基本问题最值得关注。第一个问题是对于目标变量的选择,一般来说衡量不平等用的是家庭收入,将一个家庭所有成员一年的纯收入作为衡量标准。另外最为常用的是家庭的消费指标,从福利学派的观点来看,消费指标比收入指标更具有优越性,因为最终进入个人效用函数的是消费而不是收入。当然这种观点并没有被普遍接受,因为经济的不平等更关注的是对于经济资源不同的控制程度(Jenkins,2017)。

对于时间周期的选择是收入不平等测算的第二个重要问题,在这一点上学界也没有达成共识。一般来说,如果其他因素不变的话,增加测算周期会减少收入不平等,因为一个长的周期更容易对收入的波动作出平滑处理,更能代表这个家庭的特征。但是从另一方面来说,一个人平滑收入的能力也取决于他的收入或者资产到底有多少。Jenkins(2017)举了一个例子,如果说穷人相较于富人,借钱和储蓄显得更为艰难,那么周收入或者月收入可能会比年度收入更为合适。另外,如果选择对不同时期的数据进行比较,存在的另一个问题是十年前的收入和十年后的收入其价值是不一样的,这个时候往往需要考虑使用价格指数来消除通货膨胀的影响(Gottshcalk & Smeeding,2000)。

第三个问题则与收入的分析单位相关,一般来说,微观层面有两种选择可以考虑:个人层面或者家庭层面。如果从工资收入的角度来看,工作参与者和工资收入者是两两对应的,选择个人层面也就理所应当。但是如果从其他非工资收入的角度来看,其收入接收者往往是整个家庭,个人却又从中得益,在这种情况下如果仅仅以个人为单位,则家庭内部的异质性被忽略了。但是如果假设家庭中每一位成员平分这些收入,在很多案例中则是存在偏差的,比如说 Bourguignon 和 Browning（1994）就提出了要用家庭决策模型来解决这一问题。

四、机会不平等理论

在提出机会不平等的理论基础之前,首先要确立几个关键变量。第一个是机会不平等针对的结果变量,比如说收入（其他变量诸如教育、健康等）,用 Y 表示；第二个为机会（环境）变量,用 C 表示,指那些不受个人控制,一般随着出生就决定的变量,比如说性别、出生地、民族、家庭背景等；第三个为努力变量,用 E 表示,指那些自己可以支配影响结果变量的因素,比如说农村劳动力受教育程度、农村劳动力外流等。假设有 m 种不同的环境以及 n 种不同的努力类型,由此可以得到关于 Y 的矩阵 $[Y_{ij}]$,表示一个拥有环境 i 和努力 j 的个体所拥有的收入。在这个基础之上,Roemer（1993，1998）提出了环境组别（type）的概念,在环境组别中每一个个体拥有相同的环境。Peragine（2004）提出了努力组别（tranche）的概念,在努力组别中每一个个体有相同的努力程度。

基于这些概念,学界通过两种方式定义了机会不平等,第一种是事后（expost）机会不平等,表示矩阵 $[Y_{ij}]$ 的列内的不平等,因为在每一列内所有人的努力程度是相同的,也就说如果该矩阵每一列的收入都相等,那么对于每一列来说机会也都是均等的（Ramos & Van de Gaer,2016）,而如果每一列内部收入存在差异,则是由机会不平等造成的。第二种定义方法是事前（exante）机会不平等,该种定义方法关注的是矩阵 $[Y_{ij}]$ 行之间的收入不平等,因为每一行内部的机会都平等,而行与行之间的机会则存在不平等,因此行与行之间的不平等则与机会不平等有关（Fleurbaey & Peragine,2013；Ooghe et al. ,2007）。

为了更好地理解两者的区别,可以参考如下的收入矩阵：

$$Y^1 = \begin{bmatrix} 100 & - & 300 \\ 100 & 200 & 300 \\ - & 200 & 300 \end{bmatrix}$$

该矩阵为三行三列,分别代表 7 个个体有 3 种环境组别和 3 种努力组别,这也就意味着每一行的个体都有相同的机会,每一列的个体都有相同的努力程度。在该矩阵中可以清晰地看到,由于每一列内的个体都有相同的收入,也就是说如果从事后的角度来定义,则不存在机会不平等。但是从每一行来看,行与行之间的收入相比较的话是不一样的,也就是说如果从事前的角度来定义,则该收入矩阵存在着机会不平等。这个例子揭示了用事前法和事后法来定义机会不平等,得到的结论可能会存在差异。Ramos 和 Van de Gaer (2016) 证明了只有当环境和努力之间独立分布的时候,事前机会不平等才会等于事后机会不平等。在该例子中也就意味着,当所有的努力和环境组合都出现 (比如说在该矩阵中有 9 个人的收入),或者对于某些努力来说在矩阵中完全不出现 (比如说一个三行两列 6 个人的收入矩阵) 的时候,事前机会不平等才会等于事后机会不平等。

理解了事前和事后的概念之后,有另外两个相关的概念需要澄清。这两个概念与基于不平等的社会政策相关。第一个概念是补偿性原则 (compensation),意思是社会和政府应该针对机会不平等的现状,对于处于机会弱势的群体予以补偿。Fleurbaey 和 Peragine (2013) 提出,这种补偿机制也可以分为事前和事后两种。所谓的事后补偿是指让拥有相同努力程度的个体拥有尽可能相等的收入。相对应地,事前补偿则更关注收入的重新分配,主张应该从拥有更好机会的群体转移部分收入给拥有更差机会的群体。同时他们进一步提出,相关的政策如果想对机会不平等进行补偿,应该要从两种方法中选择一种,因为这两种方法存在差异是无法进行直接比较的。从实际操作来看,事后法需要同时确定环境变量和努力变量,而事前法仅需要知道环境变量,因此相对来说,事前法的运用更为广泛 (吕光明等,2014)。

与补偿性原则相对的另一个概念是回报原则 (reward principles)。当环境因素得到补偿后,努力就成为收入分配的唯一决定因素。回报原则指的是对于环境相同而努力程度不同的个体,如何正确对待努力决定收入分配的合理性。常见的回报原则大体上分为三类。第一类为自由回报原则 (liberal reward),这是最先被经济学家关注并且最为重要的一种回报原则 (Bossert,1995;Bossert & Fleurbaey,1996,1999;Fleurbaey & Maniquet,2005,2008,

2011)。该原则认为，在同一环境组别中，所有个体的环境或者机会都相同，个体收入差异完全来自个人努力状况，所以政府不应该在同一机会组别中进行收入再分配。这也就是说，政府的相关税收和转移支付政策应该尊重由个人努力差异造成的收入不平等，同一环境组别的人应该缴纳相同的税金（吕光明等，2014)。

第二类为功利回报原则(utilitarian reward)，在相关文献中运用也较为广泛(Roemer,1993;Van De Gaer,1993)。与自由回报原则相似，该原则强调的是政府应该尊重由努力差异造成的收入差异，不同的是该原则虽然对这部分不平等采取不厌恶的态度，但是并不关注在同一机会组别内部收入如何分配，而是着眼于整体收入的最大化。

第三类为不平等厌恶回报原则(inequality averse reward principle)。该原则对前两个回报原则提出了质疑，这种质疑的焦点在于很多时候即便所有环境的不平等都被补偿了，也并不意味着剩下的不平等都是由个人努力不同造成的，原因在于其中可能存在随机因素的影响(Lefranc et al.,2009)以及其他不可观测的环境变量的影响(Roemer,2012)，比如说运气、智商等。

五、新劳动力迁移经济学理论

与二元经济模型基于宏观视角的劳动力流动分析不同，新劳动力迁移经济学(new economics of labor migration)基于更为微观的农户视角试图对农村劳动力外流现象进行系统分析。Rozelle等(1999)最早提出了这一概念，并将其用来分析劳动力流动对于农业生产率（土地生产率）的影响。Taylor(1999)进一步对该模型作了解读，使其上升为完整的理论体系。与其他研究模型不同，该模型在以下几个方面有了进一步的创新：(1)其他微观层面的模型往往关注个人层面的劳动力转移决策，而该模型将研究重点转向家庭层面的决策；(2)该模型强调了劳动力外出打工获得的非农收入一旦汇款回乡可能对于乡村社会产生的影响；(3)其他模型对于劳动力外流的影响往往持一方意见，或消极或积极，而该模型则认为由于多方因素的影响，劳动力外流对村庄发展既有可能产生积极效应，也有可能产生消极效应，这主要取决于劳动力减少对农业生产的负面影响和汇款对农业生产的积极影响的情况。图2-3大体展现了其分析框架。

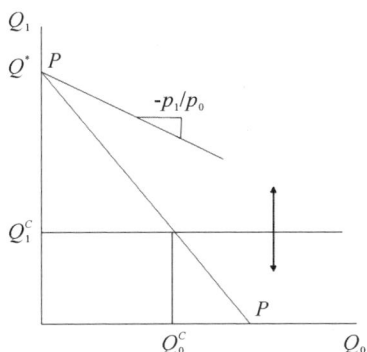

图 2-3 新劳动力迁移经济学框架

其中假设一个农户固定资本为 $\bar{T}$，可以为在不同生产活动中投入的土地或者劳动力。假设生产活动 f_i 有两种，高生产率技术生产（$i=1$）或者低生产率技术生产（$i=0$）。X 表示影响这些生产活动生产率的一系列家庭特征。图 2-3 中的 PP 代表生产可能性边界，在相对价格 p_1/p_0 处，农户将会选择只用高生产率技术生产，其最大产出为 $Q^* = f_1(\bar{T}, X)$。

然而事实上，在现实生产中，农户往往面临一定的投资约束，使其不能将其所有可得的现金或者贷款 K 用于高生产率技术的生产活动。而劳动力外出打工的汇款 R 则可以在一定程度上放松这种限制，比如说可以假设 $K=\theta(R,M)$，在这种情况下农户可以用于投资高生产率技术的资本为 T_1^c，其产出为 $Q_1^c = f_1(T_1^c, X)$。相对应地，低生产率技术的生产活动其产出为 $Q_0^c = f_0(\bar{T}-T_1^c, X)$。据此可以计算出相对应的每单位土地的产量为 $Y^c = (Q_1^c + Q_0^c)/\bar{T}$。

另外需要注意的是，对于该模型的应用不仅仅局限于土地生产率的研究，比如说将其运用到劳动力外流对于农户收入的影响（Taylot et al.，2003；Atamanov & Van den Berg，2012），该框架对于本书第五章的分析也具有重要的启示意义。

六、人力资本理论

人力资本理论最早起源于经济学研究，该理论认为与物质资本不同，人力资本是与"人"相联系的资本，包括对生产者进行教育、职业培训等支持及其在接受教育时的机会成本等的总和，表现为能够带来经济效益的蕴含于人身上的健康素质、知识和各类技能的存量总和(Becker,1962,1967)。

虽然说正规教育和职业培训都会对收入提升有明显的积极效应,但是对于究竟两种教育模式各有什么特点,起到的作用会有什么不同,还鲜少有文献进行探究,尤其是针对中国的研究还凤毛麟角。而国际上的一些文献则做出了一些开创性的比较研究,这些研究大体上可以分为两类。

一类是从宏观视角来研究常规教育和职业培训对于经济增长作用的差异性。比如 Krueger 和 Kumar(2004)提出了一个关于教育类型、技术采用和经济增长的异质性理论模型,他们的研究发现,一个着重职业培训的经济体的经济增长速度往往低于着重正常教育的经济体,而且两者之间的差距随着技术的不断发展创新会越来越大。比如说 20 世纪六七十年代,由于技术发展速度缓慢,欧洲一些着重职业教育的国家经济发展良好,但是到八九十年代,随着技术创新速度不断加快,其经济增长速度就大大落后于美国。Bertocchi 和 Spagat(2004)运用了类似的模型发现,一个经济体中接受职业教育的人口比例与经济增长之间存在着一个倒 U 形的关系,这其实从侧面印证了前文的研究结论。这两篇文献给我们的启示是职业教育的效果往往比正规教育更早观察到,但是从经济增长的长期性来看,义务教育的长期效用会更大。除此之外,部分文献利用特定国家的政策环境变化,对比研究了常规教育和职业教育的异质性影响,比如说 Malamud 和 Pop-Eleches(2010)利用断点回归研究了罗马尼亚 1973 年的教育政策变革(将大量的职业教育学生转向常规教育)的处理效应,结果发现在男性中,受政策影响的个体更不可能选择偏向手工领域的职业,但是从就业率和收入来看与未受政策影响的个体并无显著差异。

与上面的研究不同,第二类研究对于职业培训和正规教育两者差异性的关注视角更为微观。Hanushek 等(2017)做了一些开创性的研究,他们使用 IALS(international adult literacy survey)数据做了一些开创性的工作。该数据提供了 11 个国家的劳动力在不同生命周期教育和职业技能的详尽信息,为他们的研究提供了良好的实证基础。结果发现相对于正规教育而言,职业培训的作用在他们刚刚进入劳动力市场的时候更为显著,然而这种优越性在整个生命周期中随着年龄的增加逐渐减弱。这个结论从侧面反映了教育和培训影响的差异性:职业培训的影响往往具有"即时性""见效快"的特点,而教育的作用需要在一个更为长期的时间才能体现出来。

七、生命周期理论

一般来说，上述的农户生计模型是农户较短期内作出的决策，而通过生命周期模型则可以将农户内不同个体的决策延展到一个更为长期的阶段。Modigliani 和 Brumberg（1954）对此做了一些开创性的研究，之后生命周期理论被越来越多地运用在收入、消费、储蓄以及劳动供给等领域（Bodie et al.，1992；Browning & Crossley，2001；Heckman，1976；Heckman & MaCurdy，1980）。这些研究大体上是基于多期动态的数理模型，对家庭以及个体决策进行最优化运算。相较于短期决策研究来说，该理论的优势在于更符合家庭或者个人的实际决策过程，将未来预期考虑进模型。

生命周期理论的一个重要运用是研究政策对经济结果的长期影响，比如说教育项目对于个人收入的基于生命周期视角的长期影响（本书第六章涉及的内容）。Ben-Porath（1967）开创性地运用相关数理模型论证了人力资本提升对于生命周期收入的影响。而事实上教育就是提升人力资本最常用的策略。对于该理论的最新运用可以参考 Hanushek 等（2017）的研究，他们通过11个国家的数据验证了教育和职业培训在生命周期视角分别对收入具有什么影响。

第二节　研究回顾

一、中国农村的收入不平等

如果把中国经济比作一块大蛋糕，那么改革开放40多年来，我国的经济总量已经位居全球第二，蛋糕做得已经足够大；但是我国的收入分配体制依旧存在问题，收入不平等问题日益突出，对于蛋糕如何分配的问题应该引起社会各界的重视（薛宝贵和何炼成，2015），目前的大量研究也已经广泛地意识到，中国的地区收入不平等程度自从20世纪80年代中期以来正在不断提高（Luo & Zhu，2008），很多学者都认为收入不平等是造成内需不足的一个主要原因（万广华等，2008）。收入不平等问题相关的文献汗牛充栋（王原君和游士兵,2014),其主要集中在以下几个方面。

(一)农村—城市收入差异

大量的研究表明,在中国,农村和城市之间的收入差距巨大,并且这种差距随着时间推移还在逐渐加大。虽然中国政府出台了诸多政策,想通过转移支付等方法来缩小收入差距,但是效果其实并不明显(黄祖辉和王敏,2003)。根据很多文章的推算,城市居民的平均收入至少要比农村高出三倍多,这也使得中国成为世界范围内农村城市收入差距最大的国家之一(Sicular et al.,2007)。目前有大量文献都对农村和城市的这种收入差距进行了研究(Gustafsson & Li,2002;Khan & Riskin,2005;Knight,2013;Knight & Gunatilaka,2010;Luo & Zhu,2008;王洪亮和徐翔,2006;胡霞和李文杰,2016),而很多文献都强调了户口在城乡收入差距和农民工与城市居民收入差距中扮演的重要角色(万海远和李实,2013;乔明睿等,2009;吴晓刚,2007;吴晓刚和张卓妮,2014;李骏和顾燕峰,2011;章元和王昊,2011;郑冰岛和吴晓刚,2013;陆益龙,2008)。户口的存在,并不仅仅意味着城乡之间无形的地域鸿沟,更重要的是附着在户口之上对于城市居民和农村居民(包括农民工)不同的福利体系,使得这种不平等在城乡之间更加深化。随着中国改革的进一步深化和中国经济的持续发展,大量农民工转移出农业部门,城乡之间有形的差距逐渐缩小,但是无形的福利和政策差距却并没有弱化(Khan & Riskin,2005;袁方和史清华,2013)。

然而,虽然有大量文献对城市收入不平等进行了研究(Zhou,2000;李骏和吴晓刚,2012),并且很多都关注农民工和城市居民之间的收入差距(章元和王昊,2011;郑冰岛和吴晓刚,2013;陈纯槿和李实,2013),但是对于农村内部收入差距的关注,以及农村转移人口和非转移人口之间的收入差距关注还较少。而对于农村收入不平等的研究,往往与农村贫困问题研究相联系(Wu et al.,2015),因为农村地区本身就是贫困发生的重灾区。而从农村收入不平等的趋势来看,大多数文献都认为农村收入不平等呈现出不断扩大的趋势。比如说万广华等(2008)利用以回归为基础的分解框架对中国农村地区1985—2002年收入差距的趋势和成因进行了研究,结果发现,中国农村地区收入差距不平等不断扩大,并且地带间的扩大速度要远远大于地带内的扩大速度。Benjamin et al.(2005)也认为改革开放以来中国农村的收入差距不断扩大,甚至有超越城市地区的趋势。

(二)农村收入不平等的成因

要研究农村地区的收入不平等,首先应该分析的是农村和城市之间的收入差距,因为这本身也是农村地区不平等的一个重要方面。诚如上文所述,户口因素是造成城乡之间收入差距的一个重大因素(李骏和顾燕峰,2011;章元和王昊,2011;郑冰岛和吴晓刚,2013;陆益龙,2008)。如果更进一步,从农村内部来看,收入不平等的动因主要有以下几个方面。

1.土地

从最早的根源来看,中国农村收入不平等的根源主要在于其家庭的资源禀赋,尤其是土地。改革开放之前,农村劳动力转移到城市是不被支持的,因此其收入差距的主要来源就在于农业生产的差异性,除了劳动力和资本的投入差异,土地的多少和质量就是导致农村收入不平等的主要因素之一。因此中国早期的收入不平等也是与中国的土地制度和土地变革息息相关的。根据胡景北(2002)的研究,中国 20 世纪以来的土地制度变迁主要分为三个阶段:第一个阶段发生在 50 年代早期,由地主所有制(地主所有、佃农耕种)变更为自耕农所有制(农民家庭所有、家庭耕种);第二个阶段发生在 50 年代中期,由自耕农所有制变更为集体使用制(集体所有、集体耕种);第三个阶段发生在 80 年代早期,由集体所有集体使用制变更为集体所有个人使用制(集体所有、集体成员个别耕种)。

目前还在发挥作用的是 20 世纪 80 年代早期确立的家庭联产承包责任制。家庭联产承包制度的确立,实现了集体土地所有权和使用权(承包经营权)的分离。这种制度确立之后,中国农业产出出现了惊人增长(Lin,1992)。关于这种制度的有效性,林毅夫和胡庄君(1988)就通过实证研究提出:因为农业监督的困难,以家庭为基础的生产模式比生产队更有效率。其后,McMillan 等(1989)又都在其研究中表达了同一种观点,他们也认为 1978 年开始的农村经济体制改革对我国这一时期农业增长起了至关重要的作用。乔榛等(2006)也通过实证分析探究了 1978—2004 年中国农村经济制度变迁与农业增长的关系,并且得出结论:1979 年以来的农业经济增长受经济制度变迁的影响明显。这三次土地变革本质是土地权属的变化过程。随着经济社会发展与转型,家庭联产承包责任制发展至今也逐渐展露出一些弊端。因此农村土地改革是政府一直关注的问题,理论界也一直进行着各项研究以支撑改革的理论。比如着重开始探讨怎样稳定土地承包关系、地权的稳定性与农业增长的关系、土地承包立法等议题（靳相木，2003）。又如杨学成和曾启（1994）开始探讨农村土地流转的市场化，张瑜和苏小梅（1992）开始研究如何建立我国土地产权制度，罗丹等（2004）进一步对不同农村土地非农化模式的利益分配机制做了比较研究。

　　除此之外，很多文献对农地制度和收入不平等之间的关系进行了研究。比如许庆等（2008）采用基于回归方程的分解方法研究发现，农地制度对于农民收入不平等有着很大影响，具体来说，土地细碎化与农民的总收入水平呈现正相关的关系，并且有利于缩小农民收入不平等。邢鹂等（2008）同样发现，家庭资产（特别是土地的拥有情况）是造成收入不平等的主要因素。而归根结底，之所以土地制度对于收入差距会有影响，是因为土地对于农村地区而言，具有很大的经济效应。诚如姚洋（2000）所提到的那样，农地制度会通过三个途径来影响农村居民的经济绩效，即地权稳定性效应、资源配置以及社会保障效应。

2. 劳动力流动和其他因素

　　改革开放之后随着农村劳动力流动趋势的逐步扩大，非农收入的增加使得部分农户首先富裕起来，大量的文献研究了农村劳动力流动对农村收入差距的影响（熊婕和腾洋洋，2010；甄小鹏和凌晨，2017）。Clément（2016）认为由于非农就业的出现，一部分劳动力首先转移出来增加了收入，使得农村地区的收入差距逐渐增大，但随着非农就业的一般化，即越来越多的农民进入非农行业，农村收入差距又会逐渐缩小。除了农村劳动力外流之外，另一个重要的影响因素就是农村人力资本积累的差异性，其中最为重要的就是农村教育对收入不平等的影响。众所周知教育对于个人收入具有很大的回报率（徐舒，2010；白雪梅，2004）。改革开放以来，中国农村的教育体系经历了很大的变革（Yue et al.，2018），教育机会的增加使得不少农户能够积累更多的人力资本，从而获得更高的收入，这样在一定程度上影响了农村的收入和收入不平等。

　　除此之外，还有大量的文献对影响农村收入差距的其他因素进行了研究，其中包括区域差异、家庭背景差异、制度与政策差异等（万广华等，2008；程名望等，2016；薛宇峰，2005；赵亮和张世伟，2011）。比如说程名望等（2016）利用2003—2010年全国农村固定观察点数据，对农户收入不平等进行回归分解,结果发现:区域差异是造成农户收入不平等的首要因素,另外物质和人力金融资本等微观因素以及相关的家庭因素也扮演重要角色,而制度因素的作用则并没有像预期的那么大。赵亮和张世伟(2011)研究发现近年来中国农村收入差距继续扩大,其中耕地对于收入不平等具有最大的解释力度,占了51.6%,而教育对于降低收入不平等有一定的作用,其他的影响因素包括劳动力投入以及地区差异等。陈光金(2010)使用1989—2008年的8次全国性住户抽样调查对这20年中国收入不平等的成因进行了实证分析,结果发现市场化机制在其中有着很大的解释力,而非市场的制度因素也扮演着重要作用,总的来说成因非常复杂,具有混合性质。

(三)农村收入不平等的测度

对于收入不平等的测度,已有大量文献进行了研究,而这些测度也可以运用到农村收入不平等的测度中。在统计学中,方差(或者标准差)经常被用来描述离散程度。如果用方差来测度收入不平等,最重要的一个问题是方差是不具有缩放不变性的,因此如果每一个单位的收入不成比例地增加,不平等就会增加,用方差来测度就会使得不平等系数不一致,比如说同样的收入用人民币或者美元来测度就会有不一样的结果(Cowell,2000)。因此如果想用方差来测度不平等,就需要进一步的操作,通常使用的方法为使用标准差除以平均值,或者对所有收入取对数,然后计算其方差作为其不平等指标(Jenkins,2017)。

除此之外,常用的具有缩放不变性质的指标还有百分位数比例,比如说九十百分位对十百分位的比率(P90:P10比率),九十百分位对五十百分位的比率(P90:P50比率),五十百分位对十百分位的比率(P50:P10比率)。其中P90:P10比率是指比较收入最高的10%的人的离散程度和收入最低的10%的人离散程度。但是这种方法只考虑了被选择的人群的收入,却忽视了未被选择的人群的信息(Burkhauser et al.,2009)。

在收入不平等的测算中,运用最广的应该是基尼系数,基尼系数的计算基于洛伦兹曲线。洛伦兹曲线是在一个总体内,一定收入获得者在总人口中的百分比和各百分比人口所获得的收入的百分比组成点连接成的曲线。如图2-4所示,虚线为收入分配绝对平等线,实际中并不存在这种情况,而向下弯曲的曲线就是洛伦兹曲线(实际收入分配曲线)。基尼系数是根据洛伦兹曲线所定义的判断收入分配公平程度的指标,实际收入分配曲线和收入分配绝对平等曲线之间的面积为 A,实际收入分配曲线右下方的面积为 B。$A/(A+B)$ 表示不平等程度,其代数表达式有很多形式(Yitzhaki,1998),其主要表达式可以为:

$$G(Y) = 1 - 2\int_0^1 L(P;Y)\mathrm{d}p \tag{2.1}$$

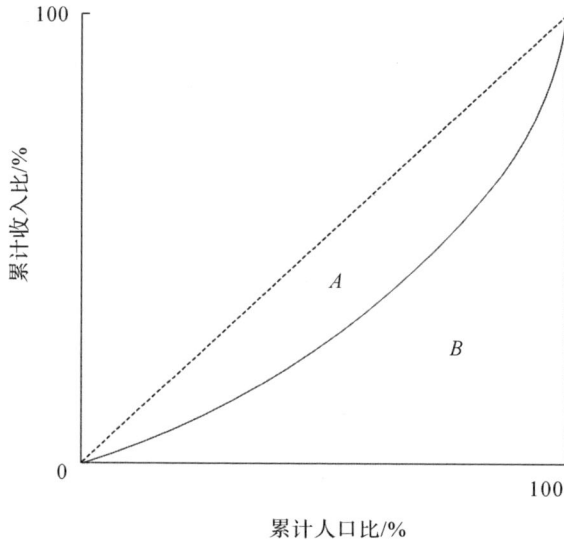

图 2-4　洛伦兹曲线

另外,可以将该基尼系数形式一般化(Donaldson & Weymark,1980;Yitzhaki,1998),其表达式为:

$$S_v(Y) = 1 - \int_v^1 W(p;v)L(p;Y)\mathrm{d}p \tag{2.2}$$

其中,$v>1$,权重函数 $W(p;v)=v(v-1)(1-p)^{v-2}$。当 $v=2$ 时,就表示基尼系数。

除了基尼系数之外,另外常用的指数就是广义熵指数(Cowell & Kuga,1981),其中包括一系列不同的指数,其基本形式为:

$$E_a(Y) = \frac{1}{\alpha^2 - \alpha}\int\left[\left(\frac{y}{u_Y}\right)^\alpha - 1\right]f(y)\mathrm{d}y \tag{2.3}$$

其中,在该系列中最为常用的是泰尔指数(Theil index)和对数偏差均值指数(mean logarithmic deviation)。它们的表达式分别为:

$$E_1(Y) = \int \frac{y}{u_Y}\log\left(\frac{y}{u_Y}\right)f(y)\mathrm{d}y \tag{2.4}$$

$$E_0(Y) = \int \log\left(\frac{y}{u_Y}\right)f(y)\mathrm{d}y \qquad (2.5)$$

另外，还包括半 CV^2 指数，实际为变异系数平方的一半，其表达式为：

$$E_2(Y) = CV^2/2 \qquad (2.6)$$

除了广义熵指数之外，阿特金森指数也被广泛使用(Atkinson,1970)，其基本表达式为：

$$A_\varepsilon(Y) = 1 - \left[f\left(\frac{y}{u_Y}\right)^{1-\varepsilon} f(y)\mathrm{d}y \right]^{\frac{1}{1-\varepsilon}} \qquad (2.7)$$

另外，值得注意的是，这些不平等指标都具有某些特性，而这些特性也成了从众多指标中选择最合适指标的标准之一，这些主要特性包括缩放不变性(scale invariance)、重复不变形(replication invariance)、对称性(symmetry)，以及可转移性(transfers)，对于这些特性的具体内容在此不做赘述，具体可以参考 Foster (1985)。

除此之外，收入不平等指标也经常与社会福利函数相联系(欧阳葵和王国成,2014)。通过社会福利函数，整个社会收入分布的信息被体现在单个数字中，而在这个分析思路中随机占优方法被广泛使用，具体可参考 Hadar 和 Russell (1969)以及 Saposnik (1981)。

(四)农村收入不平等的分解

在得到总的收入不平等的系数基础上，往往可以对该系数进行分解，这也是上述提到的研究收入不平等成因的主要方法。而在众多分解方法中，使用最为普遍的是回归分解方法，该方法最早由 Oaxaca (1973)和 Blinder (1973)提出，他们的研究主要着眼于分解两个群体之间的收入差距，比如说基于性别、基于种族等。在他们研究的基础之上，很多学者开始逐渐拓展这一方法，关于回归分解方法的理论体系也逐渐成型。目前来看，回归分解方法主要有均值分解和分布分解两种基本思路。均值分解的使用更为广泛，主要包括 Oxaca-Blinder 分解及相关拓展、Shorrocks 分解及相关拓展以及 Brown-Appleton 分解及相关拓展等；与之对应地，分布分解的方法主要包括 JMP 分解、DFL 分解、FL 分解等。大量的文献对这些分解方法进行了解析和应用(Fields & Yoo,2000；Morduch & Sicular,2002；万广华等,2005；万广华等,2008；郭继强等,2011)。

上述的这些回归分解方法，大多受益于 Shorrocks (1982)提出的自然分解原理,其中使用比较广泛的有 FY 方法、MS 方法和 Shapley 值方法等。比如说 Fields 和 Yoo(2000)将自然分解原理运用到对数收入分析中,由此产生了 FY 分解方法,在该方法中衡量收入不平等的指标是变异系数平方。与之不同的是,Morduch 和 Sicular(2002)没有使用收入的对数形式,而是采用了其原始值,以此将总的收入不平等分解为不同因素的贡献度,这种方法后来运用广泛,尤其是在研究收入不平等的成因的文献中。

（五）收入不平等的影响

收入不平等对经济增长的影响是发展经济学研究的热门问题,但是对于这种影响是利大于弊还是弊大于利,学界至今没有达成共识。Kuznets(1955)最早提出了经济增长和收入分配之间呈现倒 U 形关系的假设,之后的研究也大体围绕这种关系展开了激烈讨论。Li 和 Zou(1998)的研究发现,如果假设在一个典型的政治经济机制里,财政支出具有消费性,完全进入个人的效用函数,那么收入分配不均很有可能对经济增长产生正向影响。Foellmi 和 Zweimüller(2006)也认为收入不平等和经济增长之间存在正相关关系。当然这种观点遭到很多质疑,Perotti(1996)、Alesina 和 Perotti(1996)、Murphy 等(1989)分别从教育生育决策机制、社会稳定机制和市场规模机制的视角论证了收入分配不均可能会阻碍经济增长。Grossmann(2008)研究发现,收入不平等和经济增长之间的关系到底是正还是负取决于一个国家的信贷约束状况,在无信贷约束的状态下,两者会呈现正相关关系;但是在有信贷约束的情况下,两者会呈现非线性关系。

从相关的国内文献来看,也有大量研究对收入不平等的影响进行了研究。龙翠红和洪银兴(2010)通过使用 21 个省(区、市)的面板数据,实证检验了收入不平等对经济增长的影响,他们的研究发现,农村不平等程度与经济增长呈现正相关,城乡间不平等与经济增长负相关,而城市不平等对经济增长没有显著影响。万广华等(2006)则利用家计调查数据,分析了收入不平等对于贫困的影响,他们的研究结果表明中国 20 世纪 90 年代前半期减贫的成功主要得益于收入的增长和不平等的降低;而在 90 年代后半期,减贫效果减弱,也主要由于该阶段不平等程度增加。除了收入不平等对于宏观经济的影响,不少研究也着眼于收入不平等对于微观个体的影响,比如说黄嘉文(2016)利用中国综合社会调查(CGSS)数据考察了收入不平等对居民幸福感的影响及其机制,他们的研究发现中国的收入不平等会显著降低个人幸福感,低收入群体更容易产生负面情绪。

二、收入不平等中的机会不平等

(一)机会不平等的度量

对于机会不平等的实证研究而言,首先要解决的最为重要的问题是机会不平等的度量问题,也就是说怎样去衡量机会不平等。从目前的相关研究来看,主要分为四种方法。

1. 直接度量法

顾名思义,直接度量法指的是直接计算由环境不同引起的结果(比如说收入)不平等。而这种计算方法的基础就是要得到一个反事实收入分布 y^c,因为在这个收入分布中由努力引起的收入不平等已经被剔除,因此可以选择合适的不平等指标来计算该分布的不平等 $I(y^c)$,也就是机会不平等。

当然如同上述理论部分提到的那样,在构造这个反事实分布的过程中也存在着两种不同的方式,即事前方法和事后方法。所谓的事前方法是指该事实分布的构造应该依据环境因素来替换实际收入,而不需要考虑努力变量。其核心思想是消除环境组别内部的不平等,即由努力不同造成的不平等。假设考虑一个基于环境和努力的二元分析框架,其收入函数可以表示为:

$$y_i = f(C_i, E_i, u_i), i = 1, 2, \cdots, N \tag{2.8}$$

其中, y_i 表示个体 i 的收入, C_i 表示个体环境变量, E_i 表示个体努力变量, u_i 表示其他不可观测因素和随机因素。参考之前的理论部分可知,每一个环境组别内部所有人的环境相同。因此,如果使用环境组别收入估计值去替代实际收入来构造一个反事实收入,就可以在某种程度上消除个人努力的影响。按照这种思路,不同学者提出了不同的构造方法。比如说 Van De Gaer (1993)提出了一个非参数的简单的构造思路,用同一环境组别的平均收入去替换该环境组别内部每个人的实际收入,由此构造出来的反事实收入分布也被称为"平滑收入分布"(Checchi & Peragine,2010)。当然这种收入分布的构造还相对粗糙,后续学者对此提出了一些改进,比如说 Lefranc 等(2008)提出可以通过环境组别收入分布的广义洛伦兹曲线下面的曲面来测算不同环境组别的替代收入,可以表示为:

$$y_i^c = \frac{2}{|N_i||N_i+1|} \sum_{v \in N_i} v\, \tilde{y}_v \qquad (2.9)$$

其中，y_i^c 表示计算所得的每一个个体 i 的环境组别（机会集）替代收入，$\tilde{y}_v$ 代表在环境组别 N_i 中第 v 高的收入。

可以看到，上述提到的两种构造方式都是基于非参数方法，Bourguignon等（2007）以及 Ferreira 和 Gignoux（2011）率先提出了一种参数构造方法，该方法的核心在于他们认为努力是受到环境影响的，因此可以将努力的影响归结到环境中，同时可以将随机项设定为期望零值，由此可以通过线性回归估计如下的反事实收入分布：

$$y_i^c = \hat{f}(C_i, 0) \qquad (2.10)$$

该回归模型意味着在每一个环境组别内部，所有个人的机会相等，估计所得收入也相等，这也就剔除了努力对于收入的影响。

除了使用事前方法进行构造之外，也有不少研究使用事后法来构造反事实收入分布，事后法的核心也是要消除努力对收入不平等的影响，从而得到环境因素对于收入不平等的决定程度，但前提是需要努力变量信息。比如Checchi 和 Peragine（2010）提出可以通过以下非参数方法来构造反事实收入：

$$y_i^c = y_i \frac{u(y)}{y_i^E} \qquad (2.11)$$

其中，$u(y)$ 是所有个体的平均收入，y_i^E 是个体 i 所在的努力组别的平均收入，两者的比率可以用来修正个体收入 y_i。通过这种方式，由努力造成的不平等被剔除，可以得到由环境不同引起的不平等。

与之相对地，Pistolesi（2009）提出了如何用参数方法来构造反事实收入，其核心思想体现在如下回归方法中：

$$y_i^c = \hat{f}(C_i, \bar{E}, e_i) \qquad (2.12)$$

其中，e_i 可以设定为 0（表示水平值为 0 的努力程度）或者表示为相应的估计值（将其视为环境变量）。$\bar{E}$ 表示人为选择的一个努力水平参考值，并将该参考值赋值给所有个体，这也是该方法的难点之一，因为到底应该选择怎样的参考值带有很多主观色彩，目前的文献大多选择样本努力程度的均值作为参考值。

2. 间接度量法

与直接度量法不同，间接度量法的思路是首先确定当不存在机会不平等时的反事实收入分布，然后比较实际收入分布和该反事实收入分布之间不平等的差异，以此来获得机会不平等的测度。该思路可以用下式来表示：

$$I(y^c) = I(y) - I(y^{EO}) \tag{2.13}$$

由该定义可以看到，间接方法测量机会不平等的思路都是构建 $I(y^{EO})$，即消除拥有相同努力程度的个体之间的不平等，所以说间接方法测度本质上都是属于事后（ex-post）测度。值得注意的是，像理论部分提到的那样，当努力分布和机会分布相互独立时，事前法和事后法测度机会不平等是等同的，也就是说两者会存在一一对应的关系。比如说，与式子（2.9）对应，可以得到以下构建 y^{EO} 的非参数方法：

$$y_i^{EO} = \frac{2}{|N_i||N_i+1|} \sum_{v \in N_i} v \, \tilde{y}_v \tag{2.14}$$

其中，$\tilde{y}_v$ 表示在组别 N_i 中的 i 小的收入水平。

同样地，与（2.10）相对应可以得到如下的方法来构造 y^{EO}：

$$y_i^{EO} = \hat{f}(E_i, 0) \tag{2.15}$$

与（2.11）相对应，也可以通过如下的方法来构造反事实收入：

$$y_i^{EO} = y_i \frac{u(y)}{y_i^C} \tag{2.16}$$

另外，与（2.12）相对应，也可以使用如下的参数方法来进行构建：

$$y_i^{EO} = \hat{f}(\bar{C}, E_i, e_i) \tag{2.17}$$

其中 e_i 可以设定为 0（表示水平值为 0 的环境变量）或者表示为相应的估计值（将其视为努力变量），相关的应用可以参见 Bourguignon 等（2007）。

3. 基准测度法

很多的文献证明了不平等研究中的自由回报原则和事后补偿机制是不能同时成立的（Bossert，1995）。对此很多文献开始尝试提出一种新的再分配机制，在这种机制中，自由回报和事后补偿机制在某种程度上都能得到一定程度的满足（Almås et al.，2011；Devooght，2008；Peragine & Ferreira，2015）。这种方法的核心思想是给定一个应该达到的基准收入分布，然后比较该分布与实际收入分布之间不平等的差距。相对来说，目前这种方法在文献中运用还较少。

4.随机占优法

除了以上三种方法之外，部分文献还采取了随机占优法来测算机会不平等的程度。随机占优法从本质上来说来源于事前机会不平等测度的拓展。在此需要假设在事前机会不平等的测算中，每一个机会类别的替代收入（机会集）是同一机会类别中所有个体收入的增函数。换句话说，如果某个类别的累积收入分布一阶随机占优于另一类别，就意味着存在事前机会不平等。由此可以作为事前机会不平等是否存在的判别标准（Peragine，2004；Ramos & Van de Gaer，2016；Saposnik，1981；吕光明等，2014）。

表 2-1 回顾了目前文献对于相关方法的运用。

表 2-1　机会不平等测度方法

测度方法		文献
直接测度法	事前测度	Van De Gaer（1993）
		Checchi & Peragine（2010）
		Lefranc et al.（2008）
		Aaberge et al.（2011）
		Ferreira & Gignoux（2011）
		Brunori et al.（2013）
		Ferreira & Gignoux（2013）
		Ferreira et al.（2011）
		Piraino（2015）
	事后测度	Checchi & Peragine（2010）
		Pistolesi（2009）
间接测度法	事前测度	Checchi & Peragine（2010）
	事后测度	Bourguignon et al.（2007）
		Pistolesi（2009）
		Checchi & Peragine（2010）
		Golley & Kong（2016）
基准测度法	事后测度	Devooght（2008）
		Almås et al.（2011）

续表

测度方法		文献
随机占优法	一阶占优	Lefranc et al.（2008，2009）
		O'Neill & Sweetman（2000）
	二阶占优	Lefranc et al.（2008，2009）

注：本表参考了 Ramos 和 Van de Gaer（2016）。

（二）环境和努力变量的识别

上述内容回顾了目前主流文献测度机会不平等常用的几类方法，而有了方法论基础之后，实际操作时需要解决的问题就是对于环境和努力变量的选择。影响个人收入的因素有很多，一般可以将其分为两大类：一类是个人从出生就决定的，无法选择的因素，也就是所谓的环境因素；另一类是个人可以控制的，能够在一定程度上通过自身意志加以改变的，也就是所谓的努力因素。从上面的分析可以看到，除了几类间接测度的方法之外，其他主要方法都不需要明确知道努力变量的情况，但是环境变量是任何一种测度方法中都不可缺少的。

因此，本书首先对环境变量选择的相关文献作回顾。

性别是目前文献中广泛会使用的环境因素，因为一个人的性别一般来说都是出生之后就被决定（不排除有个别情况），成为男性或者女性在一定程度上来说是无法通过自身意志加以改变的。从收入的角度来看，性别对收入的影响从很早开始就被大量文献关注，其中男性的性别优势也在很多文献中被证实（Chen et al.，2013；Hannum，2005；Matthews & Nee，2000；Zhang et al.，2008）。近年来，更多的文献开始从机会不平等的角度来看待性别的作用（Checchi et al.，2010；Ferreira & Gignoux，2013；Golley & Kong，2016；Zhang & Eriksson，2010；刘波等，2015；徐晓红和荣兆梓，2012；江求川等，2014；董丽霞，2018；陈东和黄旭锋，2015）。其中 Hoyos 和 Narayan（2011）更是在研究中突出了性别的研究视角，对男性和女性的机会不平等进行了比较研究。

家庭背景是几乎所有研究机会不平等的文献都会涉及的一个环境变量。从表 2-2 的文献回顾来看，大部分的文献都使用了该环境变量，具体来说对于家庭背景的代理变量选择主要分为四类。第一类是父母受教育程度，部分文献会同时使用父亲和母亲的受教育程度，而部分文献会只选择其中一方的受教育程度(以选择父亲受教育程度为主)。第二类是父母职业,同样地,不同文献也会选择一方或者双方的职业作为家庭背景的代理变量。以上的这两类变量都具有代际传递性,在不少研究代际机制的文献中也都证明了父母的受教育程度或者职业对孩子的收入等结果变量有很大的影响(Black & Devereux,2010;Ferreira & Veloso,2006;Piraino,2015;Sato & Shi,2007;Swift,2005),往往父母的社会地位越高(受教育程度越高、职业越好),孩子获得较高社会地位的可能性也越大。另外第三个也被经常使用的代理变量是家庭平均收入水平或者父母收入(Björklund et al.,2011;Brunori et al.,2013;Zhang & Eriksson,2010;陈东和黄旭锋,2015),事实上该变量与父母受教育程度和职业有很强的相关性,因此大多数文献还是以选择前两类代理变量为主。最后一类跟家庭背景有关的代理变量是家庭规模或者兄弟姐妹数量,因为一个家庭的规模越大,兄弟姐妹收入越多,能够分配给个体的资源可能也就越少,当然也存在另一面的效应,比如说家庭规模越大,可能意味着劳动力越多,家庭收入可能也会越大,对于个人的投资也会越大(Björklund et al.,2011;Ferreira et al.,2011;Golley & Kong,2016;董丽霞,2018;陈东和黄旭锋,2015)。

　　地域是机会不平等文献中经常用到的又一个重要变量。从表2-2的结果来看,对于地域变量的选择,运用最为广泛的是出生地。因为一个人出生在什么地方是个人一出生就决定无法改变的,大量的文献证明了在中国地域性差异是显著存在的(Fleisher et al.,2010;Li & Gibson,2013;Zhang & Fan,2004),而这种差异性的存在也就意味着出生在一个经济社会条件较好的地区将会对个人成长有明显的促进作用。由于很多数据没有关于出生地的相关信息,很多文献会使用居住地来代替,但是严格来说,居住地并不是完全不受个人控制的环境变量。尤其是在中国情境下,大量的农民工从农村和农业部门迁移出来,居住地有很大的可能并不是其出生地。除此之外,在中国情境下一般会区分农村和城市的差异性,这种差异性在大量的研究中被证实(Bonnefond & Clément,2012;Cai et al.,2009;Chan,2013;Sicular et al.,2007;蔡昉,2008),因此对于研究中国的机会不平等问题一般都会把户口作为一个重要的环境变量。

　　种族类别也是相关文献中经常会用到的一个环境变量,在国外的研究中往往会发现不同种族的人在收入或者其他结果变量上具有差异性,比如说白人群体收入可能更高。而放在中国情境中,往往使用类似的民族概念,因为不同民族之间的收入会具有差异性（Gustafsson & Shi，2003；Howell，2017），大多数研究会区分汉族和其他少数民族的差异性，把民族作为一个环境变量（Golley & Kong，2016；徐晓红和荣兆梓，2012）。

除此之外，还有一些在部分文献中会被用到的环境变量值得注意，比如说年龄。对于年龄，目前的文献大体上有两种做法，一种是将年龄作为环境变量直接放入相关的分析中，因为年龄的增长也是个体无法选择的。另一种做法是将年龄从这种直接分析中剔除，但是考察在不同年龄组之间机会不平等的异质性。另外还有很多机会变量是不容易观察到的，比如说个人智商（IQ），大多数数据都不会包含这个变量，即使包含了也往往存在测量误差，Björklund 等（2011）是为数不多的将智商纳入环境变量进行考察的文献。当然还有很多其他的环境变量是无法观察到的，比如说一个人的运气，因此在估计的时候往往无法囊括所有的环境变量，由此得到的机会不平等系数也就比实际的机会不平等系数稍低一些，这是在解释相关系数的时候应该注意的（Bourguignon et al.，2007；Ferreira & Gignoux，2011）。同时机会不平等系数也存在被高估的可能，比如 Niehues 和 Peichl（2014）指出，当使用面板数据的时候，如果把个体固定效应作为一个环境变量使用直接测度法估计机会不平等系数，则可能得到一个偏高的系数。Brunori 等（2016）对这两种可能性进行了细致的探讨。

表 2-2　机会不平等环境变量选择

文献来源	结果变量	环境变量
Assaad et al.（2017）	工资和消费	父母受教育程度、父亲职业、出生地
Björklund et al.（2011）	长期收入	父母受教育程度、父母收入、家庭类型、兄弟姐妹数量、IQ、体重指数
Brunori et al.（2013）	收入	种族、性别、家庭背景（父母收入和社会地位）
Checchi & Peragine（2010）	收入	父母受教育程度
Checchi et al.（2010）	收入	性别、年龄、种族、居住地、父母背景
Ferreira & Gignoux（2013）	教育（在校成绩）	性别、父母受教育程度、父亲职业等

续表

文献来源	结果变量	环境变量
Ferreira et al.（2011）	消费（福利指标）	出生地、居住地、父母受教育程度、母语、兄弟姐妹数量
Golley & Kong（2016）	教育（年限）	户口、父亲受教育程度、出生省份、父母党员状态、性别、家庭规模、民族
Zhang & Eriksson（2010）	收入	性别、地点、父母受教育程度、父母职业、家庭收入
Hoyos & Narayan（2011）	教育和健康	性别、家庭背景（财富）、城市/农村、户主性别
Piraino（2015）	收入	种族、父亲受教育程度、父亲职业、地点
Singh（2012）	消费	父母受教育程度、种姓、宗教、出生地
宋扬（2017）	收入	性别、户籍、父母背景、家庭地位
龚锋等（2017）	收入	父母受教育程度、父母职业、性别、年龄、户籍、出生地、儿童时期的家庭社会地位、居住地
陈东和黄旭锋（2015）	收入	性别、年龄、出生地区、户籍、父母受教育程度、父母职业、家庭规模、家庭可支配收入
刘波等（2015）	收入	地区、户口、性别、父母受教育程度
江求川等（2014）	收入	父母受教育程度、父母职业、性别
徐晓红和荣兆梓（2012）	收入	性别、民族、党员、居住地等
董丽霞（2018）	收入	性别、年龄、民族、出生地、父母受教育程度、家庭收入、父母职业等

　　与环境变量不同，努力变量并不是在所有的机会不平等的估计中都需要的，甚至可以说目前估计机会不平等的绝大多数文献都没有考虑努力变量。一方面是由于从方法论上来说，如果只使用环境变量进行估计，可以把努力变量放入误差项中，因为机会不平等的关注点在于环境变量的贡献度，这也就成了最简单的一种做法。另一方面是因为即便想要考察努力变量的贡献

度,也不可能囊括所有的努力变量,同时对于到底怎样的变量可以归类为努力变量,目前也并没有得到一致的结论。但是直接将努力变量放在误差项中最为致命的一个问题是,如果这些被遗漏的努力变量与环境变量相关(事实上很有可能如此),那么回归结果可能就是偏误的。因此已经开始有一些文献考察努力变量在机会不平等估计中的重要作用。表 2-3 回顾了几篇主要的考察努力变量的论文,以此来为本书努力变量的选择提供一些支持。

Bourguignon 等(2007)是最早尝试将努力变量放入机会不平等研究框架的学者之一,他们使用了个人受教育年限、劳动力外流状态和劳动力就业状态三个努力变量,前两个变量都是二元虚拟变量,劳动力就业状态分为雇主、雇员和自雇三类。他们使用努力变量的思路是将来自环境变量的贡献度(机会不平等)划分为两类,一类是环境变量对收入的直接作用,另一类是环境变量通过影响努力进而影响收入的间接作用。Björklund 等(2011)提出了另一种思路,他们并没有直接使用实际的努力变量,而是在原有只考虑环境变量的回归模型里,从误差项中分解出一个表示环境组别之间异质性的项,以此来表示努力程度的影响。对于这两种方法的详细内容可以参考本书第四章的实证分析,有详细的分析和解说过程,在此不做赘述。另外,还有一篇关于健康不平等的论文值得关注(Jusot et al.,2013),虽然这篇文章的结果变量不是收入,但是对本书的研究依旧有很大的启示,因为该文也使用了诸如抽烟、喝酒以及饮食习惯等与健康相关的行为作为努力变量。在这些文献的基础之上,国内也有越来越多的文献开始关注努力对于机会不平等的影响(刘波等,2015;龚锋等,2017),比如说龚锋等(2017)通过随机参数 Logit 模型的倾向得分匹配方法(PSM)实证检验了努力提高是否能改善收入分配的机会不平等状况。

表 2-3 努力变量的选择

文献来源	结果变量	努力变量
Bourguignon et al.(2007)	收入	个人受教育年限、劳动力外流状态、劳动力就业状态
Björklund et al.(2011)	长期收入	将努力变量放入组别异质性考量
Jusot et al.(2013)	健康	与健康相关的行为:抽烟、喝酒、饮食习惯

续表

文献来源	结果变量	努力变量
刘波等（2015）	收入	个人受教育程度
龚锋等（2017）	收入	个人受教育程度、就业状况

在了解了环境变量与努力变量的选择之后，还有一个问题需要在此强调，那就是环境变量和努力变量两者之间的关系。从目前的文献来看，主要持有三种观点。第一种观点来自 Roemer（1993,1998），他认为环境变量是外生的，而努力变量具有外生性，受到环境变量的影响，比如说在美国亚裔学生往往比白人学生学习更用功，如果把学习用功程度看作一种努力的话，他认为亚裔学生之所以这么努力是因为受到亚洲文化的影响，而出生在亚洲文化环境中是个人无法选择的一种环境因素，因此努力是受到环境因素影响的。比如说上面提到的 Bourguignon 等（2007）和 Björklund 等（2011）的研究都是基于这种思路，同时这也是目前学界广泛接受并且运用最多的一种思路。与之对立的一种观点来自 Barry（2005），他认为环境变量是外生的，并且环境并不会对努力程度产生影响，在上面的例子中，亚裔学生学习更为用功，与其他的外部环境是相互独立的。如果按照这种观点的话，在机会不平等的估算中，如果不加入努力变量影响也不会特别大。除此之外，Swift（2005）提出了第三种观点，他认为努力是相对外生的，并且在回归模型中将环境变量设定为努力变量的函数，这种观点在相关文献中运用很少。更为具体的内容可以参考 Jusot 等（2013）对这三种观点进行的详尽讨论。

（三）机会不平等研究在不同国家的实证

机会不平等的概念最早是在哲学领域被提出（Arneson,1989；Cohen,1989；Dworkin,1981；Nozick,1974），作为一个哲学概念后来被逐渐引入到经济学的福利分析中（Bossert,1995），近十年开始广泛运用于对世界不同国家的不平等问题分析。从表2.4的总结来看，这些研究大致囊括了全球主要国家，包括北美、南美、欧洲、亚洲、澳洲的国家等。如果简单地比较不同国家的机会不平等指数会发现，相对来说较为发达地区往往收入不平等指标较低，同时机会不平等指标也相对更低。而在这些发达国家中，又以北欧以及澳洲等国家的居民面临的机会更为平等，这些国家的机会不平等指标往往在10%左右，甚至更低。而像非洲的很多发展中国家，不仅仅收入总体水平跟发达国家有很大的差距,其机会不平等问题也更为严峻,这就很容易陷入一个恶性循环,因为机会越是不平等,越有可能造成社会动荡、不稳定,对于整个国家的经济发展也更为不利。

　　而对于中国的机会不平等研究则刚刚起步,从国际文献来看,几乎还没有涉及对于中国机会不平等的研究,只有 Zhang 和 Eriksson (2010)对中国的收入不平等和机会不平等进行了初步的考察,他们引入了一些机会变量,并对单个环境变量的贡献度进行了分析。Golley 和 Kong (2016)则研究了中国教育的机会不平等,发现户籍因素是贡献度最大的环境因素。从这两篇文章可以看到,目前对于中国收入不平等中的机会不平等,还没有国际文献进行过系统的分析。另外,目前也有一些国内文献开始对中国机会不平等问题进行研究(张影强,2010;潘春阳,2011;黄春华,2016),表 2-4 列出了一些主要的研究。这些研究大体上沿用了国际上机会不平等主流文献的研究方法,研究中国收入(及其他结果变量)不平等中的机会不平等。但是总结这些文献发现,目前还鲜有以城乡差距为切入点,将努力变量纳入分析框架,来系统研究中国的机会不平等状况的。

表 2-4　机会不平等在不同国别的研究

文献来源	国家	结果变量	测度结果
Assaad et al. (2017)	埃及	工资和消费	从 1988 年到 2012 年整体不平等上升,机会不平等下降
Björklund et al. ,(2011)	瑞典	长期收入	15.8%[GE(0)] 26.3%(Gini)
Brunori et al. (2013)	41 个国家	收入	机会不平等与整体不平等呈现正相关关系
Checchi & Peragine (2010)	意大利	收入	20%
Checchi et al. (2010)	25 个欧洲国家	收入	区分了事前和事后两种测度,结果有差异
Ferreira & Gignoux (2013)	57 个国家	教育(在校成绩)	机会不平等最高达到 35%,欧洲和拉美比亚洲、斯堪的纳维亚以及北美国家高

续表

文献来源	国家	结果变量	测度结果
Ferreira et al.(2011)	土耳其	消费（福利指标）	26%（31%）
Golley & Kong（2016）	中国	教育（年限）	39.3%
Zhang & Eriksson（2010）	中国	收入	着重于单个环境变量的贡献度
Hoyos & Narayan（2011）	47个国家	教育和健康	突出了性别的作用
Piraino（2015）	南非	收入	18%～24%
Singh（2012）	印度	消费	26%（城市）、21%（农村）
宋扬（2017）	中国	收入	27%
龚锋等（2017）	中国	收入	39%～43%
陈东和黄旭锋（2015）	中国	收入	54.61%
刘波等（2015）	中国	收入	23%～35%
江求川等（2014）	中国	收入	1996—2008年机会不平等逐渐增加
徐晓红和荣兆梓（2012）	中国	收入	40%
董丽霞（2018）	中国	收入	20%

三、农村劳动力流动相关研究

农村劳动力外流是农业经济学和发展经济学研究的热点问题之一。农村劳动力的外流是世界范围内经济发展和现代化过程中的一个典型特征，于中国而言，农村劳动力的流动可谓社会经济发展过程中"一道灰色"的风景线（李实，2007）。一方面，这是世界历史上规模最大的劳动力流动过程（Rozelle et al.，1999；Solinger，1999），农业剩余劳动力从农业部门向工业部门的转移，是劳动力要素在空间上的重新配置；另一方面，尽管这种流动不断扩张，但是相对于其他在同等GDP水平上的国家而言，中国在农业部门的劳动力配置还是很不成比例（Taylor & Martin，2001）。因此，随着中国经济体的继续扩张，这种流动可能还会不断持续甚至加速（Johnson，2000；杨仕元等，2018；梁雄军等,2007),同时伴随着一些新的特征,诸如劳动力的回流(Adda et al.,2014;石智雷和杨云彦,2012)。

Taylor 和 Martin(2001)曾经提出,如果按照国外劳动力流动的模式来计算,那么保守地估计,中国的人均 GDP 每增加 10%,农业部门的劳动力份额可能会相应地减少 3.1%。从近十几年来中国劳动力流动的实情来看,这个推算确有合理之处。因此中国城镇化水平的提高以及人均 GDP 的增长,会促使劳动力从农村流向城镇,并使得粮食的需求结构发生变化,进一步对促进农业生产提出了更高的要求(Rozelle et al.,1999)。因此农村劳动力流动究竟在中国发展过程中应该扮演怎样的角色的问题一直具有争议性,同时也是政策制定者所关注的焦点。

目前已有大量文献对(中国)劳动力流动现象进行了研究,其中大致可以分为以下几个方向。

(一)劳动力流动的影响因素

何种因素影响劳动力流动是相关文献的一大研究热点,当然这方面的研究不仅仅局限于中国。比如说 de Janvry 等(2015)研究了墨西哥土地确权对于劳动力转移的影响,他们的研究发现确权使得农户移民的可能性增加 28%。由于中国土地政策和墨西哥具有一定的相似性,该研究对于中国土地产权和劳动力流动之间的关系也具有很大的启示意义,很多研究也针对中国情景进行了研究,比如说 Giles 和 Mu(2017)研究了中国乡村的政治生态、土地产权不稳定性和劳动力外流之间的关系,其他类似的研究还有 Deininger 等(2014)、Tao 和 Xu(2007)、Yan 等(2014)和 Zhao(1999a)等。

除了土地之外,另外一个影响中国农村劳动力流动的最重要制度性因素就是户口,户口的存在最早与中国以农补工的历史发展背景相关,这使得最早期中国的农村劳动力被限制在农业部门之内,而无法转移到城市第二和第三产业(Chan & Zhang,1999)。事实上,这在很大程度上导致资源的错配,大大降低了生产效率,之后户口的放开,极大刺激了劳动力的外流,也对中国经济发展有着不可忽视的助力。Bosker 等(2012)使用新经济地理模型进行模拟发现,户口制度的放开会极大促进经济集聚,同时对上海、北京、广州、重庆这样的大城市来说会更加巩固其核心地位。Shen(2013)进一步对不同时期不同因素的影响作了区分,他认为户口因素在 20 世纪 80 年代是影响劳动力流动的一个主要因素,但是从 1990 年以来中国的农村劳动力流动主要由中国快速并且不均衡的发展所牵动。Seeborg 等(2000)也进一步指出,除了户口之外,其他的一些制度性变革如合同工资体系的引进等也促进了农村劳动力外流。

此外大量的文献探讨了诸如地理距离(Abbay & Rutten,2015)、自然灾害(Boustan et al.,2012)、农村保险体系(Munshi & Rosenzweig,2016)、人力资本(Fu & Gabriel,2012;Taylor,2001)、农产品价格(Taylor,1999)和非经济目的比如说个人发展(Chiang et al.,2013)对于个人和家庭劳动力外流决策的影响。

(二)劳动力流动对于农业发展的影响

首先,农村劳动力外流导致农业劳动力减少,进而产生农业劳动力"老龄化""女性化"以及"兼业化"等现象。李琴和宋月萍(2009)研究发现,农村劳动力外流会增加老年人劳动供给时间,中西部地区影响尤为显著。很多学者认为,农村劳动力的老龄化会对农业生产产生负面影响,甚至威胁到粮食安全(李旻和赵连阁,2009;李澜和李阳,2009)。这样的判断基于两个事实:一是相对于青壮年而言,老年人的体力下降,不足以应对繁复的农业劳作;二是老年人相对来说受教育程度较低,更倾向于传统的耕作方式,不利于新技术的采用。当然,也有一些学者对这些判断提出了质疑(李岳云,1999;胡雪枝和钟甫宁,2012),认为生产决策的趋同和农业机械"外包"服务的普及,可能会缓解老年人人力资本较低的困境。从劳动力"女性化"的角度来看,学界目前存在三种不同的观点:第一种观点肯定了"男工女耕"的分工格局,认为其符合现阶段的农业生产现实;第二种观点持对立的观点,农业劳动力"女性化"对农村经济的发展是会产生负面影响的(Hare,1999;Mu & van de Walle,2011;胡雪枝和钟甫宁,2012);第三种观点则相对中立,认为当控制住个人特征与投入水平之后,男女劳动力在农业生产中的效率并无显著差异(Quisumbing,1996)。除此之外,不少选择近距离非农就业的农户可能会有"兼业"现象(向国成,2005;钱忠好,2008),这也会对农业生产产生一定的影响。

其次,农村劳动力外流可能利于土地的流转和规模经营(Siciliano,2014;Vanwey et al.,2012)。张务伟等(2009)运用频数分析法以及最优尺度分析法进行研究发现,转移劳动力的非农就业时间对土地处置方式产生的影响最大,是否异地转移的影响力次之。事实上,农村劳动力离家乡越远,在外打工时间越长,兼顾农业生产难度越大,其往往倾向于将土地外租,从而为土地的规模经营创造了条件。因此,提高农民对土地资源和劳动力资源的利用程度将成为提高农民收入的重要途径(王春超,2011)。

最后,农村劳动力外流使得农民积累了一定的人力资本,提升了自身素质,这也会对农业生产和农民的农业纯收入带来影响。从宏观来看,建立在农村劳动力素质不断提高基础上的农村劳动力转移对推动经济增长有着很重要的作用(刘秀梅和田维明,2005)。以微观视角审视,农村劳动力的外流往往受到社会关系网络的影响(Du,2000;Roberts,2000;蔡昉,2001;谢正勤和钟甫宁,2006;高虹和陆铭,2010),这样的关系网络的运作,利于其积累一定的人力资本,加之农民工"回流"现象的出现,如果最终选择回乡就业,这种自身素质的提升将会对农业生产产生一定的影响,进而影响其农业收入。

其他还有诸多研究考察了劳动力外流对农业生产效率的影响(Sauer et al.,2015;Yang et al.,2015)、农业生产率的影响(Au & Henderson,2006;De Brauw,2010)、家庭种植决策的影响(De Brauw,2014;Wang et al.,2014)以及劳动力供给价格的影响(Berry & Soligo,1968)等。

(三)农村劳动力外流对于农户收入的影响

家庭劳动力从农业部门流转到非农业部门,除了对于农业生产可能产生很大影响外,对于农户收入的影响是最为明显的,这也是大多数农户在进行迁移决策的考量时最为关注的。从目前的文献来看,学界基本达成了一个共识,那就是农村劳动力外流显著地提高了农户收入(De Brauw et al.,2002;Démurger et al.,2010;Li,1999;Mohapatra et al.,2007)。

外流劳动力在城市获得更高的收入之后,往往会将其中一部分收入汇款回乡,这一现象不仅仅在中国如此(Cai,2003;Murphy,2006),在发展中国家的城市化进程中都有这个现象存在,比如说危地马拉(Adams & Cuecuecha,2010)、吉尔吉斯斯坦(Atamanov & Van den Berg,2012)、摩洛哥(de Haas,2006)、泰国(Garip,2014)以及非洲撒哈拉以南(Gupta et al.,2009)、喜马拉雅地区(Scharf & Rahut,2014)等。而关于移民提高农户收入的另一个证据是农户投资的变化,如果移民农户的投资显著增加,则可以从侧面说明这个现象。De Brauw 和 Rozelle(2008a)的研究发现,有移民家庭的农户在房产和其他耐用品的消费上比平均水平高出 20%,但是并没有证据显示劳动力外流和生产性投资之间存在相关性。

(四)农村劳动力流动对于收入不平等的影响

虽然农村劳动力外流对于提高农户收入的作用在学界基本达成共识,但是对于农村劳动力流动对于农村收入不平等的影响一直没有达成一致意见。李实(1999)和孙文凯等(2007)分别从微观和宏观的角度论证了农村劳动力外流可以缩小农村收入差距。也有很多的外文文献支持这一观点(Howell,2017;Hua & Yin,2017;Khan & Riskin,2005),其中 Howell(2017)通过构建反事实收入证实了劳动力流动降低了农村地区空间收入不平等。Hua & Yin(2017)通过基尼系数分解进一步发现,如果外出劳动力选择就近转移,农村地区的收入不平等会进一步减小。

相反,也有很多研究认为劳动力流动和地区收入差距呈现正相关(Kung & Lee,2001;Lin et al.,2004;姚洪心和王喜意,2009)。另外,Clément(2016)利用中国营养与健康数据测算了中国农村的收入不平等,他发现农户的非农收入在 2000—2005 年扩大了收入差距,但是在 2006—2010 年缩小了收入差距,总的来说非农收入对于缩小农村收入差距的作用逐渐增大。

事实上,两种观点差异产生的原因在于农村劳动力外流究竟对于低收入群体影响更大还是更有益于高收入群体。如果说农村劳动力外流对于低收入群体作用更大,那么整体收入不平等将会减少,很多文献证实了农村劳动力外流会减少农村贫困(Dey,2015;Jimenez-Soto & Brown,2012),事实上也从侧面证实了这一点。如果说农村劳动力外流对于高收入群体作用更大,那也就意味着会陷入富裕农户越富,贫困农户越贫的局面,而很多问题也会成为更大的农村稳定的隐患,比如说对于留守人口的影响(Chang et al.,2011;Xu & Xie,2015)。另外,Barham 和 Boucher(1998)还提出了另一种可能的解释,如果说劳动力外流所得的汇款被当作一个外生的收入来源,则农村收入不平等会缩小。但是如果说劳动力外流和汇款被当作农户家庭收入的一种替代,那么对于向外流动的农户而言,收入差距反而更大。

四、农村教育与农村收入

如果说农村劳动力从农业向非农业转移是农村居民为了改变现状而做的一项努力,那么通过教育改变自身命运似乎是另一条可以实现的路径。同时教育研究也是发展经济学领域的热点之一,有大量的文献探究了教育影响的方方面面,以下将从三个方面着重对中国农村教育的研究进行回顾。

(一)农村教育中的机会不平等

梁晨等(2012)通过对北京大学和苏州大学1962—2002年学生社会来源的研究,揭示中国教育领域的一场无声的革命,他们发现在新中国成立之前,中国主要精英大学的学生基本来自社会中上层家庭,而下层家庭的子女几乎没有机会能够进入这类高等学府学习,而这其中来自农村地区的家庭几乎是最不具备竞争优势的。但是新中国成立之后,越来越多的中下阶层家庭的子女开始在这些精英大学中崭露头角。该文发表后,引发了社会各界的热烈讨论,尤其是文中提到,1997年来自干部家庭的子女占到了北京大学学生比例近四成(39.76%),这一数字被媒体广泛转发和关注,并提出了中国现在教育领域的机会不平等已经非常严重的论断。

李春玲(2014)对此进行了解释,她认为上文的主要数据来源于1962—2002年,而媒体关注的焦点事实上在于最近十几年的变化,而这十几年的数据基本没有囊括,这也是争论产生的原因之一。因此,她采用了相对新的全国抽样数据,对"80后"的教育现状和发展趋势进行了解析,她发现在改革开放之前的30年里,中国推行的推进教育均等化的政策确实促成了这场"无声的(教育)革命",但同时也导致了一些问题,比如说高等教育质量的下降。同时更为重要的是,改革开放后的第一个十年,农村家庭的教育负担愈发沉重,原因主要在于市场经济的冲击,直接导致了中小学的学费增加,很多来自农村的学生不得不辍学,从这个阶段看来教育机会分配的不平等程度事实上是在增加的。从最近十几年来看,政府的一系列教育改革和向低收入群体倾斜的教育政策确实为促进教育机会公平提供了很好的土壤,但作者的研究发现,从"80后"的角度来看,教育机会不平等并没有缓和。

另有很多文献从侧面证实了李春玲(2014)的观点。比如说刘精明(2008)使用中国人口普查数据系统研究了改革开放以来1976—2000年家庭资源对于教育不平等的影响。他的研究将家庭资源分为两类:一类是内生性资源,受到外部社会变迁的影响较小;另一类是外生性资源,会随着社会变迁而发生变化。在这种划分的基础上他发现不同的家庭资源对于教育不平等的贡献度具有差异性,内生性家庭资源对教育不平等的影响是持续稳定的,这事实上也是教育机会的不平等,而外生性资源则可能随着社会变迁或者政策变化而发生变化。吴愈晓(2013)则利用中国综合社会调查(CGSS)2008年的数据系统地研究了在1978—2008年中国教育领域的机会不平等,这种不平等主要体现在由户籍、家庭背景、父母受教育程度以及兄弟姐妹数量等因素造成的教育结果差异。他发现虽然父亲职业对子女升学机会的影响不显著,但是父母受教育程度却对子女教育有着非常显著的影响。这个结论与李春玲(2003)的研究结论一致,中国的改革开放作为一个分水岭,在1978年之前教育机会不平等逐渐削减,而从1978年之后,教育机会不平等又开始呈现上升趋势。另外,Golley和Kong(2016)的研究也证实了这个结论,他们使用北大的中国家庭调查数据(CFPS)系统地研究了中国教育领域的机会不平等,发现户口、父亲受教育程度、出生地、父母党员状态、性别、家庭规模以及民族等因素对教育不平等贡献了30%多。而其中户口则是贡献最大的因素,由此有必要对城市和农村之间教育投入与质量的差距进行回顾。

　　尽管从改革开放以来,中国政府投入了很大资源想要反哺农村发展,而教育就是其中最重要的一个方面,但实际上城乡之间的差距并没有真正意义上缩减。比如说虽然九年制义务教育在1985年于城市和农村同时开始实施,但是该政策在农村和城市的效果却截然不同。1985年到2005年之间,虽然农村城市人口的平均受教育年限都大幅提升,但是城市的提升速度远远大于农村地区(Epstein,2017;Zhang et al.,2015)。也正是因为如此,农村教育长期处于二元结构的局势下陷入了有增长无发展的"内卷化"态势,而要改变这种状态就必须要从城市—农村二元发展的角度来看待和解决这个问题(张天雪和黄丹,2014),地方政府应该致力消除城乡教育的双轨制(王本陆等,2004)。

　　另外,农村教育状况又与劳动力外流现象息息相关。一方面,对于那些从农业部门转移出去的农民工而言,受教育程度的高低直接影响他们在城市从事非农工作的竞争力,进而影响他们的收入(Sicular et al.,2007)。而现今面临的挑战是这些流入城市的农民工很难真正进入城市的社会福利体系之中。另一方面,农民工去城市打工,他们的孩子则面临两种命运,或是留守在农村接受教育,或是跟随农民工一起转移到城市在城市接受教育。如果孩子被留在农村,那么一方面农村教育质量无法与城市相比(Lu,2012);另一方面作为留守儿童由于缺少父母的监管和关爱,不仅学习容易出现问题,更有可能对孩子的身体和心理造成非常大的影响(Duan et al.,2013;Ye & Pan,2011;Wen & Lin,2012;Zhou et al.,2015)。如果孩子被父母带到城市,由于农村孩子可能本身基础薄弱,加上很多制度性约束,其并不能很好地融入城市生活,由此而引发的问题也值得关注和探讨(Goodburn,2009;Kwong, 2004;Zhu,2001)。

(二)农村教育对农村收入的影响

除了教育机会的不平等,尤其是城乡之间的鸿沟,大量的研究关注农村教育对居民收入提升的作用。首先,教育对于提升中国农村劳动力的非农收入具有很大的作用,尽管这种作用相较于城市地区而言依旧有限(Rosenzweig & Zhang,2013)。然而针对教育对于农村地区的收入回报率,学界并没有达成一致意见。早期的研究发现,发展中国家的平均教育回报率在10%以上,其他亚洲国家基本在9%以上(Psacharopoulos,1994)。而中国的教育回报率相对低很多,从不同的研究来看中国城市的教育回报率很少会超过5%(Meng,1996;Meng & Zhang,2001),而农村地区基本都低于5%(Luan et al.,2015;Parish et al.,2009)。de Brauw 和 Rozelle(2008b)对这些早期的研究做了系统的回应,试图解释为什么这些研究计算出的中国农村的教育回报率如此之低,并提供了他们认为更为精确的教育回报率(6.3%)。

这个估计结果无疑要比之前的文献高很多,并且他们发现,小学之后的教育对于年轻人以及农民工的影响尤为显著。然而,不仅仅是学界对农村教育回报率没有形成共识,就农民工本身而言,也并没有意识到教育的长期作用。也正是因为如此,大量的农村学生会选择高中就辍学。有一组数据可以佐证这一说法,在城市地区大概90%以上的学生会完成高中学业,但是在贫穷的农村地区,大概只有50%的学生会进入高中阶段的学习(Li et al.,2015;Loyalka et al.,2017;Shi et al.,2014)。de Brauw 和 Giles(2017)针对中国的一项最新研究也发现了同样的结论。第一,随着农村居民外出打工的限制逐渐减少,越来越多的农民工会选择中学毕业后结束学业,而不继续进入高中学习。这其中的原因在于外出打工确实能在短期内提升收入,增进农村居民的福祉(de Brauw & Giles,2018;Zhao,1999b;李实,1999;王西玉等,2000;钟笑寒,2006)。第二,这也反映了两个问题:一是他们对于真正的教育回报率没有清晰的认识;二是可能也意味着从长期来看农村和城市居民之间收入不平等的趋势依旧会有所上升。

虽然农村教育的回报率相对城市较低,但是随着政府对于乡村教育振兴越来越重视,相信这一问题会得到很大改善。因为教育作为一种农村孩子实现阶级跨越的重要手段,是解决一个社会阶级固化的最好方法,尽管上面的研究揭示了农村教育所面临的机会不平等状况非常严重，但这也是目前相对最为公平有效的途径。同时，农村教育的投资也会在一定程度上提高农村劳动力外流的资本（钱忠好和张骏，2008），而教育和非农就业正是农村居民能够自我选择并加以利用的两种提高收入的最重要的手段。

（三）农村教育对农村收入不平等的影响

除了关注教育回报率之外，近期的一些文献开始关注教育扩张对于收入差距和收入不平等的影响[1]。比如，Abdullah 等（2015）针对非洲的一项研究发现，教育的投入减小了最高收入者和最低收入者的收入份额的差距，能够显著减少收入不平等，并且中学教育比小学教育能够起到的作用更大。Yang 和 Qiu（2016）则研究了先天能力、义务教育和高等教育对于中国收入不平等和收入代际传递的作用。他们通过政策模拟发现，增加对贫困父母的直接补贴，能够显著增加他们对孩子的教育投入，进而减缓整个社会的收入不平等现状。总结这些文献可以发现，教育投入对于提升收入和减缓收入差距的作用是被不同文献所证实的，然而关于教育回报率的大小问题却一直没有得到一致结论，其中的一个很大原因就是教育需要长期投入，而其对于个人收入发挥作用也往往是长期并且持续性的，而反过来，收入的多少又会限制一个家庭的教育投资（Brown & Park，2002）。

五、农民工职业培训与农村收入

上述文献回顾了农村教育对于农村收入和收入差距的影响，相较于农村教育需要长期投入而言，职业培训投入相对更低，并且影响可能更为"即时"，很多文献针对不同国家情境对此进行了研究。比如说 Attanasio 等（2011，2017）证实了哥伦比亚一个随机培训项目对于劳动力就业的长期和短期影响，他们的研究发现该培训项目显著增加了当地的就业率和收入，并且这种影响不仅对男性显著，对于女性劳动力依旧显著。Hirshleifer 等（2016）运用一个随机试验研究土耳其职业培训项目的影响，他们发现这种影响具有异质性。从总的效应来看，培训会对就业产生正向影响，但是这种影响在统计上

---

[1]   这些研究议题不仅仅限于中国。

并不显著。不过这种影响的"即时"效应非常显著,具体来说,参加培训后第一年这种影响最大,特别是由私人企业提供的培训影响更为显著,而随着时间的推移,这种影响慢慢减弱,3年之后就逐渐消失了。Fitzenberger（2005）以及 Riphahn 和 Zibrowius（2015）研究了德国学徒制和职业培训对劳动力市场表现的影响,他们发现职业培训能够显著提高就业率和劳动力收入水平,这种作用即使是在很差的劳动力市场环境中依旧稳健。针对职业培训对劳动力市场影响的其他文献还涉及多米尼加共和国（Card et al.，2011；Ibarraran et al.，2014）、澳大利亚（Fersterer et al.，2008）、美国（Houser,1996；Meer,2007）、瑞典（Hall,2016；Stenberg & Westerlund,2015）等。从上述文献来看,大多证实了培训对于提升劳动力收入的作用,尤其是很多文章论证了培训的短期效应,但是从研究范围来说,很少有文献针对农村地区的培训进行分析。

如果将视角转回国内,依旧会发现职业教育在中国从人口大国迈向人力资源强国过程中也发挥了重要作用（辜胜阻等,2015）。最有代表性的是王海港等（2009）的研究,他们利用异质性工具变量模型,估算了在珠江三角洲各地农村普遍实施的职业技能培训的各项处理效应,结果发现参加者的收益不如从村民中随机挑选的村民的平均收益,而随机挑选的不如未参加者如果参加能获得的收益。因此,他们认为目前的这种培训没有充分发挥应有的作用,因为对于已经参加了的人并没有多大帮助,而能从培训中获利最多的人参加的可能性却很低。但是,姚洪心和王喜意（2009）的研究却发现了是否参加职业培训对农民收入具有显著的正向影响,进而能够有效地缩小贫困山区的农村收入差距。如果从第二代农民工的角度来看,Ling（2015）的研究揭示了虽然跟随父母进城的农民工子女在接受正规教育上与城市孩子存在差异,但是城市地区的职业教育却在很大程度上起到弥补作用,能够帮助他们提升从事非农工作的技能,使其在劳动力市场上比他们的父母更具备优势,这对中国经济转型来说也有不少益处。

六、本书在文献上可能的贡献

总的来说,以上文献对与本书相关的几个方面的研究进行了回顾,主要包括:第一,回顾了本书的核心问题,即中国（尤其是农村地区）的收入不平等,相关研究揭示了中国农村的收入不平等问题相较于城市而言,可能显得更为严重;第二,回顾了收入分配中机会不平等的相关文献,对机会不平等的理论、概念和测度等问题进行了阐述,同时发现目前针对中国情境的文献还相对不多;第三,回顾了农村劳动力外流的相关研究,重点关注了农村劳动力外流如何影响农村居民的收入和收入差距,结果显示目前相关文献还没有得出一致性结论;第四,回顾了正规教育和职业培训对收入和收入不平等可能产生的影响,这种影响具有什么异质性,结果发现针对中国农村的正规教育和职业培训的比较研究还凤毛麟角。

基于此,本书系统地研究了中国农村目前的收入不平等问题,其创新点在于:本书将中国农村的收入不平等划分为机会和努力两种类型,分析这两种类型的收入不平等在中国农村的现状和趋势。接下来的第三章首先对中国农村的收入与收入差距、机会与公平议题、农村劳动力外流以及教育和职业培训现状进行了历史回顾和现状分析。第四章着重研究了中国农村收入不平等中的机会不平等,并且将农村和城市进行了比较,原因在于户籍因素在中国作为一个环境变量不可忽视,结果揭示了中国农村的机会不平等现状非常严峻,同时该章节还开创性地把个人教育和劳动力外流两个努力变量放入机会不平等的分析框架中。在接下来的章节中,着重分析了这两个努力变量会怎样影响农村收入和收入不平等,回答了在机会不平等问题面前,农村群体在多大程度上可以通过自身努力来改变他们的命运。具体来说,第五章分析了农村劳动力外流对于家庭和村级层面收入和收入不平等的影响,并且开创性地将方言要素引入分析框架中。第六章系统地比较了农村地区常规教育和职业培训对于农村收入的影响。这两个章节揭示了农村地区依靠自身努力(比如说多接受教育、转移到非农行业)等可以大幅提升他们的收入,并且从宏观上来看,还能缩小农村地区的收入不平等。

以笔者所知,目前还没有文献能够系统地从机会和努力的二元视角对中国农村的收入增长和收入不平等问题进行研究,本书虽未尽善尽美,但试图抛砖引玉,以期对该领域的研究能够有相关的启发性作用。

第三章　中国农村的收入增长与收入不平等:机会与努力的历史变迁

在前面的章节中,本书界定了相关的核心概念,回顾了主要的理论体系和相关研究。而在本章节中将把重点放在回顾这些概念和理论在中国农村社会中的具象化、历史化和现实性表达。第一节针对本书的核心概念农村不平等展开,重点梳理了中国农村收入变迁的历史背景,并通过农村固定观察点数据分析了中国农村近年收入发展变化。接下来的三节分别针对影响这些收入变化趋势的不同因素展开,其中第二节使用 CGSS 数据回顾了中国农村机会不平等的现状,第三和第四节分别关注影响收入变化的两个主要努力变量——劳动力外流和教育,回顾了两者在中国的历史发展背景,并使用农村固定观察点(2011—2014 年)数据和农民工监测报告中的相关数据对近十年的发展趋势作了描述。

第一节　中国农村的收入增长与不平等

一、中国农村收入变迁的历史背景

(一)改革开放前

与城市地区不同,中国农村地区的发展历程具有其特殊历史背景,而农村地区的收入增长与收入分配也表现出与城市地区的差异性。在改革开放之前,由于农村劳动力外出流动的限制,农户收入差距产生的主要原因在于农业收入的差异,而农业收入的最重要来源就是土地,因此有必要对新中国成立以来的土地制度变革进行回顾。

1949 年以前，土地的私人所有制存在，土地交易也非常频繁，财富的多少直接与拥有的土地数量挂钩（Ding，2007）。但大部分土地都掌握在"地主"手中，大多数的贫农只能向其租赁土地耕种。而中国土地革命历史上第一次大的变革正是发生在这样的历史背景下，高海燕（2007）对其作了科学的划分，她将这个时期的土地制度划分为两个地域来进行考察，一是根据地或解放区，二为国统区。从中华苏维埃政府的土地制度来看大致经历了五个阶段，"耕者有其田"的形成时期（1921—1926 年），"耕者有其田"与"土地国有"理论背离时期（1927—1931 年），"耕者有其田"切实实行阶段（1931—1935 年），"耕者有其田"的战时停顿阶段（1935—1945 年），"耕者有其田"的最终实现阶段（1945—1949 年）；而针对这个时期国民党政府的土地制度变革，她指出仍然是军阀割据时期形成的地主、富农、小农和国家所有的多元复合所有制。

"耕者有其田"是中国 20 世纪以来第一次土地改革的基础，它主要将地主所有制（地主所有、佃农耕种）变更为自耕农所有制（农民家庭所有、家庭耕种），没收地主的土地将其分给贫农，使广大农民的积极性大幅提升，对这一时期的农业增长有很大贡献。据统计，1947 年的每公顷农业产量为 1500 斤[①]，土改后的第一年（1948 年）产量就增加到 1920 斤（董辅礽，1999）。1949 年到 1952 年，粮食产量增长了 44.79%，年递增率为 13%；棉花产量增长了 193.69%，年递增率为 43.1%；农业产值增长了 49.0%，年递增率为 14.2%（漱兰，1999）。从制度经济学的分析框架来看，正是广大农民的需求从本质上催生了这次土地制度的变革，这样更为明确、简单且更具有协调性的制度大大提高了农产品的产出，从而促进了农业的发展。

中国农村的第二次土地变革开始于 20 世纪 50 年代，"耕者有其田"制度实施之后，在对待农民问题上，政府认为应该将他们集合起来走互助合作的道路，这为劳动群众集体所有制的萌芽提供了条件。确切地来说，该阶段包括 1949—1958 年的初级合作社和高级合作社时期，以及 1958—1978 年的人民公社时期。

在初级合作社阶段，强调发展互助组和建立以土地等生产资料入股、统

---

① 1 斤＝0.5 千克。

一经营、按分红和按劳分配互相结合为特点的初级社(李德彬,1987)。在这种情况下虽然农民的积极性受到一定的影响,但是也规避了农户个体经营社会成本较大的弊端,因而也在一定程度上取得了制度绩效。据12个产稻谷的主要省份统计,每亩①稻谷多产10%;据9个产小麦的主要省份统计,每亩小麦多产7%;据8个产大豆的主要省份统计,每亩大豆多产19%;据9个产棉花的主要省份统计,每亩棉花多产26%(孙健,2000)。

到了高级社时期,这种制度安排的弊端已经逐渐暴露。在这个阶段无论从粮食产量、农业产值还是农民收入上来看,制度绩效都已经减弱甚至消失。从粮食产量上来看,1950—1952年平均年增长13.1%,1955年增长8.5%,1956年为4.8%,而1957年仅为1.2%(李德彬,1987)。从农业总产值来看,1953年至1956年依次从510亿元、535亿元、575亿元,增加到610亿元,但是1957年又降为537亿元(孙健,2000)。而苏星(1980)根据当时对20个省(自治区)564个社区总计183489户农户的调查发现,其中减收占总数的28.09%。

到了人民公社时期,农业增长进一步受到限制,农业净产值从1957年的人均806.8元下降到1978年的508.2元,下降幅度为37%。1978年农民从集体中分配到的年收入在50元以下(罗重谱,2009)。由此可见,从20世纪50年代早期开始的第一次土地改革在一定程度上促进了农业的发展,而从20世纪50年代中期开始的第二次改革虽然在变革之初有所成效,但是总体来说弊端逐渐显露,遏制了农业产出的增长,这一点也可以从制度经济学的视角予以解释。

私有产权事实上是用来约束竞争的一个规则体系(Lai,1993),在计划经济的体制之下,土地的价值(经济租金)被大大降低,甚至完全降至为零,它也不再是生产中的一个决定性要素。虽然说"计划"的初衷也是为了解决土地资源分配过程中的争端,但是原本建立在自愿性契约基础上的价格调配也由计划体制下的非价格调配取代。按照科斯定理中"不变性"的描述,如果交易成本为零并且产权清晰的话,计划经济体系下的资源分配效率和资本主义体系下是相同的,但事实上在这种计划经济下,交易成本要高得多,而产权也并不明晰,因而这种制度的"无效率"也就可以理解(Lai,1995)。这个

---

① 1亩≈0.067公顷。

时期从本质上说是通过统一的采购和市场营销体系来控制粮食的价格及其购买，压低农产品价格，并且通过农业出口来赚取外汇，既为城市消费者提供保障，又为工业的发展提供助力（Huang，1998）。这种"无效率"直接导致了农业发展的滞后，而恰恰也是这种滞后促使中国农村的土地制度在进一步改革中摸索。

由上文的回顾可以看到，改革开放之前中国农村的农地制度基本以集体所有制为主，从制度经济学的角度来看，这并不利于土地资源发挥其最优的配置效率，但是从公平性来看，由于缺乏其他非农收入来源，这样的土地制度安排确实使得中国农村的收入水平处在一种相对平均的低收入状态。

（二）改革开放后

改革开放后，有两个方面的因素持续影响着中国农村的收入增长和收入分配。一个是土地制度的进一步变革，另一个是政府对农村劳动力流动的限制逐渐放宽。

1978 年以前发生了两次大的农地制度变革，而对中国更具意义的第三次土地制度变革从 1978 年党的十一届三中全会开始，并由此确立了家庭联产承包责任制。总结来说，这三次农业变革的特征可以由表 3-1 体现，第三次变革的特征在于实现了集体土地所有权和使用权（承包经营权）的分离，将土地集体所有制变更为集体所有个人使用制。

表 3-1　中国 20 世纪以来土地制度变迁

农业变革	时间	变化特征
第一次土地改革	20 世纪 40 年代晚期（20 世纪 50 年代早期）	地主所有制（地主所有、佃农耕种）变更为自耕农所有制（农民家庭所有、家庭耕种）
第二次土地改革	20 世纪 50 年代中期	自耕农所有制变更为集体使用制（集体所有、集体耕种）
第三次土地改革	20 世纪 80 年代早期	集体所有集体使用制变更为集体所有个人使用制（集体所有、集体成员个别耕种）

资料来源：胡景北（2002）。

如果说党的十一届三中全会开启了中国经济改革的大门，那么 1979 年两份有关农业改革的文件《农村人民公社工作条例》和《中共中央关于加快农业发展若干问题的决定》起了重要的推动作用。在 1978 年确立的家庭联产承包责任制,到 1983 年被广泛采用(Huang,1998),到 1984 年全国 99% 的生产队已经采用了这种做法(Lin,1992)。它明确了"包产到户"的理念,与先前所倡导的"平均主义"作了区分,并以个人的能力和劳动作为标准。但事实上,在党的十一届三中全会以前,安徽省就有 16% 的生产队采取了这样的做法(Ash,1988),安徽凤阳县小岗村也因此成了家庭联产承包责任制的发源地。

　　这种制度确立之后,中国农业产出出现了惊人增长,这得益于这种制度对于农户的激励性作用,制度安排的"竞争性"发挥了重要作用。关于这种制度的有效性,林毅夫和胡庄君 (1988)就通过实证研究提出了因为农业监督的困难,以家庭为基础的生产模式比生产队更有效率的观点。其后 McMillan 等(1989)又在其研究中表达了同一种观点,他们均认为 1978 年开始的农村经济体制改革对我国这一时期农业增长起了至关重要的作用。乔榛等(2006)也通过实证分析探究了 1978—2004 年中国农村经济制度变迁与农业增长的关系,并且得出结论,1979 年以来的农业经济增长受经济制度变迁的影响明显。事实上,这一变革使得我国最重要的三类作物——粮食、棉花、油料的年增长率由 1952—1978 年的年均 2.4%、1.0%、0.8% 提高到 1978—1984 年的年均 4.8%、7.7%、13.8%。1978 —1984 年农业产出增长 42.23%,其中家庭承包责任制改革的贡献约占 48.69%(Lin,1992)。1984 年,粮食的产量为 4.07 亿吨,达到峰值,在 6 年时间里净增长了 1 亿多吨。但是这种增长在 1985 年开始回落,并且停滞状态一直持续到 20 世纪 90 年代初(Chen & Davis,1998),这一点也可以在乔榛等(2006)的研究中得到验证。从制度因素的角度来看,随着这种制度的普及,其对农业生产的推动作用也逐渐减弱。在这之后,中国的农业发展历程又经历几次起伏,这也与制度要素的作用密不可分。

　　到目前为止,已经讨论了 20 世纪 50 年代以来的三次重大的农业土地政策变革,这三次变革实质上都是土地使用权的变革(Chen & Davis,1998)。发展到家庭联产承包责任制,土地的所有权归属于集体,而使用权被赋予农民。但是自 1986 年出台《中华人民共和国土地管理法》以来,农民土地的非农用权利逐渐被地方政府以及开发商占有,表面上是为了维护农民的利益,但事实上农民在土地交易市场上毫无优势可言,属于农民的地权也越来越小,逐渐形成了"强政府、强市场、弱小农"的格局。为了保障这种格局下农民的基本福利,之后推行的两项农业政策与其密切相关,其一是 20 世纪 90 年代后期推行的价格改革，其二是 2002 年之后的税费改革，这两项制度虽不与土地制度直接挂钩，但确是为了缓解在农业发展过程中农民地权越来越小而引发的问题。事实上，中共中央对于"三农"问题的重视远不只如此，从 1982 年到 1986 年，中共中央连续 5 年发布"三农"主题的一号文件，从 2004 年至今，又连续十多年发布。其中 2014 年的中央一号文件再次提到了土地制度改革，提出了构建新型农业经营体系的理念。

可以说中国农地制度的第三次改革在很大程度上提高了土地资源的配置效率，释放了劳动力活力，极大地提高了农户的平均收入。而除此之外更为重要的是改革开放以来随着农村劳动力不断地转移到非农产业，农户的收入进一步地提高，而"转移门槛"的存在，使部分先转移出来的农户首先富裕起来，这也使得农户的收入差距进一步拉大，在本章的第三节笔者详细讨论了农村劳动力转移的历史背景和政策变化。更为有趣的是在本书的第五章，笔者的研究发现，随着"转移门槛"的逐渐降低，越来越多的农户能够从非农部门转移出来，发挥他们的"后发优势"，从而使得农村内部的收入差距开始慢慢缩小。

二、中国农村收入不平等现状

以上回顾了与农村收入增长和分配相关的农业政策（尤其是土地政策），而在本小节笔者将利用农村固定观察点数据测算农村基尼系数，分析农村收入不平等面临的现状。事实上，近十年来关于中国（农村）收入不平等的测算一直都颇有争议，争议产生的原因主要有几点。

第一，不同数据之间的差异性。目前国内有很多数据都开始关注中国的收入差距和收入分配问题，比如北京师范大学的 CHIP（中国家庭收入调查）数据库、西南财经大学的中国家庭金融数据库等学术机构的数据资源，以及国家统计局等公共的官方数据库。但是这些数据往往在统计口径、样本代表性等问题上存在差异，因此使用不同数据得出的结果往往也不尽相同。比如说国家统计局在 2012 年公布了 2003—2012 年的基尼系数，结果显示 10 年间基尼系数都超过国际公认的警戒线 0.4，其中 2008 年最高为 0.491，之后有所回落。到 2012 年降为 0.474。同年，华中师范大学中国农村研究院发布的《中国农民经济状况报告》显示，2011 年农户家庭收入比 2010 年有较大增长，但是农村居民基尼系数在 2011 年已经达到

0.3949，非常接近国际警戒线所规定的 0.4。而 2018 年公布的由国家发改委主办、北京师范大学中国收入分配研究院承办的《中国居民收入分配年度报告（2017）》显示中国的基尼系数从 2008 年的 0.491 降低到 2016年的 0.465，但还是处于警戒线之上，而更为重要的是城乡之间的收入差距正在逐渐缩小。

　　第二，基尼系数测算对象的差异性。从农村收入差距的角度来看，测算基尼系数往往有几个不同的选择，比如说个人收入、家庭收入、家庭人均收入等。而对于不同收入对象的测算往往会得出不同的结果。图 3-1 采用了农村固定观察点 2011—2014 年的数据，对家庭收入的基尼系数进行了测算。结果显示其基尼系数大多在 0.35 左右，没有超过 0.4 的警戒线，但是也已经非常接近。如果对农民工的非农收入进行基尼系数测算，则发现其数值高于 0.7，这说明农民工外出打工的非农收入存在着巨大的差异。

　　第三，数据处理过程中的不同处理方法也会影响基尼系数测算的结果。比如说对于数据缺失问题的处理，是直接删除数据还是采用相关方法进行插值处理，前者可能会损失很大的样本量，而后者则可能带有处理偏差。再比如说对于低端数值，可以选择直接删除或者通过缩尾等方式进行处理，两种处理方式也会产生不同的结果。因此对于基尼系数测算过程中的数据处理也应当抱有审慎的态度。

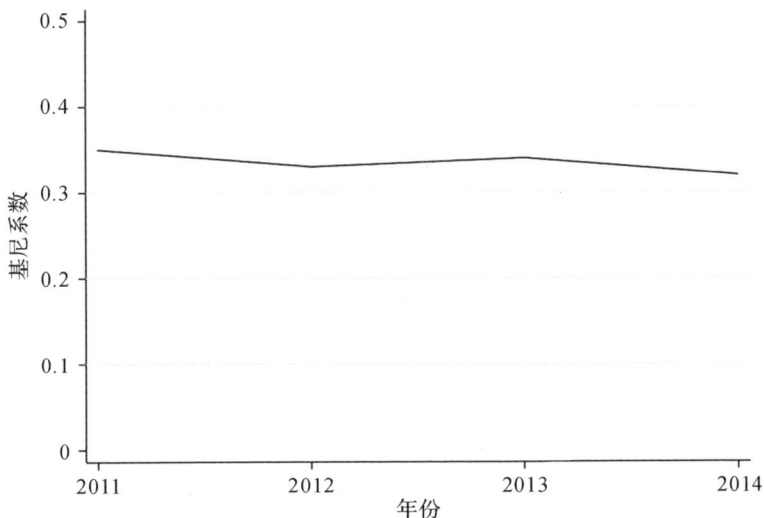

图 3-1　2011—2014 年中国农村基尼系数

第二节　中国农村的机会与公平

一、中国农村历史上的机会不平等

本章第一节回顾了中国农村收入增长和收入分配不均等的历史背景和现实状况,而本节的重点在于中国农村的机会不平等。如前两章所述,机会不平等也是造成收入分配不均等的重要因素之一。

农村地区的第一个收入不均等要素就是户口。从中国的历史背景来看,户口制度从新中国成立以来就存在,一个人如果出生在农村家庭,从小获得的就是农村户口,之所以把它视作农村机会不平等的要素是因为出生在城市往往具有更好的经济社会环境,将来也更有可能获得更高的收入。而农村地区的弱势,从新中国成立以来的相关政策就可窥一二。比如说新中国成立后,为了支持城市以及工商业发展,开始实行"以农哺工,农业支持工业"的战略方针,农村地区更多地承担了为城市地区提供粮食的功能,各种资源政策也大多向城市地区倾斜。更为重要的是,由于农业生产的特性和农村土地资源的稀缺性,农民依靠少量的土地获得的农业收入跟城市居民的收入相比,差距很大,这一点在前述章节中也已经提到。并且为了支持城市发展保护城市居民的利益,在改革开放之前农村劳动力流动到城市从事非农工作几乎是被禁止的,没有城市户口,也就意味着无法在城市寻找工作。尽管改革开放之后,政府对于劳动力流动的限制逐渐放开,进入21世纪以后,对于户口制度的改革也在如火如荼地进行,但是附着在户口之上的各种福利和社会保障服务在农村户口和城市户口之间依旧存在着很大的差异性,农村居民和城市居民之间依旧存在着巨大的收入鸿沟。

除了户口之外,地域性因素也是机会不平等的一个重要体现。在中国古代,地域性差异往往与政治因素相联系。在工商业没有那么发达的年代,一个国家都城的选取往往会兼顾地理因素、生存条件以及军事防御功能,而一个国家的政治中心往往也是经济发展的中心。在现代,这种政治因素影响地理优势的情况依旧存在,如北京既是中国的政治中心,也是国家重要的经济中心之一,这也就意味着北京的农村和其他地区的农村会有较大的差异性。

如果说改革开放之前地域性差异还没有那么明显的话,那么改革开放使得中国的地域性差异被进一步扩大,这种扩大体现在对中国东中西部的划分上。中国的东部沿海地区是改革开放过程中最先发展起来的,一个重要的原因在于其地理位置优越性(比如说港口优势),经过 40 多年的改革开放,东部沿海地区的经济发展遥遥领先于其他地区。相较而言,中西部地区,尤其是西部地区由于自然地理位置的限制,缺少发展的原动力,加之早期的政策支持相对较少,与东部地区相比,经济发展水平相对要低很多。这种差异性在农村地区可能体现得更为清晰,东部的农村地区往往较为富裕,与城市的差距相对也较小。而西部地区农村发展水平更为落后,与城市相比差距也更大。这样的历史发展背景决定了出生在东部地区的农村可能比出生在中西部地区的农村拥有更多的发展机会。

除了以上两个地域性相关的机会要素,第三个较为常见的就是性别因素。从中国历史的发展进程来看,因男女性别而产生的差异性一直存在,在中国古代这种差异性更为显著。可以说在中国古代发展过程中,女性更多地是附属于男性而存在,而这种不平等也体现在很多方面。比如说,在社会地位上,"在家从父,出嫁从夫"的说法大体说明了女性的弱势地位,在未出嫁之前女性需要听从父亲的安排,而出嫁之后,女性一切要以丈夫为重,在家庭决策中女性并没有太多的话语权。另外,古代男性可以"三妻四妾",女性不仅只能忠于一位丈夫,并且在出嫁之前不被鼓励走出家门;与别的男子见面,稍有亲密的行为可能就会被认为"水性杨花"。再比如说,古代主张"女子无才便是德",意思是女性不应该接受正规的学校教育,而应该注重女工等可以用来日后服务于家庭的技能的培养。这也就意味着对于古代女子而言,唯一的事业选择就是在家操持,走上仕途走上商场几乎是不可能的(当然也有特例)。而发展到现在,中国女性的地位已经大大改善,尤其是改革开放之后,随着西方个体意识文化的传入和女性维权意识的苏醒,女性在绝大部分方面都享有与男性同等的权力,比如说婚姻、教育以及就业等。然而,即便在经济高速发展的今天,男性与女性之间的不平等现象依旧存在,比如说职场上对于女性的歧视等。而在中国的农村地区,特别是很多贫困地区,"重男轻女"的现象依旧非常普遍,由于传统的"传宗接代"思想的影响,一个家庭往往对于儿子的重视程度高于女儿。在很多地区的有多个孩子的贫困农户,往往把更多的资源优先提供给男孩子,比如说稀缺的教育资源。农村地区这种强烈的性别差异意识意味着出生性别将对个人日后的发展有很大的影响。

除此之外,家庭背景因素也是一直以来影响个人发展的重要机会因素,并且在中国历史上有着非常鲜明的发展特征。中国有句古话叫"龙生龙,凤生凤,老鼠的儿子会打洞",意思是说父母的社会经济地位往往具有代际传递性。这种传递性在中国古代封建社会最具有代表性。从社会地位最高的皇族来说,天子帝位必须传于皇帝自己的血脉,而各种爵位也具有世袭性质。虽然大部分官职不具有这种世袭性质,但是父亲在官场具有一定的地位,往往可以为儿子将来进入官场铺平道路。尽管后来通过引入科举制度,试图给寒门学子提供晋升机会,实现社会阶层的流动,但是真正能够实现这种跨越的人数只占很小的比例。一些人出生就注定要继承爵位,而一些寒门学子即便寒窗十年也未必能够"金榜题名"。虽然随着封建制度的破除,中国现代的阶层流动已经不像古代那样固化,但是这种家庭背景的代际传递性依旧表现得非常明显。出生在家庭背景较好的家庭,比如说父母受过高等教育、有着收入更高的职业,子女往往有更多的机会能够从小就接受更为优质的教育,除了课堂教育之外更能参加素质教育和精英教育。而对于中西部很多贫困家庭来说,素质教育简直难以想象,即便是义务教育,也存在着教育资源和教育质量上的巨大差异。甚至很多出生背景更好的学生,从小就是在国际学校上学,语言能力社交能力等都是从小开始培养。面对这样巨大的差异性,家庭背景的重要性不言而喻。

另外,还有一些机会变量随着时间的推移,其重要程度已经慢慢弱化,比如说民族。众所周知,中国目前的社会是由 56 个民族所构成,这其中汉族占了很大的比例。在中国浩瀚的发展进程中,各个民族之间也经历着大大小小的变革。古代不同王朝的更迭,也造就了几个民族之间不同的主导地位。但是新中国建立以来,民族之间的机会正在趋于均等化。

二、中国农村机会不平等现状

上一小节对于中国农村机会不平等的历史背景进行了回顾,尤其是针对不同的机会因素作了详尽的描述。本小节旨在通过初步的图形分析,刻画中国目前机会不平等的基本现状。

该小节的主要思想来自一阶随机占优方法,该方法的详细内容可以参考 Lefranc 等(2009)和 Trannoy 等(2010)。其核心想法在于可以通过结果变量基于不同机会组别的累积分布函数图来判定是否存在机会不平等,以及哪些群体占有机会优势。

以收入为结果变量,假设两个收入分布 A 和 B,其累积分布函数分别为 $F_A(y)$ 和 $F_B(y)$,对于任何收入状态 $y_j = \{y_1, y_2, \cdots, y_k\}$,当且仅当 $F_A(y_j) \leqslant F_B(y_j)$ 时,A 随机占优于 B,可以表示为 $A \geqslant_{SD1} B$。如果从图形上解读这一过程,可以通过比较不同累积收入分布函数的位置来确定相对占优的群体。一般来说,如果某个分布相对另一个分布来说,其位置更偏向于上方,则可以认为位于下方的群体机会更优,因为位于下方的累积收入分布意味着对于整个收入分布而言,处于收入底端的人群的比例相对更小。

据此,图 3-2 利用中国综合社会调查(CGSS)2013 年的数据刻画中国农村机会不平等的现状。其中图(a)刻画了户籍因素对于收入的影响,由于需要比较城市和农村的收入分布,该图的计算包含了样本的全部数据,结果显示相对农村来说,出生于城市是一阶机会占优的。除了图(a)之外,剩下的图片信息都是基于农村样本实现的。其中图(b)刻画了性别因素对于收入分布的影响,结果发现男性的优势十分明显。图(c)刻画了出生地对于收入分布的影响,结果发现中部和西部地区机会没有显著差异,但是出生于东部地区显著占优于出生于中部和西部地区。另外剩下的两幅图刻画了家庭背景因素对于收入分布的影响,其中图(d)结果显示,如果父亲没有接受过任何教育的话,相较于父亲接受过教育的群体,是明显处于弱势的。图(e)显示了父亲职业对于收入分布的影响,结果显示父亲从事非农行业的个体以微弱的优势占优于父亲从事农业行业的个体。

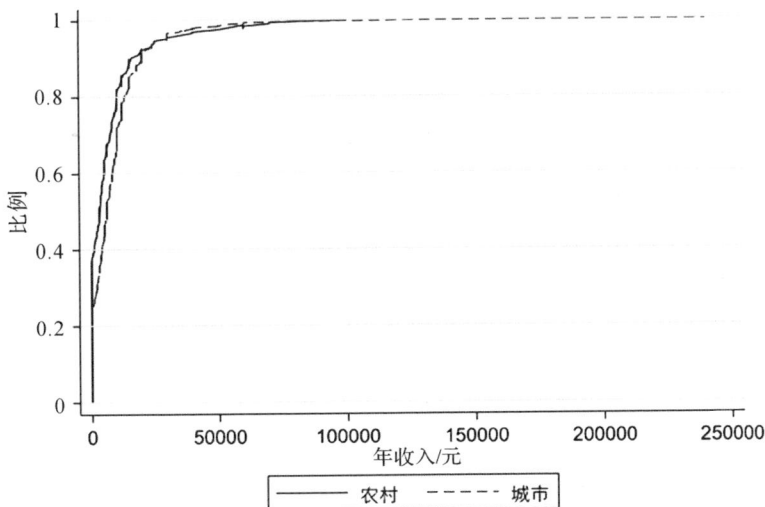

(a) 户籍

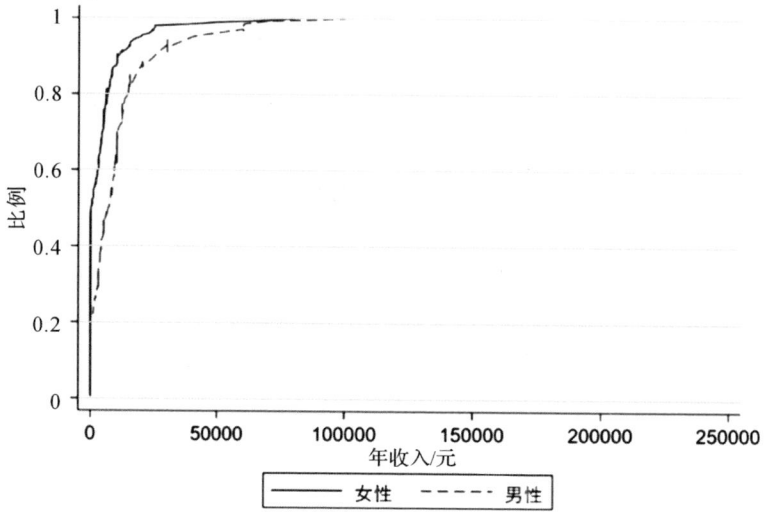

(b) 性别

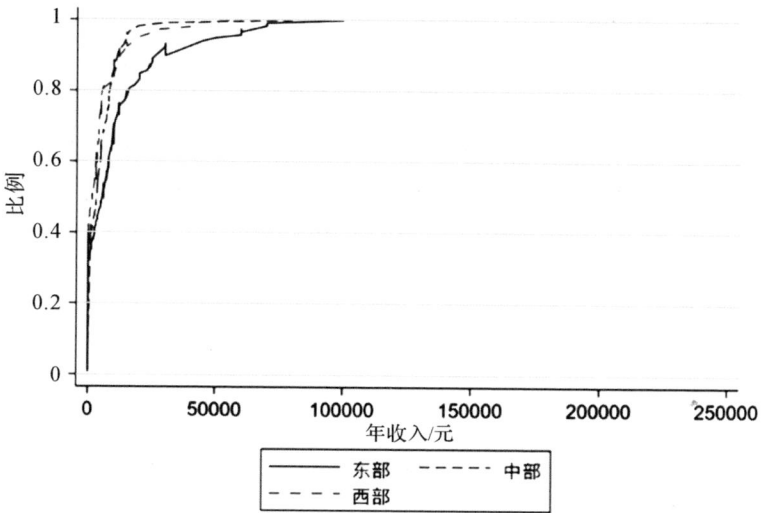

(c) 出生地

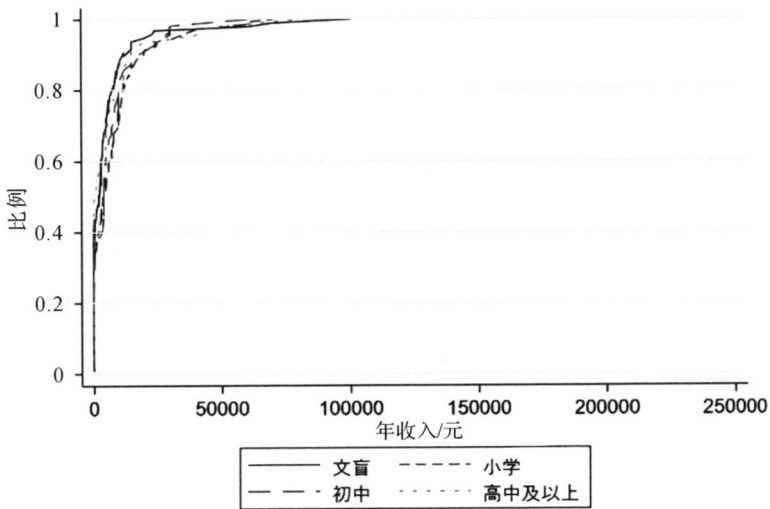

(d) 父亲受教育程度

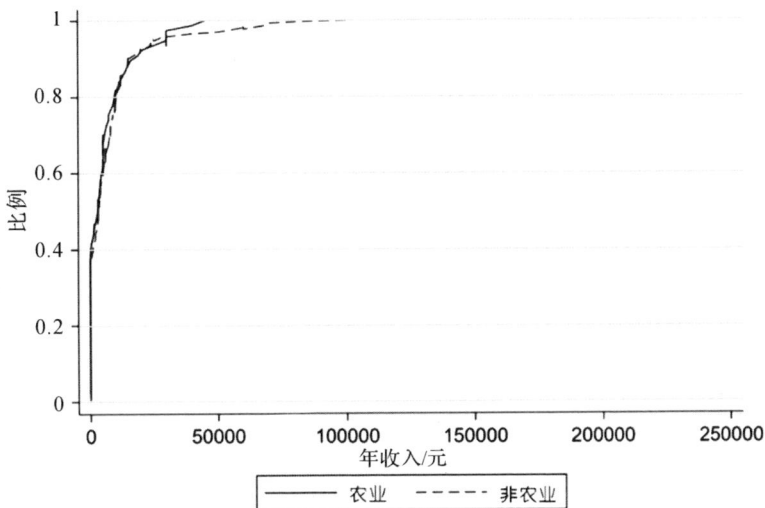

(e) 父亲职业

图 3-2　基于不同机会组别的收入累积分布函数

以上的分析大体呈现了中国农村机会不平等的现状,但是无法得知机会不平等的程度到底有多大,相较于机会而言,不同的努力程度能不能改变命运。这些问题的探究将会在下面的章节中一一呈现。

第三节　中国农村的劳动力外流

一、中国农村劳动力外流变迁

上述回顾显示，受早期以城市为发展中心、以农业支持工商业发展的战略影响，农村和城市之间存在巨大的收入差距，而这也是农村劳动力外流的主要动因之一。因为尽管出生在农村还是城市个人无法选择，但是选择在农村（农业）还是城市（非农业）工作是个体在一定程度上能够自我掌控的。不过回顾与劳动力流动相关的政策可以发现，这种自我掌控在早期也是受到限制的。Cai 等（2009）对总结回顾中国的劳动力流动政策做了一些开创性的工作，并将其分为如下几个阶段。

（一）1979—1983 年：严格限制劳动力流动

在改革开放的早期，农村居民虽然并没有被强制要求从事农业生产，但是政府也严格限制了农民工从农村到城市的流动。这其中有两方面的原因：其一，当时的社会发展需要农村地区提供大量的农产品来保证城市地区的需求，大量农民转移出农业部门可能会对此造成不利影响；其二，当时城市部门能够容纳的就业人口有限，能够提供的就业岗位也非常有限，农民进城将会直接影响城市居民的就业机会。

基于此，政府当时出台了一系列政策来"抑制"农民工进城。一方面，政府限制城市工厂雇用工人，并对部分已经在城市工作的农村人口进行了清理。另一方面，政府开始支持乡村工业企业的发展，以实现农村居民就地非农就业，因此在这一时期乡镇企业得到了快速发展。总的来说，这一时期的劳动力流动特征可以描述为农民工"离土不离乡，进厂不进城"。

（二）1984—1988 年：允许农民工进城务工

从 20 世纪 80 年代中期开始，政府逐渐放宽了对劳动力流动的限制，主要原因有几点。第一，人民公社基本被废除，在农村的家庭联产承包责任制改革基本完成，中国的农业生产效率大大提升，使得很多农业劳动力得以释放出来,并且农业产量也有所提升,能够满足城市地区对于粮食的需求。第二,乡镇企业的大力发展,也让部分农民掌握了非农就业的相关技能,产生了流动到城市企业的需求。第三,也是最为重要的一点,这个阶段中国开始了城市经济体制的改革,其中包括对于国有企业赋予更多的自主权,放宽了对于员工的限制,比如说从 1986 年开始允许雇用农民工,另外更为重要的是政府开始支持私营企业的发展。这一系列的举措在很大程度上刺激了城市地区对于工人数量的需求,而农村地区的农业劳动力供给正好出现剩余。从一定程度上来说,支持部分农民从农业中转移出来无疑是最好的选择。

在这样的历史发展背景下,政府开始支持农民工进城务工,尤其是部分农民从中西部地区转移到东南沿海地区。同时,政府还开始支持农民销售自家的农产品,从事小型的商业活动。这一时期"离土又离乡,进厂又进城"的民工潮在很大程度上促进了中国经济的发展。

(三)1989—1991 年:限制农村劳动力盲目外流

由以上的回顾可以发现,政府对于劳动力外流的态度与宏观经济的发展尤其是城市地区经济的发展需求息息相关。而 1989—1991 年这段时间,过热的经济发展导致的后遗症逐渐显现,中国的经济发展速度开始放缓,这也就意味着很多城市地区的企业发展遭遇了很大的困境,对于劳动力的需求大大缩减。为了保护城市地区劳动者的利益,企业开始解雇来自农村地区的工人,而这些工人不得不重新回到农村地区。

然而,由于宏观经济的不景气,乡村企业也处境艰难,乡镇企业需要的工人数量也大大减少,这也在一定程度上使得农村劳动力面临更大的困境。总的来说,在这期间的农村劳动力外流数量大幅减少。

(四)1992—2000 年:合理引导农村劳动力外流

随着农村和城市之间的收入差距越来越大,农村劳动力的流出已经成为不可避免的趋势,此时的政府也意识到如果继续限制农村劳动力的流动,将会弊大于利,因此从 1992 年起政府开始合理引导农村劳动力的外流。1991—1994 年政府设置了 50 个试点县,鼓励农村劳动力的外流;1994—1996 年试点工作扩展到 8 个省份。在这个试点改革期间政府强调了应该要加强对农村劳动力流动的管理。

具体来说，这种管理要求准备流出的农业劳动力在当地政府获得劳动力流出登记许可证，并且在非农务工的地点城市获得就业许可证，只有两证齐全才可以在城市工作。另外，如果农村居民在城市工作 1 个月以上，则需要申请暂住证。

当时的这种做法也与户口制度相关，同时户口政策也开始了一系列改革，当然这种改革主要针对的还是小城市。根据中央政府 1988 年的文件，如果农民工有合法住房、稳定的工作，并且在城市住满 1 年以上，则可以把他们的户口从农村迁到城市。但是对于大城市而言，户口政策的改革非常有限。因为当时由于农民工的竞争，城市人口的工作机会受到很大影响，政府出台了很多政策来保障本地职工的福利，这也使得农民工无法获得某些工作，并且附着在户口上的福利待遇也跟本地人口相去甚远。

（五）2000 年至今：对于劳动力外流更加开放的态度

进入 21 世纪以来，中国经济继续保持高速发展，农民工在其中扮演了重要角色。因此政府对于农民工的重视程度也越来越高，对于农村劳动力从农业转移出来也抱有越来越客观的态度，致力农村地区的发展，提升农民的收入。比如说从 2004 年开始中央一号文件的主题再次回到"三农"领域，并连续十多年关注"三农"至今，可见对于农业、农村和农民问题的重视程度。

再比如说 2006 年政府提出了要协助解决农民工务工过程中的几大重要问题，提出了公平无歧视的理念；2007 年开始实施的劳动合同法也着重解决农民工作为弱势群体在求职工作中的劳动合同问题；2008 年又实施了针对农民工的养老金改革。

而从 2012 年以来，户口体制的进一步改革也成了中央工作的重点之一，部分地区已经逐步开始取消这种二元分化体制。很多大城市开始实行积分入户制。这些制度的产生都是为了农民工能够更好地融入城市。为了保护农村居民的利益，一些针对农村土地尤其是宅基地等的改革也在如火如荼地进行着。

中国农村劳动力流动特征如表 3-2 所示。

表 3-2　中国农村劳动力流动特征

时间	劳动力流动特征
1979 年农村经济体制改革	农民工"离土不离乡,进厂不进城"
1985 年城市经济体制改革	形成"离土又离乡,进厂又进城"的民工潮
21 世纪初	东南沿海地区出现"民工荒"现象

二、中国农村劳动力外流现状

(一)农民工数量逐年上升

由上述回顾可以看到,进入 21 世纪以来农民工数量进一步增加。图 3-3 根据《农民工监测调查报告》整理了 2008—2017 年农民工数量变化情况。其中农民工是指户籍仍在农村,在本地从事非农产业或者外出从业 6 个月及以上的劳动者。本地农民工是指在户籍所在乡镇地域内从业的农民工,外出农民工是指在户籍所在乡镇地域以外从业的农民工。从总的农民工数量来看,在这 10 年间从 2008 年的 22542 万人增加到 2017 年的 28652 万人,增幅达到 27%。如果将总人数分为外出农民工和本地农民工两类,其

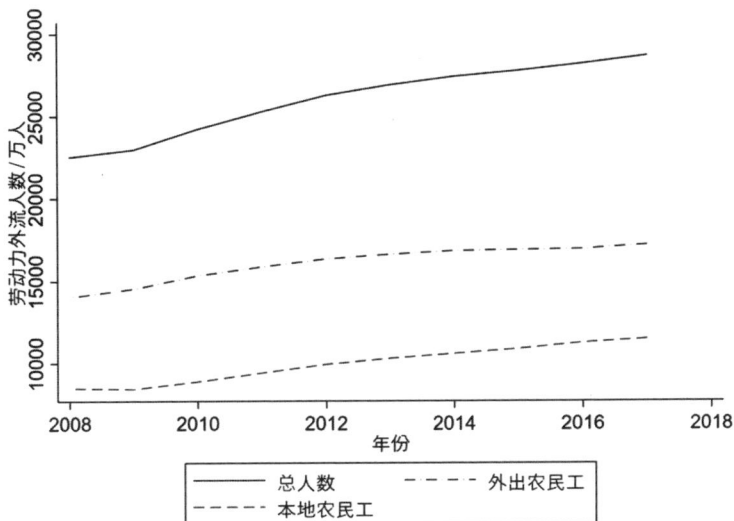

图 3-3　2008—2017 年中国劳动力数量变化

整体走势依旧呈现出增长趋势，但是外出农民工数量一直远远高于本地农民工。具体来说，外出农民工从 2008 年的 14041 万人增加到 2017 年的 17185 万人，增幅为 22%；本地农民工从 2008 年的 8501 万人增长到 2017 年的 11467 万人，增幅达到 35%。因此，虽然本地农民工从绝对数量上来说比外出农民工少，但是其增长幅度比外出农民工高很多。如果计算每一年的增幅会发现，外出农民工和总的农民工数量虽然逐年增加，但是增长率正在逐渐下降。

究其原因，这与我国新型城镇化战略的不断推进息息相关，《国家新型城镇化规划（2014—2020 年）》的公布也彰显了国家对于城镇化发展的重视程度。在推进大城市集群效应发展的同时，政府开始大力推进中小城镇的发展，比如说特色小镇的发展（卫龙宝和史新杰，2016）。而中小城镇的发展为很多农民工提供了就近非农就业的选择，这一方面不仅可以提升家庭收入，另一方面还可以兼顾农业生产以及老人和小孩的照料，这也是近年来本地农民工增长幅度更大的主要原因之一。

（二）农民工收入逐年增加

除了在外出数量上逐年增加以外，农民工的收入也逐年增加，这也是农村居民外出从事非农行业的主要原因之一。图 3-4 的数据依旧来自笔者对

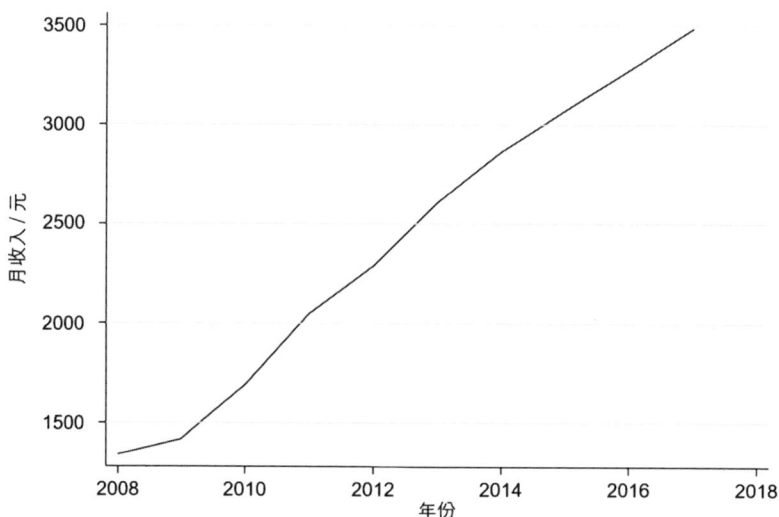

图 3-4　2008—2017 年农民工月收入变化

2008—2017 年《农民工监测调查报告》的整理。该图显示农民工平均月收入呈现直线上升趋势，由 2008 年的月均 1340 元增长到 2017 年的 3485 元，增长幅度高达 160％。

农民工收入的增长背后，一方面是中国经济快速发展的体现，经过 40 多年的改革开放，中国经济发展已经进入了新常态，而农民工群体在这个过程中贡献巨大。但是另一方面也可能存在不平等问题。比如说农民工和本地城市居民之间收入差距的鸿沟可能并没有缩小，农民工与那些由于各种因素没有转移出来的农村群体之间的收入差距越来越大等。

第四节　中国农村的教育与培训

一、中国农村的教育体系发展回顾

（一）义务教育体系发展回顾

通过第二章我们可以看到教育投资对于提升农村人口收入的重要性。教育投资包括学前教育、九年义务教育、高中及以后的高等教育投资。学前教育虽然重要，但是对于提升收入并没有其他两类那么明显的作用，而高中及以后的高等教育，尤其是大学本科以及研究生教育，虽然非常重要，但是对于目前的农村而言，所涉及的人口比例还比较低。因此本书重点关注的是农村义务教育的发展历程，因为义务教育的重要性在于：通过接受义务教育，农民具备了基本的识字能力、认知能力以及更好的交流沟通能力。

表 3-3 显示了跟中国义务教育体系改革相关的主要政策。1957 年底和 1958 年初，全国的学校开始实行勤工俭学，并且开办了很多具有民办性质的半工半读的农业中学。与此同时，中共中央在北京召开了首次国家层面的教育工作会议，主要讨论了教育方针问题。在本次会议上，主要强调了教育的共产主义和社会主义性质，明确了全日制以及半工半读两种教育制度的合理性与合法性，并且提出要在乡村地区普及小学教育。在这个阶段的中国教育发展进入了前所未有的跃进时期，直至 1966 年"文化大革命"开始，中国的义务教育又进入一个停滞阶段。

从 20 世纪 80 年代开始，中央政府开始进行财政体制改革。改革的主要目的是对于教育管理和教育财政的放权，给予地方政府更多的权力。这主要也是基于当时严重的财政约束使得教育的普及面临着很大的困难，很多特别贫穷的地方无法为当地的学生提供基本的教育服务。因此这个阶段的教育一般都要通过收取学费得以维持，甚至一些地方的政府开始尝试将不同的学校资源合并在一起以提高学校资源的利用效率。

1986 年是中国义务教育史上重要的一年，因为这一年正式将九年义务教育纳入立法，规定了政府有义务向全国所有地区的适龄儿童提供九年义务教育。这也就意味着对部分特别贫困交不起学费的农户来说，也必须考虑将孩子送入学校接受义务教育。但是义务教育推行的初期，地方政府面临很大的财政压力，因为地方政府还需要负责向学校的任课教师支付工资，这对于很多贫困地区的政府而言，是非常巨大的财政压力。因此很多地方政府为了缓解这种压力，开始招收很多兼职的代课老师。因此与正式的有资历的教师相比，这些代课教师的工资相对要低很多。

义务教育的推出，也使得很多地方政府不得不提高学费以提供高质量的教育服务，但事实上这样的举措对于贫困家庭来说，是非常巨大的压力，很多农村的家庭由于要抚养多个孩子，根本不可能将所有适龄儿童送入学校接受义务教育。这种压力到了 2001 年有所缓解，因为当时政府出台了相关的政策来控制学费的上涨。后来这项政策逐步演变为针对农村义务教育的"两免一补"政策，主要目的在于为农村贫困家庭学生顺利入学提供支持和帮助，主要内容包括对来自贫困家庭的学生免杂费、免书本费以及逐步补助寄宿生生活费。2005 年，由政府提供的与"两免一补"相关的资金达到 70 多亿元，资助人数达到 3400 万人，到 2006 年这一人数增加到 4880 万人左右。并且从 2006 年开始，政府开始推行免费的义务教育政策，至 2007 年几乎所有的贫困家庭学生都享受到了"两免一补"政策提供的帮助。

另外值得注意的是，从 2001 年开始政府正式实施撤点并校政策。一个原因上文已经提到过，主要是地方财政受到来自教育支出的压力，包括教师工资以及教学基础设施等。另一个原因是想通过教学资源的重组和整合，提高教育资源的利用效率以便为学生提供更好的教育服务。但是由此而来也会出现一系列问题，比如说很多贫困地区的孩子必须到就近的县城去上学，由于路途非常遥远，一方面有安全隐患，另一方面部分家庭选择让孩子在很小的时候就寄宿在学校，由此也会对孩子造成很多心理问题。这方面的研究也非常之多，但由于不是本书关注的焦点，在此不再赘述。

从 2010 年以来，政府对于义务教育的相关政策主要集中于如何通过进一步教育财政支出和投资来提升义务教育在农村贫困地区的普及率和质量。比如说 2010 年出台了《国家中长期教育改革和发展规划纲要（2010—2020年）》，该纲要一共分为 22 章，对中国教育发展的方方面面进行了详尽的规划，其中就包括要求"巩固提高九年义务教育水平""推进义务教育均衡发展"以及"减轻中小学生课业负担"等。

表 3-3　义务教育相关政策回顾

年份	政策
1958	国家教育工作会议
1985	财政体制改革
1986	九年义务教育第一次立法
1993	《中国教育改革和发展规划》
2001	学费改革以及农村撤点并校政策
2003	义务教育"两免一补"政策
2006	开始免费义务教育改革
2010	《国家中长期教育改革和发展规划纲要（2010—2020 年）》
2011	进一步增加教育财政投资

注：基于 Yue 等（2018）的主要研究结果。

（二）农村职业教育的发展

由于高中及之后的高等教育需要比较大的投资，对很多农村家庭来说是非常大的支出。而对很多农户来说，教育的最终目的也是提高收入。因此对这些农户来说，选择参加职业教育和职业培训则是另一个更为合适的选择。

农村的职业教育和培训主要分为农业职业教育和非农职业培训。对于农业职业教育来说，政府一直致力提升农户农业生产的相关技术水平，因此设有专门的农业推广部门来推广最新的农业技术等。而本书最为关注的是中国农村非农职业培训的发展，相较于农业培训来说，如果要提高农户的收入,这对政府来说是更为关注的培训项目。

而中国农村的非农职业培训往往与中国的农民工息息相关。因为农村居民接受非农职业培训的目的就在于外出从事非农工作。由上文对于劳动力流动政策的相关回顾可以看到,在改革开放的早期,政府对于劳动力流动的态度并不明朗,甚至会通过很多政策来抑制农村劳动力的外流以保障农业生产的可持续性以及城市居民就业的可行性。因此在这个阶段的非农职业培训基本处于停滞阶段,因为政府并不支持农民非农就业。

进入21世纪以来,随着政府对农民工外流的支持度增加,非农培训业开始发展起来。比如说在2001年,劳动和社会保障部发布了一个文件,旨在提升农村劳动力的就业率,其中就强调了要帮助农民工提高他们的非农就业技能,以提升他们在劳动力就业市场的竞争力,这也是政府首次明确地提出要促进农村劳动力非农就业。到了2003年,政府(包括农业部、劳动保障部、教育部、科技部、建设部以及财政部)正式公布了《2003—2010年全国农民工培训规划》,旨在提高农民工素质和就业能力,进一步促进农村劳动力向非农产业和城镇转移,并且强调了中央政府和地方政府应该共同出资支持农民工职业技能培训项目。同时,相关的内容还被写入了2001年的"十五"计划和2006年的"十一五"计划,除此之外这些规划中还强调了其他支持农民工在城市就业的相关政策,比如说涉及更加公平的就业环境、农民工住房、子女教育以及社会安全等(Cai et al.,2009)。

另外,2010年出台的《国家中长期教育改革和发展规划纲要(2010—2020年)》也在第六章中强调了农业职业教育的重要性。该规划强调应该要大力发展职业教育,并把职业教育作为解决"三农"问题的重要途径。在实现路径上,强调了政府的职业和企业参与的重要性,同时要提高职业教育质量,扩大覆盖范围,逐步增强职业教育的吸引力。

二、中国农村的教育与培训现状

(一)农村教育与培训现状

在上文回顾农村教育和职业培训相关发展历史背景的基础上,本小节对两者近几年的发展现状进行分析。表3-4利用农业农村部农村固定观察点2011—2014年的数据,对这四年的农村教育和职业培训状况进行了描述。

该表显示,农村地区居民的平均受教育年限在 8 年左右,略低于义务教育规定的 9 年。为了更清晰地看到完成义务教育的人数比例,笔者对教育年限重新编码为是否完成义务教育的虚拟变量,结果显示只有一半左右的农民完成了义务教育,还有很大的上升空间。

从职业培训的角度来看,参加农业技术教育和农业培训的人比例相对较低,分别在 3%~4% 和 6%~8%;而参加非农职业教育和非农培训的人比例相对更高,在 8%~9%。这也在一定程度上反映了目前我国的非农职业培训还有很大的提升空间。非农职业教育和培训面临的主要困境在于一方面农民可能并没有意识到其重要性,因此参与积极性不高;另一方面政府对非农职业培训的投入力度还不够强。

表 3-4　2011—2014 年农村教育和职业培训状况

指标	2011 年	2012 年	2013 年	2014 年
受教育年限/年	8.3	8.4	8.4	8.4
完成义务教育比例/%	51.9	52.6	52.9	52.1
非农职业教育/%	8.9	8.3	7.9	8.5
非农培训/%	8.9	9.0	8.5	8.9
农业技术教育/%	4.0	3.6	3.4	3.4
农业培训/%	6.6	6.5	7.2	7.3

(二)农民工的教育与培训现状

由于非农职业培训的特殊实用性,往往对于有意向或者已经转出农业的农民工来说作用更大,因此其参与度可能也会更高。基于这样的考量,笔者再次利用了《农民工监测调查报告》,对于 2009—2017 年农民工群体的受教育程度及非农和农业培训状况进行了比较分析。

图 3-5 显示在农民工群体中,大部分人完成了义务教育,拥有初中文化程度的比例为 60% 左右。与整个农村地区的 50% 相比较可以发现,农民工群体拥有的文化程度可能更高,这可能也与劳动力外流过程中的自我选择问题相关,即受教育程度越高的个体本身可能更倾向于从农业生产活动中转移出来。相对来说,文盲的比例最低,除了 2012 年的 8.3% 以外,其他年份的

文盲比例都在1%左右。另外，高中及以上文化程度的农民工也相对较少，基本都在20%以下。这也从侧面反映了农民工群体接受高等教育的比例还非常小。

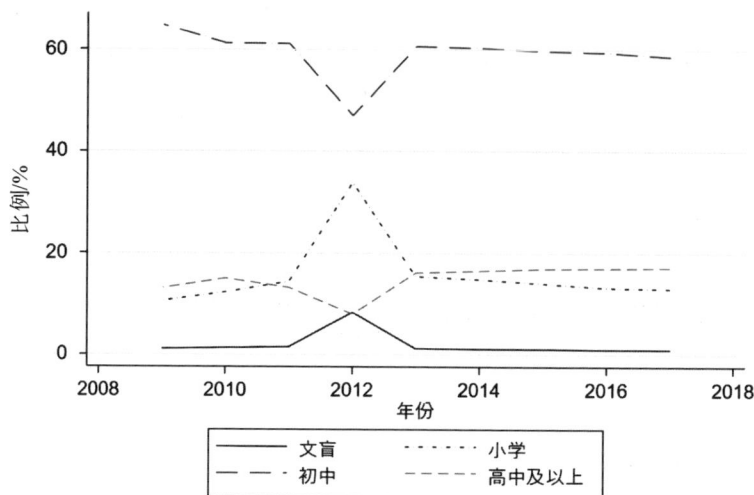

图 3-5　2009—2017 年农民工接受义务教育状况

　　另外，图 3-6 显示了农民工群体接受农业培训和非农培训的比例。与整个农村样本相比，农民工群体接受非农职业培训的个体相对要少很多，比例在 25%～35%，在 2012 年以后有了很大的增加，这可能也与《国家中长期教育改革和发展规划纲要（2010—2020 年）》的出台有关。相对来说，农业培训的参与比例依旧较低，基本在 10% 以下。如果综合考量这两个变量，至少参加过农业培训或者非农培训其中一种的农民工比例在 30%～35%。尽管这个数据显示，参加过非农培训的农民工数量已经非常可观，但是还具有很大的上升空间。

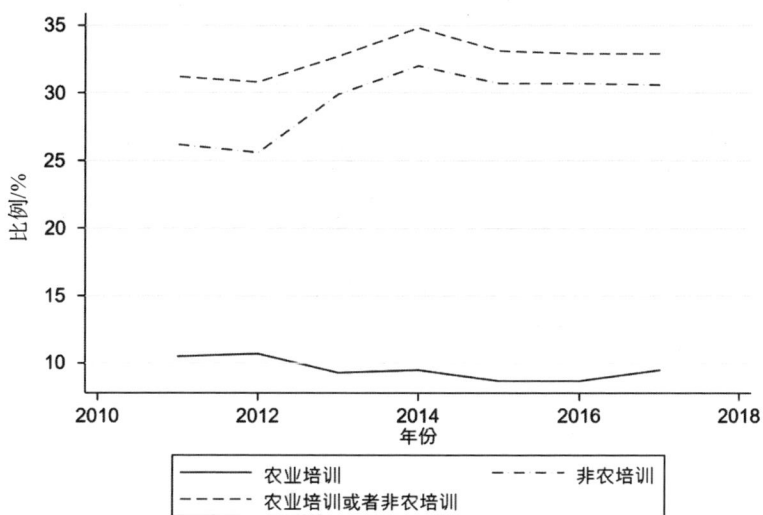

图 3-6　2011—2017 年农民工职业教育状况

第四章 收入分配中的机会 不平等问题研究[①]

第一节 引言

经过 40 多年的改革开放,中国的经济发展水平不仅得到大幅提升,更成为世界范围内降低绝对贫困发生率的主要贡献者。《中国扶贫开发报告2016》(李培林等,2016)显示,1981 年至 2012 年全球贫困人口减少了 11亿,同期中国贫困人口减少了 7.9 亿,占到全球减少贫困人口的 71.82%。但是,在经济高速发展的背后,贫富差距的扩大、社会阶层的固化问题凸显。党的十九大报告指出,现阶段中国社会的主要矛盾已转化为人民日益增长的美好生活需要和不平衡不充分的发展之间的矛盾,今后工作的重点,是解决主要矛盾的主要方面即发展不平衡不充分的问题。但是,中国经济增速的放缓并未伴随着收入差距的缩小,而政府的一系列诸如区域、城乡一体化的宏观发展战略和转移支付的微观政策工具也未能阻止贫富差距的进一步扩大(黄祖辉和王敏,2003)。根据 Xie 和 Zhou(2014)年的测算,中国的基尼系数从 1980 年的 0.3 增长到 2012 年的 0.55,近乎翻了一番。即便在全球范围内,恐怕也难再有一个经济体的收入分配状况像中国这样变化如此之多、如此之快(Naughton,2007)。

在学界,已经有大量的学者针对中国收入不平等的起因做了研究,其中最为重要的成果包括地理因素造成的区域不平等(Gustafsson & Li,2002;王

---

① 本文修改版本《中国收入分配中的机会不平等》发表在《管理世界》2018 年第3 期。

洪亮和徐翔,2006)、户口因素造成的城乡不平等(Li & Gibson,2013;Sicular et al.,2007;Yang,1999),也包括诸如性别(Chen et al.,2013;Matthews & Nee,2000)、政治地位(Morduch & Sicular,2000;Walder,2002),以及人力资源(Fleisher et al.,2010)等因素。然而,值得注意的是,中国的收入不平等远比想象的区域或者城乡不平等更为复杂,因为即便在农村内部,收入不平等问题也非常严峻(Zhou et al.,2008)。

针对农村收入不平等,目前的研究主要着眼于两个主要议题:(1)不平等程度以及趋势的测算;(2)造成这些趋势的主要原因。针对第一个议题,虽然大量的文献使用了多样化的数据,但基本得出了一个共识:自改革开放以来农村地区的收入不平等的程度逐渐加大(Benjamin et al.,2005;Wan & Zhou,2005)。Bonnefond 和 Clément(2012)认为农村的收入不平等甚至已经超过了城市。针对第二个议题,相关文献都强调了劳动力外流、非农就业以及汇款都是造成农村收入不平等的主要因素(Howell,2017;Kung & Lee,2001;Scharf & Rahut,2014;陈纯槿和李实,2013)。Clément(2016)通过一系列的实证研究指出,农户不同的收入来源中,农业收入有"消解"收入不平等的作用,而非农收入会拉大农村的收入不平等。

然而,目前的相关研究,几乎没有探讨中国的收入不平等在多大程度上是"公平的",而在多大程度上是"不公平的"。梁晨等(2012)《无声的革命:北京大学与苏州大学学生社会来源研究(1952—2002)》一文,引发了媒体和学界的热议(李春玲,2014),引出了对社会中的个体所面临的发展机会是否平等的大讨论,"寒门难再出贵子"的说法盛极一时。机会不平等问题研究的核心在于,收入不平等的根源不仅仅是个体所付出的努力(或者作出的选择),更植根于那些他们从出生就无法自我调控的因素。

最早对"机会不平等"问题进行研究的是20世纪60年代晚期和70年代早期的一些哲学家(Bowles,1972;Hanoch,1967;Weiss,1970),他们开始关注在同等努力下,不同背景的个体所产生的不同经济结果。这些文献的开创性在于,他们开始关注家庭背景因素对于个人经济(诸如收入)的回报率。之后,大量的文献开始对这些由不受个人控制的因素产生的不平等进行研究,而 Roemer(1993,1998)最早对这个概念作了界定,并将其引入了经济学的分析框架中。他将影响个人经济结果(比如收入)的因素分为两大类,一类是个人的"努力"(选择),诸如一个人付出多少精力在工作上,花多少时间在学习上,这类因素是个人可以控制的;而另一类因素是个人从出生就无法掌控的

"环境"因素，诸如性别、父母的工作和受教育程度、出生地等，而由这类因素造成的收入不平等则被称为"机会不平等"。

　　而本章就着眼于在收入不平等加剧的背景下，量化分析中国机会不平等的现状，尤其关注农村和城市之间的差异。本书接下来的结构安排如下：第二节回顾了机会不平等在实证分析中的应用；第三节介绍了主要的模型和相关的估计方法；第四节介绍了数据和相关描述性统计分析结果；第五节讨论了主要的实证结果——中国机会不平等的程度和各个环境变量的贡献度；第六节将"努力"变量引入分析框架，探讨个体如何通过自我选择改变经济结果；第七节对全章进行总结并提出了相关的政策建议。

第二节　相关文献回顾

　　相较于收入不平等领域的其他研究，机会不平等的研究虽然呈增长之势，但相对还较少。基于早期一些学者的奠基性思想（Arneson，1989；Cohen，1989；Dworkin，1981），大量的经济学和社会学学者开始反思，并不是所有的收入不平等都是不可接受的。他们开始把收入不平等划分为两个部分：其一是可以接受的不平等，产生的根源在于个人的选择和努力程度，个人应该对此负责；其二是不可接受的部分，这种不平等是个人出生就决定的、无法掌控的，对于该部分的不平等，政府应该予以政策补偿。诚如前文中提到，Roemer（1998）首次将这个概念放入经济学框架中，将可接受部分的因素归纳为"努力"，而将不可接受部分的因素定义为"环境"，由环境造成的不平等即为机会不平等。这个定义也是利用事前法①（ex-ante）估计机会不平等的基础：Roemer将所有的个体划分为不同的组别（type），在每一个组别中的个体拥有相同的"环境（机会）"。通过这种划分，收入不平等被区分为组内不同等和组间不平等，而后者（组间不平等）就可以被用来衡量机会不平等。

　　基于Roemer的研究框架，大量的文献对不同国家的机会不平等进行了研究，其中主要有两类方法被广泛使用，非参数方法是其中之一。比如，

---

　　①　另外，还有事后法（ex-post）估计，这种方法首先将个体划分为不同的部分（tranches），每一个部分的个体拥有相同的"努力"，然后通过组内不平等来衡量机会不平等，但由于"努力"的衡量存在很大争议，该方法使用得较少。本章主要关注事前法。

Checchi 和 Peragine(2010)选取了父母受教育程度、性别以及居住地作为环境变量,利用非参数方法研究了意大利的机会不平等。Lefranc 等(2008)使用了随机占优排序测度了机会不平等指数。然而,非参数方法的使用仅限于组别很少的情况,因为一旦组别个数增加,每个组别的观察值个数急剧减少,使得估计得到的机会不平等系数偏小。

因此,由于数据的限制,大量的研究采用参数方法进行估计。比如Bourguignon 等(2007),通过估计收入关于环境和努力变量的方程,基于 5 个环境变量的反事实收入分布,计算了巴西的机会不平等。Singh(2012)使用了类似的方法,基于父母受教育程度、父母职业、种姓、宗教以及出生地等环境变量估算了印度的机会不平等。其他的研究还包括 Checchi 等(2010)对于 25 个欧洲国家机会不平等的测度;Ferreira 和 Gignoux(2011)对于一些拉丁美洲国家机会不平等的估算。

但是关于中国机会不平等的研究较少。从国际文献来看,只有两篇有所涉及:Zhang 和 Eriksson(2010)使用中国营养与健康数据估计了机会不平等,考察了它与收入不平等之间的关系,发现两者之间有着相似的增长轨迹;Golley 和 Kong(2016)使用中国家庭追踪数据,考察了教育不平等中的机会不平等,他们发现户口因素是机会不平等的最大贡献者,其他因素包括父亲受教育程度、出生组(年龄)、出生省份、父母党员身份、性别、家庭规模和民族。从国内文献来看,已有不少文章对教育中的机会不平等进行了探讨,诸如刘精明(2008)、吴愈晓(2013)、李春玲(2003)。龚锋等(2017)研究了当全体居民的努力提高之后,由外部环境差异导致的收入分配机会不平等能否显著降低。已有研究还没有系统地测算过中国的机会不平等指数以及不同环境变量的贡献度,更没有文章将努力变量放入机会不平等的测算框架,这是本章致力完成的。

本研究对于整体机会不平等的测算,主要借鉴了 Bourguignon 等(2007)的参数估计方法。他们的文章也提出了估计每一个环境变量贡献度的方法,但之后被证明该方法存在一定的问题(Bourguignon et al.,2013)。因此,对于环境变量贡献度的测算,本章参考了 Björklund 等(2011)的最新方法,在这篇文章中,他们使用了 Shapley 值分解测算了每一个环境变量对瑞典机会不平等的贡献。最后,参考 Jusot 等(2013)的方法,将努力变量进一步加入到机会不平等的分析框架中,通过识别几个关键的努力变量,探讨在多大程度上个体可以通过"努力"改变自身的命运。

第三节 模 型

一、机会不平等的衡量

首先引入一组有限个体 $i \in \{1, 2, \cdots, N\}$，每一个个体拥有集合 $\{y_i, C_i, E_i\}$，其中 y 代表个体收入，C 代表不受个人控制的环境向量，E 代表可以自我选择的努力向量。C_i 包括 J 个元素，每个元素对应一个环境 j，则 C_i 可以取有限个数值 $x_j, \forall i$。如此，可以把所有个体划分为 K 个组别（type），每一个组别中的个体拥有相同的环境（Roemer，1998），$\Pi \in \{T_1, T_2, \cdots, T_k\}$，并且满足 $T_1 \bigcup T_2 \bigcup \cdots \bigcup T_k = \{1, 2, \cdots, N\}$，$T_h \bigcap T_l = \varnothing, \forall h, l$，以及 $C_t = C_j, \forall t, j \mid t \in T_k, j \in T_k, \forall k$。通过这个定义可以得出，可能的最大组别个数为 $\overline{K} = \prod_{j=1}^{J} x_j$。

根据 Roemer（1998）、Bourguignon 等（2007），以 及 Ferreira 和 Gignoux（2011）所提出的参数估计方法，首先提出如下关系式：

$$y = f(C, E, u) \tag{4.1}$$

其中，y 代表个体收入，是环境变量 C、努力变量 E 和其他不可观测因素 u 的函数。环境变量在这里是经济外生的，而努力变量进一步是由环境变量和其他不可观测因素 v 决定的。在这种情况下，(4.1)式可以被写为：

$$y = f(C, E(C, v), u) \tag{4.2}$$

假定收入分布独立于环境，即 $F(Y \mid C) = F(Y)$，并且下面的两个条件得到满足，那么也就实现了 Roemer 所提出的机会平等（Bourguignon et al.，2007）：

(1) $\partial f(C, E, u) / \partial C = 0, \forall C$，在给定努力的情况下，环境对于收入没有直接影响。

(2) $G(E \mid C) = G(E), \forall E, \forall C$，努力应该独立于环境，换句话说，环境对于努力没有因果影响。

在这样的定义之下，测量机会不平等也就意味着测量在多大程度上 $F(Y \mid C) \neq F(Y)$。对于这种测量目前主要有参数和非参数两种方法，本书主

要采用了参数方法进行估计。根据(4.1)式、(4.2)式,可以得到如下的线性关系式:

$$\ln y = \alpha + \beta C + \gamma E + u \tag{4.3}$$

$$E = \lambda C + e \tag{4.4}$$

其中 β 和 γ 分别是环境变量和努力变量在收入方程中的系数,而 λ 则代表了环境对于努力的影响系数。将(4.4)式代入(4.3)式,可以得到如下的方程:

$$\ln y = \alpha + C(\beta + \gamma\lambda) + \gamma e + u \tag{4.5}$$

该方程可直接采用 OLS(普通最小二乘法)通过以下(4.6)式进行估计:

$$\ln y = \alpha + \rho C + \varepsilon \tag{4.6}$$

其中, ρ 包含了环境对于收入的直接影响,以及环境通过影响努力进而影响收入的间接影响, ε 表示误差项。利用估计系数 ρ 以及环境变量的真实数值,可以构建收入的一个平滑分布[①]:

$$\{\hat{y}_i\}, \hat{y}_i = \exp[C\hat{\gamma}] \tag{4.7}$$

由此,机会不平等的参数平滑估计值为[②]:

$$\mathrm{IOA}_D = I(\{\hat{y}_i\}), \mathrm{IOR}_D = I(\{\hat{y}_i\})/I(\{y_i\}) \tag{4.8}$$

其中, I 代表不平等衡量指数,本章使用广义熵指数 GE(0),因为这个指数普遍用于接下来将要做的机会不平等分解(Ferreira & Gignoux,2011)。但是需要注意的是,由于遗漏变量的存在,不可能穷尽所有的环境变量,因此通过这个方法得到的机会不平等指标往往比真实值偏小,因此在解释这些系数的时候需要格外谨慎(Golley & Kong,2016)。

二、机会不平等的分解

上述的方法能够测算整体机会不平等系数,而为了进一步分析每一个环

---

①　除此之外,还可以利用每个组别环境的均值构建收入的参数标准分布: $\{\hat{y}_{i2}\}$, $\hat{y}_{i2} = [C\hat{\gamma} + \hat{\varepsilon}]$

②　在收入的参数标准分布之下,机会不平等通过以下方式计算: $\mathrm{IOA}_I = I(\{y_{i2}\}) - I(\{\hat{y}_{i2}\}), \mathrm{IOR}_I = I(\{y_{i2}\}) - I(\{\hat{y}_{i2}\})/I(\{y_{i2}\})$。相关文献已经证明两种方法具有可比性,但是该种方法目前不能用于下文的 Shapley 分解,因此本章采用了平滑分布的直接计算方法。

境变量的贡献程度，Bourguignon等（2007）做出了一些开创新性的尝试①，但在他们最新的论文里进一步指出了，这种方法其实存在很大的缺陷，在某种程度上是不可取的（Bourguignon et al.，2013）。

因此，本章采用了 Björklund 等（2011）最新的参数方法，使用 Shapely 值分解（Shorrocks，1982，2012）来测量每一个环境变量的贡献度。具体而言，首先需要产生包含 k 个因子（环境变量）的"集"，然后逐步剔除每一个因子，由于每一个因子都有"退出"或者"进入"两种选择，因此可以得到 2^k 个子集。接着，针对每一个因子，依次比较包含这个因子的子集与不包含这个因子的子集之间不平等系数的差距。在这样的比较中，其他因子出现的顺序不同会产生不同的结果（2^{k-1}），对所有这些结果取平均就得到了该因子的贡献度。虽然这个过程计算量很大，但是相较于其他分解方法有两个优点：其一，该分解考虑到不同因子的排序；其二，所有因子的贡献度相加等于总的机会不平等指数（Juarez & Soloaga，2014）。

为了证明上述结果在一定程度上是稳健的，再次根据 Björklund 等（2011）的思路对（4.6）式进行修正，考虑了误差项 ε_i 的异质性，这种异质性在于每一个组别可能都有自己的方差 $\sigma_t^2 = \text{var}[\varepsilon^t \mid X^t]$.为了解决这个问题，使用每个组别内部方差的加权平均来标准化整个分布 $\sigma^2 = \sum_t f_t \sigma_t^2$，可以将（4.6）式中的 ε_i 分解为两个部分，其中一个部分在不同组别有着不同的取值，而另一个部分则为新的残差项，在不同组别有相同的取值。

$$\begin{aligned}
\ln y_i &= \alpha + \rho C_i + \varepsilon_i \\
&= \alpha + \rho C_i + \varepsilon_i - \varepsilon_i^t / k\sigma^t + \varepsilon_i^t / k\sigma^t \\
&= \alpha + \rho C_i + \tilde{\varepsilon}_i^t + v_i
\end{aligned} \tag{4.9}$$

其中，$k = (1/\sum_t f_t \sigma_t^2)^{-1/2} = 1/\sigma$，$v_i = \varepsilon_i^t / k\sigma^t$ 是新的残差项，$\tilde{\varepsilon}_i^t = \varepsilon_i - v_i$ 则测度了组别异质性对于个人收入的影响。通过这样的操作，可以按照与上述类似的方法测度总的机会不平等，只是此时可以得到 2^{k+1} 个子集，此时的机会不平等不仅包括了所有环境变量的贡献，也包含了组别异质性的贡献。

---

① $\tilde{y}_i^J = \exp(\overline{C_i^J} \hat{\gamma}^J + C_i^{j\neq J} \hat{\gamma}^{j\neq J} + \hat{\varepsilon}_i)$，$\text{IOA}^J = 1 - I(\langle \tilde{y}_i^J \rangle) / I(\langle y_i \rangle)$，将环境变量 J 的取值替换为组别均值，其他环境变量取原值，构建一个反事实收入，以此求出环境变量 J 的贡献度。

三、分析框架的拓展:"努力"变量的考察

上述方法测度了机会不平等系数以及各个环境变量的贡献度,但是该方法的缺陷在于遗失了努力变量,一旦遗失的努力变量与回归中的环境变量相关,所得到的机会不平等很可能是有偏误的。为此,参考了 Jusot 等(2013)的思路,开创性地将努力变量置入机会不平等的分析框架中。

该方法的核心思想在于 Roemer (1998)和 Barry (2005)关于"环境"与"努力"变量之间关系的争辩。Roemer 的思想已经在上述章节中详述,其核心在于个人的努力是其所处环境的反应,在一定程度上由环境所决定。致力"机会平等"的社会政策,应该将这部分环境所产生的不平等剔除,因为它反映的也是个人的选择。他列举了在美国学校亚洲学生往往更加刻苦的例子,他认为亚洲学生的这种努力,是由于他们的父母强迫他们这样做(受环境影响)。这个观点体现在(4.4)式中,努力变量 E 是环境变量 C 的函数,通过该式,可以得到剔除了环境影响的"纯努力",也就是残差项 e。因此可以用 e,来代替(4.3)式中的 E,并由此得到如下的收入方程估计式:

$$\ln\hat{y} = \hat{\alpha}C + \hat{\beta}e \tag{4.10}$$

由于所使用的努力变量是二元变量,采用 Probit 模型对(4.4)式进行了估计。但是这也就意味着无法直接得到残差项,因此采用如下方法估计了广义残差(Gourieroux et al.,1987):

$$E(e/E) = \frac{\varphi(\lambda C)}{\phi(\lambda C)[1 - \phi(\lambda C)]}[E - \phi(\lambda C)] \tag{4.11}$$

与 Roemer 的观点不同,Barry(2005)认为无论环境对努力是否有影响,一个人的努力应该在估计中被全盘考量。在亚洲学生的例子中,他们付出的努力程度,即便受到父母观念的影响,也依旧是他们自由意志的体现。在这种观点之下,收入方程中的努力变量应该采用原值,而非残差值。

$$\ln\hat{y} = \hat{\alpha}C + \hat{\beta}E \tag{4.12}$$

通过分别估计(4.10)和(4.11)式,可以得到两种情境下的收入方程,然后采用方差分解方法计算环境变量和努力变量的贡献度(Jusot et al.,2013)。该分解具体如下:

$$\sigma^2(\hat{y}_y) = \mathrm{cov}(\hat{y}_c, \hat{y}_y) + \mathrm{cov}(\hat{y}_{e|E}) \tag{4.13}$$

其中,$\hat{y}_c$ 是环境相关的不平等,$\hat{y}_{e|E}$ 是(两种情境下)努力相关的不平等,环境

和努力的贡献度可以通过计算下式得到:

$$COC = cov(\hat{y}_c, \hat{y}_y)/\sigma^2(\hat{y}_y), COE = cov(\hat{y}_{e|E})/\sigma^2(\hat{y}_y) \tag{4.14}$$

第四节　数据与描述性统计

本章采用的数据来自"中国综合社会调查"。该调查对中国大陆各省、自治区、直辖市 10000 多户家庭进行连续性界面调查,收集了社区、家庭和个人多个层次的信息。本章选取了 2013 年的数据集作为分析样本,在剔除缺失值后,样本观测值为 7136 个[①],其中农村样本 4310 个,城市样本 2826 个。相关的变量选取如表 4-1 所示。

表 4-1　描述性统计(按农村—城市划分)

变量		按农村—城市划分					
		整体样本		农村样本		城市样本	
样本观测值/个		7136		4310		2826	
个人年收入/元		27532		20821		37766	
		比例/%	收入/元	比例/%	收入/元	比例/%	收入/元
户口 (户籍)	农村(农业户口)	60	20821				
	城市(非农业户口)	40	37766				
性别	男性	51	35120	50	28333	52	44987
	女性	49	19658	50	13323	48	29816
父亲受教育程度	文盲	30	16770	38	14246	17	25670
	小学	36	26695	38	22914	33	33361
	初中	19	32724	16	24686	25	40333
	高中及以上	15	44779	8	35524	25	49060

[①]　参考其他文献的处理,在回归中,进一步剔除了收入为 0 的样本。

变量		按农村—城市划分					
		整体样本		农村样本		城市样本	
		比例/%	收入/元	比例/%	收入/元	比例/%	收入/元
父亲职业	务农	53	19792	73	17845	22	29592
	非农	47	36264	27	28960	78	40097
出生地	东部	38	39332	27	31675	56	44935
	中部	36	21110	41	18160	29	27451
	西部	26	19016	32	15220	15	31287
出生组（年龄）	20～30 岁	19	29129	19	24788	18	36128
	31～40 岁	25	35537	24	26795	27	47264
	41～50 岁	30	26644	33	20599	27	37926
	51～60 岁	26	19649	24	12195	28	29509
移民（劳动力流动）	外流	11	41822	13	35328	9	56412
	不外流	89	25755	87	18717	91	36012
个人受教育程度	初中以下	58	17628	78	16352	28	22975
	初中及以上	42	41440	22	36737	72	43637

　　一是收入变量。本章选择个体的年总收入作为分析对象。由表 4-1 可以看到,2012 年个人年收入的平均值为 27532 元,城市人口收入显著大于农村。下文在估计收入决定方程时,对其取了自然对数。

　　二是环境变量。参考第二章的相关研究,选取了 6 个最为常用的环境变量:性别、父亲受教育程度、父亲职业、出生地、户口(户籍)、出生组(年龄)。性别变量为二元变量(男性＝1,女性＝0),表 4-1 显示男性收入明显高于女性;针对父亲受教育程度,将其编码为包含四个类别(文盲、小学、初中、高中及以上)的类别变量,表 4-1 显示父亲受教育程度越高,子女的收入会相对更高;父亲职业变量也被重新编码为务农(＝1)和非农(＝0)的二元变量,父亲非农就业的子女明显拥有更高的收入;针对出生地变量,将其转化为"东部-中部-西部"的类别变量,出生在东部地区的个体收入相对更高;针对户籍变量,也将其重新编码,使其成为农业户口(＝1)和非农业户口(＝0)的二元变量,表 4.1 显示在各个"环境"群组中,城市个体收入明显都高于农村;最后,根据个体的出生年份,将其划分为四个年龄组(20~30 岁,31~40 岁,41~50 岁,51~60 岁),表 4-1 显示不同年龄组的收入分布呈现倒 U 形,随着年龄增加先上升后下降,符合理论预期,同时表 4-2 显示这个趋势在不同环境组别中依旧存在。由此可以初步看到,某些个体(在东部出生、处在适龄阶段、拥有城市户口,其父亲拥有更高的受教育程度并且非农就业的男性)拥有更好的获得高收入的机会。

三是努力变量。参考 Bourguignon et al.(2007)以及 Singh (2012)的思路,不可能穷尽所有的努力变量,因此主要选取了两个最为关键的变量:个人受教育程度以及移民(劳动力外流)。人力资本和工作经历一直是决定收入的两个重要因素,个人受教育程度是人力资本的重要体现,而劳动力的外流往往受更好的工作机会驱动(对农村个体而言尤其如此)。针对个人受教育程度,为了之后的分析更为方便,将其编码为二元变量(初中及以上=1),同时劳动力流动变量也为二元变量(外流=1)。表 4-1 和表 4-2 显示,外出务工以及更高的受教育程度都将为个人带来更高的收入,这个趋势无论在农村、城市还是不同的年龄组中依旧明显。由此可以初步看到努力对于改变个人收入现状的重要性,接下来的章节将详细讨论环境和努力如何决定个人收入。

表 4-2　描述性统计(按出生组划分)

变量		按出生组划分							
		20~30 岁		31~40 岁		41~50 岁		51~60 岁	
样本观测值/个		1327		1796		2164		1849	
个人年收入/元		29129		35537		26644		19649	
		比例/%	收入/元	比例/%	收入/元	比例/%	收入/元	比例/%	收入/元
户口(户籍)	农村(农业户口)	62	24788	57	26795	65	20599	57	12195
	城市(非农业户口)	38	36128	43	47264	35	37926	43	29509

变量		按出生组划分							
		20～30 岁		31～40 岁		41～50 岁		51～60 岁	
		比例/%	收入/元	比例/%	收入/元	比例/%	收入/元	比例/%	收入/元
性别	男	51	36056	48	47544	52	34864	52	23704
	女	49	21804	52	24431	48	17842	48	15175
父亲受教育程度	文盲	7	19827	17	21206	37	18326	50	13692
	小学	28	21557	40	33014	39	26169	36	23431
	初中	35	29712	26	38160	14	31516	8	27060
	高中及以上	30	37915	17	51663	10	51252	6	37191
父亲职业	务农	42	23314	51	24747	60	19542	56	13846
	非农	58	33284	49	46545	40	37207	44	26931
出生地	东部	39	37359	40	51005	35	39885	40	28831
	中部	33	24946	34	28328	38	20046	38	13735
	西部	28	22562	26	21526	27	18618	22	13412
移民	外流	22	39693	14	48256	7	42083	5	31091
	不外流	78	26188	86	33451	93	25502	95	19009
个人受教育程度	初中以下	38	18660	52	22721	68	17545	68	13581
	初中及以上	62	35541	48	49208	32	45999	32	32794

第五节 实证结果与分析

一、基准回归结果

根据参数法的思路,首先估计了(4.6)式,表4-3为估计结果。第一列显示其结果与上述描述性统计结果基本一致。男性比女性收入更高,出生在东部并且拥有城市户口的个人也拥有更高收入。父亲的背景对子女的收入也至关重要,父亲从事非农工作并且拥有高学历的个体更有可能获得高收入。从年龄组系数来看,依旧呈现倒 U 形趋势,31~40 岁的人拥有最高的收入。

表 4-3 基于出生组的收入方程 OLS 回归结果

变量		个人收入对数				
		全样本	21~30 岁	31~40 岁	41~50 岁	51~60 岁
性别(男性＝1)		0.484***	0.362***	0.554***	0.552***	0.430***
		(0.02)	(0.05)	(0.04)	(0.04)	(0.04)
户口(农村＝1)		−0.450***	−0.231***	−0.339***	−0.448***	−0.690***
		(0.03)	(0.07)	(0.05)	(0.05)	(0.05)
父亲受教育程度(文盲为对照组)	小学	0.216***	0.160	0.205***	0.147***	0.241***
		(0.03)	(0.11)	(0.06)	(0.05)	(0.05)
	初中	0.294***	0.366***	0.277***	0.252***	0.196**
		(0.04)	(0.11)	(0.07)	(0.07)	(0.09)
	高中及以上	0.339***	0.434***	0.284***	0.383***	0.389***
		(0.04)	(0.12)	(0.08)	(0.08)	(0.10)
父亲职业(务农＝1)		−0.173***	−0.092	−0.223***	−0.175***	−0.133**
		(0.03)	(0.07)	(0.05)	(0.05)	(0.06)

续表

变量		个人收入对数				
		全样本	21～30 岁	31～40 岁	41～50 岁	51～60 岁
出生地（东部为对照组）	中部	−0.403*** (0.03)	−0.308*** (0.07)	−0.382*** (0.05)	−0.390*** (0.05)	−0.483*** (0.05)
	西部	−0.643*** (0.03)	−0.457*** (0.07)	−0.710*** (0.05)	−0.628*** (0.05)	−0.728*** (0.06)
年龄组（20～30 岁为对照	31～40 岁	0.121*** (0.03)				
	41～50 岁	−0.106*** (0.03)				
	51～60 岁	−0.449*** (0.04)				
常数项		10.168*** (0.05)	9.948*** (0.13)	10.244*** (0.07)	10.042*** (0.06)	9.902*** (0.06)
N		6383	1095	1644	1983	1661
调整后的 R^2		0.322	0.159	0.316	0.284	0.347
F		277.024	26.914	95.948	99.260	111.066

注：*** 1%，** 5%，* 10%；括号内为标准误。

接着，进行了分样本回归，分别估计了不同年龄组和不同户籍的收入方程。表 4-3 的结果显示，不同年龄组之间的估计系数大多很显著，系数符号也与整体样本估计结果一致。唯一的特例是 20～30 岁年龄组父亲职业的系数并不显著，这可能是由于 20～30 岁是个人工作的起步阶段，个人收入之间的差距还不明显。表 4-4 的结果显示农村和城市样本回归的系数也符合预期，值得注意的是农村样本的性别系数是城市样本的两倍多，这说明在农村地区，男女之间的收入不平等可能更为严重，在之后的分析中也可以看到，户籍和性别对于机会不平等的贡献度非常之高。

表 4-4　基于农村—城市的收入方程 OLS 回归结果

变量		个人收入对数		
		全样本	农村样本	城市样本
性别(男性＝1)		0.484***	0.626***	0.293***
		(0.02)	(0.03)	(0.03)
户口(农村＝1)		−0.450***		
		(0.03)		
父亲受教育程度(文盲为对照组)	小学	0.216***	0.212***	0.117***
		(0.03)	(0.04)	(0.04)
	初中	0.294***	0.260***	0.274***
		(0.04)	(0.05)	(0.05)
	高中及以上	0.339***	0.339***	0.340***
		(0.04)	(0.07)	(0.05)
父亲职业(务农＝1)		−0.173***	−0.203***	−0.088**
		(0.03)	(0.04)	(0.04)
出生地(东部为对照组)	中部	−0.403***	−0.392***	−0.451***
		(0.03)	(0.04)	(0.03)
	西部	−0.643***	−0.733***	−0.445***
		(0.03)	(0.04)	(0.04)
年龄组(20~30 岁为对照)	31~40 岁	0.121***	0.060	0.238***
		(0.03)	(0.05)	(0.05)
	41~50 岁	−0.106***	−0.212***	0.063
		(0.03)	(0.05)	(0.05)
	51~60 岁	−0.449***	−0.678***	−0.139***
		(0.04)	(0.05)	(0.05)
常数项		10.168***	9.800***	10.106***
		(0.05)	(0.06)	(0.06)

续表

变量	个人收入对数		
	全样本	农村样本	城市样本
N	6383	3775	2608
调整后的 R^2	0.322	0.264	0.186
F	277.024	136.620	60.385

注：*** 1%，** 5%，* 10%；括号内为标准误。

二、收入不平等中的机会不平等

　　根据以上的估计结果以及第三节所述的方法，分别估算了全样本、不同年龄组和户籍组的机会不平等系数。其结果如表4-5所示。表4-5的前两行首先列出了收入不平等系数，为了便于比较，分别列出了GE(0)和基尼系数。全样本结果显示，两个系数结果都大约为0.5，其中年龄更大的年龄组不平等程度更高，而农村个体的不平等系数比城市高出很多。

　　表4-5的第三和第四行列出了机会不平等的估算结果，在此本章主要关注相对系数。针对全样本而言，其机会不平等相对系数高达35.7%，这意味着收入不平等中，有35.7%的部分是个人出生就决定，不受个人控制的。在不同年龄组中，51～60岁年龄组的个体面临最高的机会不平等状况，高达40.3%，而20～30岁年龄组的个体机会不平等状况有很大缓解，其系数为18.6%。这在很大程度上可能归功于中国的改革开放，20～30岁年龄组的个体正好是改革开放后出生的，相比于祖辈和父辈，他们从出生就生活在更加开放和公平的社会环境。进一步看户籍组的状况可以发现，农村地区不仅收入不平等系数更高，其机会不平等系数（27.6%）也比城市地区（18.7%）高出很多。

表 4-5　机会不平等系数(不考虑异质性)

变量		全样本	年龄组				户籍组	
			20~30 岁	31~40 岁	41~50 岁	51~60 岁	农村	城市
收入 不平等	GE(0)	0.504	0.418	0.452	0.510	0.514	0.559	0.335
	基尼系数 (Gini)	0.500	0.455	0.481	0.512	0.499	0.530	0.427
机会 不平等	绝对系数 (IOA)	0.180 (0.007)	0.078 (0.011)	0.148 (0.011)	0.156 (0.011)	0.207 (0.015)	0.154 (0.008)	0.063 (0.005)
	相对系数 (IOR,%)	35.7 (0.007)	18.6 (0.011)	32.7 (0.011)	30.7 (0.011)	40.3 (0.015)	27.6 (0.008)	18.7 (0.005)
分解 /%	性别	5.5	3.9	8.5	7.2	3.8	8.0	3.2
	户口	7.6	3.4	6.5	7.9	14.4		
	父亲受 教育程度	4.9	3.4	3.1	3.5	4.5	3.5	3.5
	父亲职业	4.0	1.9	4.4	3.8	5.3	1.8	0.8
	出生地	9.0	6.0	10.9	8.3	12.2	7.6	7.6
	年龄组	4.7					6.9	3.6

　　接着,通过 Shapley 值分解方法,对 6 个环境变量的贡献度进行了测算。整体样本的结果显示,出生地和户口是对收入不平等单个贡献最大的两个环境变量,其贡献度分别为 9.0% 和 7.6%,而其他环境变量的贡献度也非常大,性别为 5.5%,父亲受教育程度为 4.9%,年龄组为 4.7%,父亲职业为 4.0%。事实上,如果把父亲的受教育程度和职业两个变量的贡献度加起来,这个系数高达 8.9%,可见父亲的背景对子女收入的重要性,现今很热的"拼爹"一说可以说是空穴来风。针对不同的年龄组和户籍组,所有结果大致符合理论预期,其中有几点值得强调:其一,出生地的贡献度在所有组别中都非常大,可见区域发展不平衡问题的严峻性;其二,户籍变量对于年龄愈大的年龄组贡献度愈大,在 51~60 岁年龄组,贡献度甚至达到了 14.4%,这与中国历史上针对农村劳动力外流的政策变化相关,在改革开放之前,农村劳动力的流动受到严格限制,而工农"剪刀差"的存在使得农村地区和城市地区发展两极化;其三,农村地区的性别变量贡献度高达 8.0%,明显高于城市地区的 3.2%,这也与之前的回归结果一致,显示农村地区的性别不平等问题更加严峻。

以上结果大致呈现了中国机会不平等的状况及其在不同年龄组和户籍组的变化趋势。但是为了验证结果的稳健性,进一步考虑了(4.6)式中的组别(残差)异质性问题,依据(4.9)式加入了异质性的影响,其结果如表4-6所示。表4-6显示异质性的贡献度在0.01%到0.5%之间,整体机会不平等相比表4-5结果略微上升,而其他环境变量的贡献度变化不大。这个结果与Björklund等(2011)中的案例一致,也增加了对于表4-5结果稳健性的信心。

表 4-6　机会不平等系数(考虑异质性)

变量		全样本	年龄组				户籍组	
			20～30 岁	31～40 岁	41～50 岁	51～60 岁	农村	城市
收入不平等	GE(0)	0.504	0.418	0.452	0.510	0.514	0.559	0.335
	基尼系数(Gini)	0.500	0.455	0.481	0.512	0.499	0.530	0.427
机会不平等	相对系数(IOR,%)	35.7	18.8	33.5	31.0	40.8	27.	19.1
分解/%	性别	5.6	3.9	8.5	7.1	3.8	8.0	3.2
	户口	7.6	3.3	6.5	7.8	14.5		
	父亲受教育程度	4.9	3.5	3.1	3.5	4.5	3.4	3.5
	父亲职业	4.0	1.9	4.3	3.9	5.3	1.8	0.8
	出生地	9.0	6.0	11.0	8.2	12.3	7.6	7.5
	年龄组	4.8					6.8	3.6
	异质性	0.01	0.2	0.04	0.5	0.4	0.07	0.5

第六节　"筚路蓝缕,以启山林":个人努力的效应

从上述分析可以看到,中国机会不平等程度已经很高,尤其对于农村地

区而言,收入不平等和机会不平等系数都远远高于城市。接下来通过第三节所述的方法,考察劳动力流动和个人受教育程度这两个努力变量对于机会不平等(尤其是农村地区)的消解作用。

　　首先估计(4.4)式,分析环境变量对于努力变量的影响,以便能够从努力变量中剔除来自环境变量的作用,从而获得"纯努力",即(4.11)式中的 $E(e|E)$。针对全样本、农村样本以及城市样本分别使用环境变量对移民和个人受教育程度进行回归,相关结果如表4-7所示,符合理论预期。比如,男性、拥有城市户口、出生在东部以及拥有更好背景(高学历、非农就业)的父亲的个体倾向于拥有更高的受教育经历;与受教育程度变量不同,父亲如果务农,则子女更倾向于向外流动,这一效应在农村样本中更为显著。

表 4-7　环境变量对努力变量的影响:Probit 模型回归结果

变量		个人受教育程度			移民		
		整体样本	农村	城市	整体样本	农村	城市
性别(男性＝1)		0.270*** (0.0349)	0.319*** (0.0461)	0.196*** (0.0541)	0.105** (0.0411)	0.137*** (0.0514)	0.0766 (0.0694)
户口(农村＝1)		−1.118*** (0.0400)			0.257*** (0.0508)		
父亲受教育程度(文盲为对照组)	小学	0.328*** (0.0459)	0.319*** (0.0586)	0.393*** (0.0743)	0.260*** (0.0572)	0.248*** (0.0654)	0.215* (0.123)
	初中	0.716*** (0.0565)	0.652*** (0.0742)	0.840*** (0.0892)	0.309*** (0.0692)	0.316*** (0.0834)	0.276** (0.133)
	高中及以上	0.875*** (0.0648)	0.761*** (0.0913)	1.011*** (0.0955)	0.298*** (0.0790)	0.295*** (0.106)	0.287** (0.136)
父亲职业		−0.269*** (0.0401)	−0.337*** (0.0514)	−0.186*** (0.0647)	0.152*** (0.0503)	0.173*** (0.0615)	0.112 (0.0885)
出生地(东部为对照组)	中部	−0.219*** (0.0410)	−0.307*** (0.0554)	−0.127** (0.0625)	−0.0596 (0.0485)	−0.196*** (0.0611)	0.127 (0.0800)
	西部	−0.336*** (0.0461)	−0.366*** (0.0588)	−0.350*** (0.0764)	−0.230*** (0.0552)	−0.422*** (0.0671)	0.147 (0.0971)

续表

变量		个人受教育程度			移民		
		整体样本	农村	城市	整体样本	农村	城市
年龄组 (20~30岁 为对照组)	31~40岁	−0.360*** (0.0532)	−0.463*** (0.0648)	−0.218** (0.100)	−0.276*** (0.0549)	−0.224*** (0.0684)	−0.356*** (0.0937)
	41~50岁	−0.665*** (0.0537)	−0.712*** (0.0663)	−0.616*** (0.0979)	−0.660*** (0.0601)	−0.725*** (0.0749)	−0.527*** (0.102)
	51~60岁	−0.711*** (0.0580)	−0.551*** (0.0734)	−0.825*** (0.100)	−0.737*** (0.0686)	−0.786*** (0.0870)	−0.647*** (0.114)
常数项		0.668*** (0.0736)	−0.353*** (0.0901)	0.570*** (0.119)	−1.253*** (0.0869)	−0.905*** (0.100)	−1.339*** (0.151)
观察值		7136	4310	2826	7136	4310	2826

注：*** 1%，** 5%，* 10%；括号内为标准误。

接着，加入努力变量估计完整的收入方程（4.10）和（4.12）式，分别代表 Roemer 和 Barry 两种情境。表4-8分别列出了全样本和农村以及城市子样本的估计结果。与表4-4相比，加入努力变量后，环境变量的系数大小和显著性无大变化，而调整后的 R^2 显著增大，说明增加努力变量后，对收入方程的解释力度变大。最为重要的是，移民和个人受教育程度的提升，确实对提升个人收入都有显著的正向作用，这也与理论预期相符。在 Roemer 情境中，两个努力变量的系数更小，这是因为该情境下的努力变量被剔除了来自环境的间接影响（见表4-8）。

表4-8 环境和努力变量对个人收入的影响

变量	个人收入对数					
	Barry 情境			Roemer 情境		
	全样本	农村	城市	全样本	农村	城市
性别（男性＝1）	0.446*** (0.0212)	0.579*** (0.0296)	0.266*** (0.0281)	0.461*** (0.0211)	0.598*** (0.0295)	0.277*** (0.0281)
户口（农村＝1）	−0.311*** (0.0277)			−0.360*** (0.0265)		

续表

变量		个人收入对数					
		Barry 情境			Roemer 情境		
		全样本	农村	城市	全样本	农村	城市
父亲受教育程度（文盲为对照组）	小学	0.160***(0.0273)	0.164***(0.0351)	0.0385(0.0434)	0.184***(0.0272)	0.184***(0.0350)	0.0707(0.0432)
	初中	0.169***(0.0357)	0.149***(0.0500)	0.120**(0.0499)	0.214***(0.0354)	0.191***(0.0498)	0.172***(0.0493)
	高中及以上	0.204***(0.0405)	0.211***(0.0646)	0.179***(0.0520)	0.251***(0.0402)	0.259***(0.0642)	0.233***(0.0513)
父亲职业（务农＝1）		−0.154***(0.0262)	−0.177***(0.0359)	−0.0732**(0.0360)	−0.168***(0.0261)	−0.194***(0.0358)	−0.0827**(0.0360)
出生地（东部为对照组）	中部	−0.367***(0.0256)	−0.319***(0.0374)	−0.447***(0.0330)	−0.378***(0.0256)	−0.336***(0.0373)	−0.451***(0.0330)
	西部	−0.576***(0.0281)	−0.630***(0.0387)	−0.415***(0.0406)	−0.599***(0.0280)	−0.656***(0.0385)	−0.434***(0.0406)
年龄组（20～30 岁为对照组）	31～40 岁	0.196***(0.0335)	0.159***(0.0471)	0.276***(0.0444)	0.164***(0.0334)	0.114**(0.0469)	0.264***(0.0443)
	41～50 岁	0.0363(0.0341)	−0.0363(0.0473)	0.157***(0.0461)	−0.0218(0.0337)	−0.107**(0.0465)	0.122***(0.0458)
	51～60 岁	−0.296***(0.0367)	−0.517***(0.0516)	−0.00380(0.0485)	−0.356***(0.0363)	−0.583***(0.0510)	−0.0531(0.0481)
移民（外流＝1）		0.487***(0.0346)	0.506***(0.0458)	0.381***(0.0507)	0.303***(0.0216)	0.315***(0.0286)	0.240***(0.0317)
个人受教育程度（初中及以上＝1）		0.435***(0.0264)	0.450***(0.0382)	0.452***(0.0341)	0.261***(0.0160)	0.278***(0.0236)	0.265***(0.0201)
常数项		9.788***(0.0497)	9.501***(0.0644)	9.783***(0.0640)	10.39***(0.0481)	10.09***(0.0645)	10.32***(0.0644)
观察值		6383	3775	2608	6383	3775	2608
R^2		0.373	0.318	0.257	0.372	0.318	0.257

注:*** 1%,** 5%,* 10%;括号内为标准误。

在以上两个步骤的基础上,通过(4.13)和(4.14)式测算了努力和环境的贡献度,其结果如表 4-9 所示。本章重点关注努力变量的贡献度,因为在该方法下,只加入了两个努力变量,这使得环境变量的相对贡献度会显著提升(表 4-9 显示环境贡献度远远大于上述计算的机会不平等指数),因此与上一节的机会不平等指数没有直接可比性。但通过该方法可以看到加入回归的努力变量(劳动力流动和个人受教育程度)会对整个收入不平等有多大贡献。表 4-9 显示,仅仅这两个变量,在 Roemer 和 Barry 两种情境下就分别贡献了 24.4% 和 31.7%。通过计算两者的差值可以知道,这两个努力变量大概有 7.3% 的贡献来自环境的影响,也就意味着环境不仅直接影响收入,还可以通过影响努力进而间接影响收入。接着比较农村和城市子样本下的努力贡献度发现,虽然移民和个人受教育程度在表 4-8 中农村样本的系数更大,但就其贡献度而言,城市个体的移民和受教育程度会更大程度地拉大收入差距(在两种情境下的贡献度分别为 35.4% 和 40.0%),这也在一定程度上反映了城市地区在诸如教育、职业培训等配套资源上远远好于农村地区。但是毋庸置疑的是,劳动力外流和个人受教育程度也会拉大农村个体的收入差距(在两种情境下的贡献度分别为 24.3% 和 29.4%),对于政策制定者而言,这一点具有很大的现实意义和参考价值,因为缩小收入差距对农民工福利提高也有很大促进作用(袁方和史清华,2013)。

表 4-9　环境与努力贡献度

样本	情境	环境贡献度/%	努力贡献度/%
Panel A. 全样本	Roemer 情境	75.6	24.4
	Barry 情境	68.3	31.7
Panel B. 农村样本	Roemer 情境	75.7	24.3
	Barry 情境	70.6	29.4
Panel C. 城市样本	Roemer 情境	64.6	35.4
	Barry 情境	60.0	40.0

第七节　结论性评述

本章节致力探讨中国的收入不平等在多大程度上是由机会不平等造成的，而个人的努力在多大程度上可以消解这种不平等。通过这种探讨，本章希望运用科学的量化方法，对目前社会和媒体广泛讨论的"拼爹""寒门难再出贵子"现象有进一步深入的认识。本章使用了 CGSS2013 年的数据，并将其按照年龄组和户籍划分了子样本，运用广泛使用的参数方法，估计了中国的机会不平等系数；利用相对最有效的 Shapley 值分解方法，分解了每一个环境变量的贡献度；同时采用相对最新的方差分解方法，探究了劳动力流动和个人受教育程度两个变量对于收入差距的贡献度。

该章节主要的研究结论包括：（1）中国 2013 年的机会不平等相对系数高达 35.7%。在不同年龄组中，年轻个体面临的机会不平等小于年老个体，这在很大程度上可能归功于中国的改革开放。而农村地区不仅收入不平等系数更高，其机会不平等系数（27.6%）也比城市地区（18.7%）高出很多。（2）Shapley 值分解结果显示，父亲的背景（受教育程度和职业）对收入不平等的贡献度高达 8.9%，出生地和户口是单个贡献最大的两个环境变量，分别为 9.0% 和 7.6%，而其他环境变量的贡献度也非常大，性别为 5.5%，父亲受教育程度为 4.9%，年龄组为 4.7%，父亲职业为 4.0%。（3）将两个努力变量加入分析框架后发现，在 Roemer 和 Barry 两种情境下努力变量分别贡献了 24.4% 和 31.7%。环境不仅直接影响收入，还可以通过影响努力进而间接影响收入（7.3%）。在农村和城市两个子样本下，劳动力流动和个人受教育程度对收入差距都具有较高的贡献度，其中城市样本略高于农村样本。

相较于其他国家而言，2013 年中国的机会不平等系数已经相对较高，比如巴西 32.3%、危地马拉 33.5%、巴拿马 30.1%、哥伦比亚 25.9%（Ferreira & Gignoux，2011）、埃及 27%（Assaad et al.，2017）、印度 26%（Singh，2012）等。机会不平等问题应该引起中国政府足够的重视，采用切实可行的措施缓解该问题的加剧。（1）应该实施一系列的补偿性政策，对由于机会不均引起的不平等予以补偿，对能够识别的弱势群体（比如出生在中西部农村地区的女性）给予支持，比如提供就业培训、提供创业扶持等。（2）对于不平等的代价传递应该有更清醒的认识，在父母背景显得越来越重要的今天，如何扶持有能力的"寒门学子"，如何缓解"拼爹"的负面效应，以此维持社会阶层之间的通畅流动也是政府应该认真思考的。（3）应该关注劳动力流动和教育对于个人收入的提升作用，加大教育产业的扶持力度应当成为政府的持续性政策，尤其对于农村地区而言，教育资源的分配与城市有着很大的差距。对于农村居民而言，向城市流动寻找更好的就业机会成了提升收入的一条重要通道，政府在这个过程中应该予以合理引导，鼓励农民拓宽收入渠道，同时要解决好移民引起的一系列联动后果，诸如农业生产的劳动投入减少和劳动力流转导致的土地弃耕现象。最后需要强调的是，社会所倡导的公平应该是机会的公平，而不是一味的无条件的公平，就像 Roemer 所言，由自身努力所造成的不平等是合理且可接受的，而由机会不均造成的不平等应是政策制定者所关注的。"中国梦"的实现需要"筚路蓝缕，以启山林"的芸芸众生，同样需要"矜贫救厄，上下通达"的有为政府。

第五章　农村劳动力外流对农村收入增长与不平等的影响研究

第一节　引言

经典的发展经济学理论认为,一国的经济发展开始于城市工业部门的兴起和农村剩余劳动力的存在,廉价劳动力的无限供给为资本家创造剩余利润,又通过再投资形成了对劳动力更大的需求,在这一循环往复的工业化进程中,工农边际劳动生产率趋平,城乡实现一体化,经济实现增长(Harris & Todaro,1970;Jorgenson,1961;Lewis,1954;Ranis & Fei,1961)。改革开放40多年来,随着中国市场化改革和劳动力流动政策的逐渐放宽,中国农村的大量劳动力流向城市,这可能是世界历史上最大规模的一次劳动力"迁移"(Chan,2013;李实,2007),同时也对中国经济增长有着巨大贡献(伍山林,2016)。农村劳动力迁移到城市,通过参与工业和服务业分工,不仅提高了劳动生产率,优化了整体的劳动力资源配置,而且农民工获得了比绝大多数农业劳动者更高的收入,提高了生活水平(钟笑寒,2006)。2008—2016年《农民工监测调查报告》显示,虽然农民工数量增长幅度有所减缓,但总量持续增加,2016年农民工总量达到28171万人(见图5-1)[①]。随着《国家新型城镇化规划(2014—2020年)》的出台,有更多的农村居民进入城市寻求更好的工作机会(Bai et al.,2014)。

[①]　《2017年国民经济和社会发展统计公报》显示,2017年全国农民工数量28652万人,其中,外出农民工17185万人,占劳动力总数比重超过三分之一。

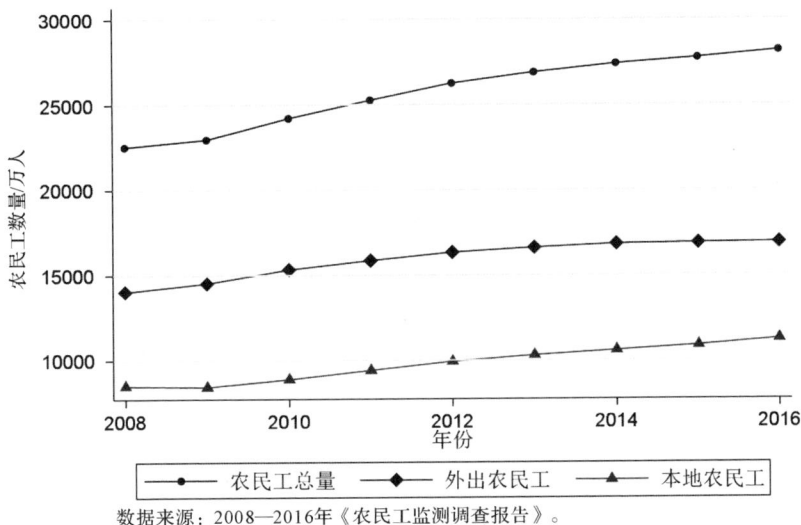

数据来源：2008—2016年《农民工监测调查报告》。

图 5-1　2008—2016 年农民工数量

与此同时，农村内部的收入差距也在急剧扩大。世界银行报告显示，我国农村基尼系数从 1981 年的 0.25 已经上升到 2009 年的 0.41。中国国家统计局的数据显示，2011 年中国农村的基尼系数达到 0.39，已经非常接近公认的收入不平等警戒线。同时城乡之间的收入差距也非常大，2015 年的城乡收入倍差为 2.73，2016 年为 2.72。流入到城镇地区的农户依旧面临着以户籍制度为基础的城乡身份隔离和社会排斥，导致其在经济地位上与城镇人口还有很大差距（吴晓刚和张卓妮，2014）。过高的收入差距意味着社会财富分配的不均，容易引发社会动乱和其他社会性群体事件。因此，探究农村劳动力流动对我国农村居民收入和收入差距的影响，对提高农户收入水平以及缩小农村地区的收入差距等都具有十分重要的理论与现实意义。

关于劳动力流动对我国农村收入和收入差距的影响，国内外已经有很多文献进行了分析。针对农村收入问题，李实（1999）发现农村劳动力流动可以直接、间接地提高外出打工农户的家庭收入水平。梅金平（2004）、王西玉等（2000）进一步指出只有实现农村劳动力向城市的自由流动（包括"流出去"和"回得来"）和农民流动就业的合法性，才能够促使农民提高收入。另外大量的国际文献也明确了中国农村劳动力外流，尤其是外出务工汇款对提升农村收入和减少农村贫困的重要作用（De Brauw & Rozelle,2008a;Démurger et al. ,2010;Howell,2017;Jia et al. ,2017;Rozelle et al. ,1999）。然而也有部分文献提出这种收入提升是以牺牲农业生产为代价的,比如 Taylor 等（2003）认为外出务工汇款虽然能提高农村的家庭人均收入,但对农业生产和非农经营产业有着显著的不利影响。针对农村收入差距问题,李实（1999）和孙文凯等（2007）分别从微观和宏观的角度论证了农村劳动力外出务工可以缓解农村收入差距。也有很多的外文文献支持这一观点（Howell,2017;Hua & Yin,2017;Khan & Riskin,2005）,其中 Howell（2017）通过构建反事实收入证实了劳动力流动降低了农村地区空间收入不平等。Hua 和 Yin（2017）通过基尼系数分解进一步发现,如果外出劳动力选择就近转移,农村地区的收入不平等会进一步减小。相反,也有很多研究认为劳动力流动和地区收入差距呈现正相关（Kung & Lee,2001;Lin et al. ,2004;姚洪心和王喜意,2009）。另外,Clément（2016）利用中国营养与健康数据测算了中国农村的收入不平等,他发现农户的非农收入在 2000—2005 年扩大了收入差距,但是在 2006—2010 年缩小了收入差距,总的来说非农收入对于缩小农村收入差距的作用逐渐增大。

　　然而在目前已知的上述文献中,没有关注过方言类别在劳动力外流对于收入和收入差距的影响过程中发挥怎样的作用。汉语方言的背后体现的是文化因素的影响。近十年,经济学家开始挖掘比制度更深层次的影响经济发展的因素,文化就是其中的一个核心因素,刘毓芸等（2015,2017）、林建浩和赵子乐（2017）、赵子乐和林建浩（2017）、阮建青和王凌（2017）等都使用方言距离作为代理变量,研究文化因素在市场培育和经济发展中的角色。文化一方面可能直接影响经济发展（Weber et al. ,2002）,另一方面也可能通过间接的机制对经济发展产生影响（Guiso et al. ,2009;Spolaore & Wacziarg,2009）,具体而言,不同群体之间的文化差异,可能导致群体之间的隔阂和偏见,影响群体之间的信任和沟通。比如说方言差异,不同的群体由于方言的不同产生隔阂,外出的农村劳动力如果选择到不同的方言区打工,可能由于信任和沟通的缺失而影响其工资性收入。

　　本章节与 Kung 和 Lee（2001）、Scharf 和 Rahut（2014）以及 Howell（2017）的工作最为接近。Kung 和 Lee（2001）最早系统地研究了非农就业对于收入分配的影响,但是他们的研究数据样本量太小,仅仅集中在湖南和四川的四个县。Scharf 和 Rahut（2014）研究了非农就业对喜马拉雅地区农户收入差距和福利提升的影响,他们考虑了不同工种影响的异质性,发现低回报非农就业类型有助于缩小收入差距,而高回报非农就业则会扩大收入差距;Howell(2017)研究了劳动力外流对于中国不同民族收入和收入差距的影响,对本书的研究有一定的启示。但是纵观这几篇关键文献,并没有对中国目前的劳动力外流对农户之间以及村域之间的收入差距影响进行系统考察,也没有观察到在不同的方言区域不同经济文化背景下可能存在的异质性。

因此,本章节则利用全国农村固定观察点2011—2014年数据,使用固定效应模型以及基尼系数分解方法全面地考察以下问题:(1)劳动力外流是否能够提高农户收入,这种效应在不同的方言区之间具有怎样的异质性?(2)劳动力外流是会降低农户之间的收入差距还是会使收入不平等问题恶化?(3)劳动力流动对于村级层面的收入不平等具有怎样的作用?同时,本章节通过倾向得分匹配方法来构建反事实收入,在一定程度上验证了相关结论的稳健性。本章节接下来的行文结构安排如下:第二节介绍了相关的研究背景和建立在此基础上的研究假说;第三节介绍了数据、主要变量与相关的描述性分析;第四节系统地介绍了模型和相关的研究结果;第五节作了总结并提出了相关的政策建议。

第二节　事实与假说

由上文所述可知,目前学界对于劳动力流动能够提升农户收入基本没有争议,从理论上来说,这也是促使农户产生转移意愿的主要因素之一(Kennan & Walker,2011;Liebig & Sousa-Poza,2004;Zhu,2002)。但是目前还鲜有文献对这种作用在不同方言区之间的异质性进行过研究。本章旨在对此做出一些开创性工作。根据2012年最新版《中国语言地图集》的统计,我国目前除了普通话之外,还有9种汉语方言大区[①]、17种方言区、98种方言片、168种方言小片(刘毓芸等,2017)。虽然中国方言众多,但是相互之间的基本交流沟通并没有大问题,原因主要有两点。其一,中国目前90%以上的人口是汉族人口,虽然不同地区之间方言并不相同,但是书面语言都为汉字,这在一定程度

---

① 下文会具体介绍几个方言大区的具体情况。

上减弱了不同方言对于交流沟通的阻碍作用。其二，口头语言上来看，虽然各地方言发音大不相同，但是政府一直以来对于全国推行普通话政策的努力，使得普通的话普及率大大提升，2010 年达到了 70％。普通话的普及大大弱化了由方言产生的沟通障碍。

然而，对于农民工群体而言，可能存在部分人不善于说普通话，或者说的普通话带有地方方言口音的情况。同时，由于农民工群体往往平均受教育程度偏低，还存在着部分人不识字或者汉字书写能力不高的情况。这也就意味着虽然普通话逐渐普及，但是对于农民工群体的研究，方言的"沟通效应"依旧不可忽视。

另外，不同的方言之间，其祖先来源构成往往不同，不同的方言身份往往还是会使彼此之间产生隔阂、不信任、不认同（刘毓芸等，2017；林建浩和赵子乐，2017；赵子乐和林建浩，2017），因此方言的认同效应也不容忽视。Chen 等（2014）的研究就揭示了这种认同效应的重要性。他们关注在上海的农民工是否掌握上海话（吴方言的一种）对于其收入的影响。他们的研究发现，如果外来务工者会说流利的上海话，他们更容易在当地社区被认同，实现信息的流畅传达，对于提高其收入更有益处。方言背后的文化认同，并不仅仅与处于底层的农民工有关，更是会影响企业家等高技能型人才，比如说会影响董事长与总经理的关系（戴亦一等，2016），有益于实现商业伙伴之间的交易（Lameli et al.，2015），也有利于其获取更高端的职位（Chen et al.，2013）。

由此可见，方言的差异性影响确实存在。那么来源于何种方言区的农村劳动力会更具优势呢？基于以上的分析，答案应该是明晰的：本章的第三节详细地介绍了目前的几个方言大区，并将其分为吴语粤语区、官话区和其他方言区。根据《2016 年农民工监测调查报告》，中国的劳动力流动，其流向大部分集中在长三角地区，而该地区吴语是主要的方言。另外，珠三角地区也是劳动力流动的主要目的地，该地区的主要方言为粤语。在这两个方言区的农户本身收入较高，而且由于是劳动力主要流入地，他们不需要转移出去就可以从事非农工作①。同时，由于粤语和吴语相对而言是较为难掌握的方言，由于身份认同效应的存在，别的方言区的流入者往往没有吴语和粤语区本地劳动力更有优势。因此，对于这两个区域的劳动者来说，选择移民对于家庭

---

① 一般而言，农民工是指户籍仍在农村，年内在本地从事非家产业或外出从业 6 个月及以上的劳动者。

的收入提升并没有太大作用。而对于官话区和其他方言区来说,劳动力外流对于家庭收入的提升作用会更为显著,同时由于普通话是目前就业市场的通用语言,官话区域的劳动力会更有优势,比如大量的劳动力可能流入同样是以官话为方言的北京。

据此,本章提出假说1。

假说1:农村劳动力外流会提升家庭收入,并且这种作用对于官话区劳动力最为显著,对于吴语粤语区的劳动力最不显著。

关于劳动力流动对于农村地区收入差距的影响尚没有形成定论,这种争议产生的主要原因在于劳动力转移的成本。在研究劳动力流动意愿的文献中,大多数会通过农户转移的成本和预期收益构建效用最大化模型,如果劳动力转移的成本大于预期收益的话,农户将会选择不转移出去(Nguyen et al.,2015;Scharf & Rahut,2014;Wouterse & Taylor,2008;Zhao,1999a)。更为重要的是,即便预期收入大于转移成本,很多贫穷的农户由于缺乏初始资本来负担转移成本,也无法完成转移(Knight & Gunatilaka,2010)。在这样的情况下,较为富裕的农户转移成功,在城市获得更高的非农收入,农村地区的收入差距自然也就拉大了。然而随着改革开放以来中国经济近40年的高速发展,农村地区的经济发展状况已经得到极大改善,绝对贫困人口急剧减少(Du et al.,2005;Zhu & Luo,2010)。在这样的背景下,很多原来极其贫困的农户也能负担起初期转移的成本,也能够从农业部门转移到工业和服务部门,以此获取更高的收入,这些农户虽然在后期得以流出,但是相对早期流出的农户而言,具有"后发优势",这无疑缩小了他们与原先转移出去的劳动力的收入差距。

另外,如果将分析的对象从农户转移到村,同样可以看到,原本低收入的村庄由于逐渐解决早期转移成本问题,取得后期的"后发优势",与原本高收入村庄之间的收入差距也在逐渐减小。而从不同的方言区域来看,如果假说1正确,吴语粤语区劳动力外流对于提升农户收入作用不大,那么对于减小收入差距作用也应该相对更小。综上所述,本章提出假说2和假说3。

假说2:随着低收入农户逐渐转移到非农部门,由于"后发优势"的存在,农户之间的收入差距逐渐减小。而该作用对于吴语粤语区劳动力最不显著。

假说3:随着低收入村庄越来越多的低收入农户逐渐转移到非农部门,由于"后发优势"的存在,村域之间的收入差距逐渐减小,该作用对于吴语粤语区劳动力最不显著。

图 5-2 展示了劳动力流动影响收入的路径变化。

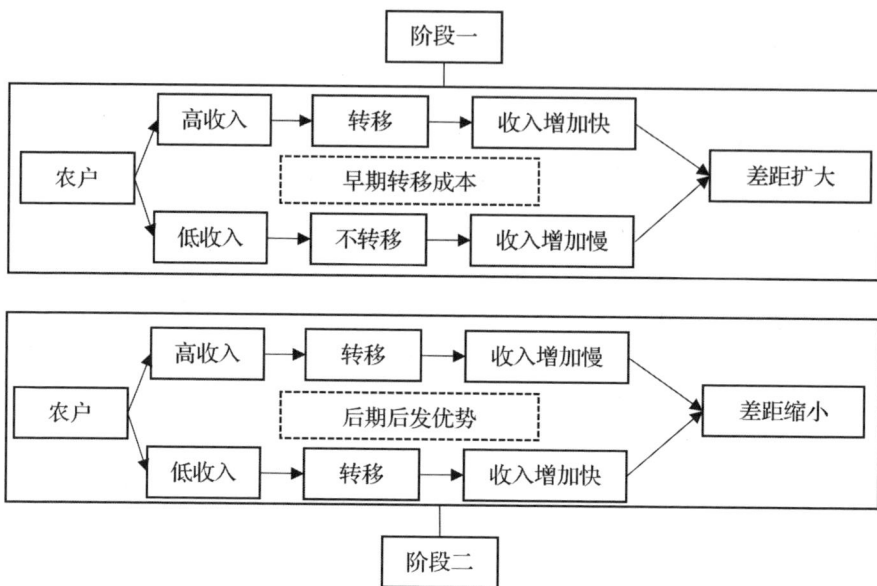

图 5-2　劳动力流动影响收入的路径变化

第三节　数据、变量与描述性分析

　　本章主要使用中国农村固定观察点 2011—2014 年数据。该数据是由农业部农村经济研究中心组织展开调查的长期追踪数据,包含中国 31 个省(自治区、直辖市)300 多个村的 20000 多农户。该调查起始于 1986 年,样本的选取基于随机分层抽样方法,每年以很小的退出和进入比率进行样本追踪调查①。该数据在诸如农村收入消费等方面的数据都与国家统计年鉴具有可比性,具有一定的全国代表性。数据通过每年各地农村观察点的常规记录和入户调查获得,调查在每年(农历)年底进行,由每个农户在家的成年家庭成员回答。由于大量的外出务工劳动者会在春节前夕返乡,该数据的调查时点保证了每个农户都尽可能有成员可以回答问卷,这在一定程度上增加了数据的

_____

　　①　1986 年、1992 年和 1994 年由于资金限制没有进行调查。

精确度。同时该数据包含丰富的农户信息,其中包括农户类型、每个家庭成员的信息以及家庭土地、资产、生产经营、收入支出信息等。因此,中国农村固定观察点数据在研究农村劳动力外流和农村收入问题上具有不可替代的地位,是最为权威的数据来源之一。本章使用 2011—2014 年的面板数据,并删除了少量具有城市户口的样本,将分析样本限定在具有农村户口的农户上。

为了分析不同方言区在劳动力流动和收入变化方面的异质性,本章利用许宝华和宫田一郎(1999)所编《汉语方言大辞典》和中国社会科学院(1987)《中国语言地图集》确定了 278 个地级市的方言。中国的汉语方言由粗略到细致分为:汉语、方言大区、方言区、方言片。本章采用方言大区作为基本的方言单元,除了官话外,还有九类汉语方言,其中包括晋语、赣语、徽语、客家话、闽语、吴语、湘语、粤语、平语。由表 5-1 可以看到,本章的样本涵盖了除平语之外的其他所有方言[①],其中大部分农户属于官话方言区。为了便于比较不同方言大区的异质性,本章将其分为三个群组:官话区、吴语粤语区以及其他方言区。这样的划分是基于吴语和粤语区相对处于沿海地区,并且经济发展程度较高,具有除了文化之外的同质性。据此,本章节将该方言数据与全国农村固定观察点数据进行了匹配,得以确定劳动力流出地区的方言区。

表 5-1　样本方言分布状况

方言大区	农户数量/户
官话	39542
晋语	3563
吴语	1400
徽语	400
闽语	2471
赣语	2594
湘语	504
粤语	1059

---

① 就全国范围而言,平语地区的农户相对其他方言也少很多。

续表

方言大区	农户数量/户
客家话	943
总计	52476

本节的主要因变量为农户的家庭人均收入。相较于家庭总收入而言，人均收入能更好地反映家庭的经济福利状况。从表 5-2 的结果可以看到，2011—2014 年，农户的家庭人均收入为 16552 元，其中吴语粤语区（以下称"吴粤区"）的人均收入为 30799 元，明显高于其他方言区。同时，我们从纵向将农户人均收入分为三大类：第一类为农户家庭经营人均收入，主要为农业经营人均收入，以及在当地的其他生产经营人均收入；第二类为家庭外出务工人均收入，主要为农户转移到城市的非农工资性人均收入；第三类为其他人均收入。从表 5-2 的结果来看，2011—2014 年，农户的主要收入来源为家庭经营收入，平均为 8684 元，同样吴粤区的收入水平最高，达到 18053 元，官话区略高于其他方言区。家庭外出务工收入在农户的收入构成中也占有很大比重，全国均值为 5681 元，吴粤区略高于其他方言区。第三类收入所占比重不大，但是值得注意的是吴粤区的其他人均收入明显高于其他方言区域，这也与吴粤区的经济发展状况息息相关。

表 5-2　2011—2014 年农户收入分布状况

农户收入类型	全样本	官话区	吴语粤语区	其他方言区
家庭人均收入/元	16552	15835	30799	15915
家庭（农业）经营人均收入/元	8684	8365	18053	7690
家庭外出务工人均收入/元	5681	5554	6427	5988
其他人均收入/元	2186	1916	6319	2236
样本数/个	52476	39542	2459	10475

本节关注的主要自变量为家庭劳动力外流。该变量的构建建立在个人劳动力外流变量的基础上，劳动力外出务工半年及以上的被定义为外出务工者，一个家庭中至少有一个外出务工者则被定义为劳动力外流家庭，赋值

为 1，否则赋值为 0。表 5-3 结果显示，46％的家庭有劳动力外出务工，其中其他方言区流出比例最高为 54％，这也与目前劳动力流动的趋势一致，由较不发达的中西部地区向较为发达的东南沿海地区流动。此外，还参考了 Kung 和 Lee（2001）、Scharf 和 Rahut（2014）以及 Howell（2017）等文献，设置了若干家庭层面控制变量。（1）家庭劳动力数量为家庭处于劳动年龄范围的有效劳动力，样本均值为 2.73 人，其他方言区（2.87 人）略高于官话区（2.69 人）和吴粤区（2.77 人）。（2）家庭规模为家庭所有人口数量，包括了劳动力与非劳动力，样本均值为 3.96 人，其他方言区（4.08 人）依旧略高于官话区（3.92 人）和吴粤区（4.02 人）。（3）控制了家庭劳动力的平均年龄和平均受教育程度，这两者在不同方言区的分布差异不大，年龄均值均在 42 岁左右，吴粤区略高；受教育年限均值均在 8 年左右，其他方言区略低。（4）从女性劳动力的比例来看差异性也不大，全样本均值为 58％，说明农村劳动力的结构特征是女性劳动力数量略高于男性劳动力。（5）抚养比为非劳动年龄人口与劳动年龄人口数之比，全样本均值为 0.16，吴粤区为 0.14，略低于官话区和其他方言区（分别为 0.16 和 0.17）。（6）人均耕地面积为 2.74 亩，不同方言区之间差异性较大，官话区为 3.09 亩，显著高于吴粤区（0.86 亩）和其他方言区（1.88 亩）。

表 5-3　家庭劳动力外流以及若干控制变量的描述性统计

变量	全样本			官话区		
	均值	最小值	最大值	均值	最小值	最大值
家庭劳动力外流/％	46	0	100	44	0	100
家庭劳动力数量/人	2.73	0	9	2.69	0	9
家庭规模/人	3.96	1	9	3.92	1	9
劳动力平均年龄/岁	42.08	16	64	42.02	20	64
劳动力平均受教育程度/年	7.69	0	16	7.68	0	16
女性劳动力比例/％	58	0	100	58	0	100
抚养比	0.16	0	0.83	0.16	0	0.83
人均耕地面积/亩	2.74	0	2695	3.09	0	2695

续表

变量	吴语粤语区			其他方言区		
	均值	最小值	最大值	均值	最小值	最大值
家庭劳动力外流/%	44	0	100	54	0	100
家庭劳动力数量/人	2.77	0	8	2.87	0	8
家庭规模/人	4.02	1	9	4.08	1	9
劳动力平均年龄/岁	42.99	25	64	42.07	16	64
劳动力平均受教育程度/年	7.95	0	14.5	7.64	0	16
女性劳动力比例/%	59	0	100	57	0	100
抚养比	0.14	0	0.67	0.17	0	0.75
人均耕地面积/亩	0.86	0	61.4	1.88	0	901

　　表 5-4 报告了劳动力外流农户与劳动力非外流农户在家庭总收入和收入不平等(基尼系数)方面的差异。就整体样本而言,劳动力外流家庭总收入为62596 元,高于非外流家庭[1],从不同方言区的差异性来看,官话区和其他方言区劳动力外流农户的家庭总收入都高于非外流家庭,且在 5% 的显著性水平上显著。而在吴粤区,没有劳动力外流的家庭总收入反而较高,但是这种差异性在统计上并不显著,同时,由于吴粤区本身就是劳动力流入的大区,选择非农就业的农户本身并不需要转移[2],并且有些农户可以兼顾农业和非农业,收入来源更加多元化。

　　从基尼系数的变化来看,无论是整体样本还是各个方言区的分样本,劳动力外流农户之间的收入不平等明显小于没有劳动力外流的农户。从该描述性统计的结果来看,劳动力外流有助于提升农户的整体收入,并且降低农户间的收入不平等程度。但是值得注意的是,这个结论的得出并没有控制其他相关变量,比如说农户家庭规模会直接影响到农户的人均收入,这也是本章接下来重点关注的。同时,劳动力外流农户和没有劳动力外流的农户在家庭各个层面的禀赋有很大差异,由此推断是否流动和收入不平等之间的因果

---

① 这种差异性仅在 15% 的显著性水平上显著。
② 农户在就近的城镇打工,但是可以每天回家居住。

关系有很大偏差。因此,在本章接下来的篇幅里,将着重使用面板固定效应模型、基尼系数分解以及倾向得分匹配等方法来综合分析劳动力流动对农户收入和收入差距的影响以及这种影响在不同方言区之间的异质性。

表 5-4　基于劳动力外流与非外流家庭的收入与收入不平等比较

区域	家庭类型	家庭总收入/元	基尼系数
整体样本	劳动力外流家庭	62596	0.35
	非外流家庭	61143	0.45
	差值	1452	−0.10
官话区	劳动力外流家庭	59850	0.34
	非外流家庭	58078	0.43
	差值	1772**	−0.09
吴粤区	劳动力外流家庭	102424	0.48
	非外流家庭	113824	0.58
	差值	−11400	−0.10
其他方言区	劳动力外流家庭	63430	0.35
	非外流家庭	60152	0.47
	差值	3277**	−0.12

注:*** 1%,** 5%,* 10%。

第四节　模型与主要结果分析

一、劳动力外流对农户收入的影响

为了研究劳动力外流对家庭收入的影响,一般的做法是引入混合截面回归模型,其表达式为:

$$\ln Y_i = \alpha M_i + \beta D_i + \gamma X_i + \varepsilon_i \tag{5.1}$$

其中,因变量为家庭 i 人均收入 Y_i 的对数形式;主要的自变量 M_i 为农户家庭是否有劳动力外流的虚拟变量;D_i 为方言变量,用来观测不同方言区的异质性；X_i 为其他控制变量；ε_i 为误差项，包含其他不可观测因素和一些随机因素。然而仅仅使用该模型进行估计，得到的结果很有可能是有偏的，原因在于劳动力外流变量 M_i 很有可能是内生的。这种内生性主要来自两种可能性：其一，M_i 可能与随机误差项 ε_i 中的某些会影响家庭收入的不可观测变量相关；其二，劳动力外流变量 M_i 与家庭人均收入变量 Y_i 存在反向因果关系，家庭收入的高低本身也会影响农户的外流行为，这就使得通过 OLS 估计的效应可能有偏误。

为了克服可能存在的内生性问题，本章主要采取两种策略。第一种策略得益于本章的面板数据类型，因此可以使用个人固定效应模型控制那些不随时间改变但又可能影响劳动力外流和家庭收入的因果推断的因素，其方程式为：

$$\ln Y_{it} = \alpha M_{it} + \gamma X_{it} + \varphi_i + \varepsilon_{it} \tag{5.2}$$

(5.1)式和(5.2)式最大的不同在于(5.2)式考虑了时间层面的变化，并且加入了家庭层面的固定效应 φ_i。如上所述，该策略可以控制那些不随时间变化的因素可能造成的影响，同时由于方言变量 D_i 不随时间改变，所以也会在估计中被剔除，无法得到相关系数，因此本章对几个方言区分别进行了估计，以此观察其异质性。值得注意的是，该策略对于那些不随时间变化的因素可能造成的影响仍旧无法排除，同时也没有办法解决劳动力流动与家庭人均收入的反向因果问题，也就是说，家庭劳动力外流本身也是受到农户收入禀赋的影响的。这种影响可能从两个不同的方向产生作用。第一种为正向选择，即本身越富裕的农户越会倾向于选择转移出去，很多文献都对此进行了验证(Black et al.，2015；Howell，2017；Hua & Yin，2017)。而另一种为反向选择，即贫困的农户更加倾向于外流，如果假说1正确，那么应该观察到反向选择的情况。

因此，本章又同时采用了第二种估计策略，引入有效的工具变量消除可能的内生性问题。对于固定效应模型的估计，需要有随时间而变化的工具变量才可以得到无偏的 FE-IV 估计值(Antman，2011)。已有大量文献指出，村级层面的社会网络会影响农户的外出行为(Atamanov & Van den Berg，2012；Rozelle et al.，1999；Taylor et al.，2003)，因此本章采用村级层面移民网络作为工具变量。由于缺少村级层面的移民数据，我们借鉴 Atamanov 和 Van den Berg (2012)的做法，针对每个家庭，将样本内家庭所属村庄的移民人数(不考虑该家庭本身的移民人数)占总人数的比例作为村外出比例的代理变量。

通过该方法进行估计的第一阶段方程如下：

$$M_{it} = \pi Z_{it} + \varphi X_{it} + \mu_{it} \tag{5.3}$$

其中，Z_{it} 代表工具变量村级层面移民比例，该工具变量的有效性建立在满足排他性条件的基础之上，即村级移民比例只通过影响家庭层面的劳动力外流进而影响家庭人均收入，而没有其他任何途径可以对家庭人均收入施加影响。

表 5-5 列出了在混合截面回归的情况下劳动力外流对家庭人均收入的影响。这些模型控制了村级层次的固定效应。模型 1 采用了 OLS 进行估计，结果显示有劳动力流出的家庭人均收入比没有劳动力流出的家庭高 6%（$e^{0.061}$ −1），同时官话区和吴粤区的家庭人均收入也比其他方言区高，这说明这两大语言区的经济发展状况更好，这与现实和理论吻合。其他控制变量的符号和大小也符合预期，比如男性劳动力越多、劳动力越年轻、受教育程度越高则家庭的人均收入越高。模型 2 为采用工具变量后的估计结果，结果显示家庭劳动力外流变量的系数显著增加，有劳动力外流的家庭比没有劳动力外流的家庭人均收入高 50%（$e^{0.403}$ −1）。方言区变量的系数变化不大，而其他控制变量的结果也基本与模型 1 一致。

在模型 1 和 2 的基础上，模型 3 和 4 加入了家庭劳动力外流和方言区变量的交叉项，由此可以进一步分析不同方言区之间劳动力流动对收入影响的异质性。其中模型 3 采用了 OLS 估计，而模型 4 采用了工具变量进行估计。由于篇幅所限，重点关注模型 4。其结果显示，官话区的劳动力外流对家庭人均收入的提升作用最为显著，高达 175%（$e^{1.013}$ −1）。而吴粤区和其他方言区，劳动力外流也提升了家庭人均收入，其作用分别为 68%（$e^{1.013-0.497}$ −1）和 2%（$e^{1.013-0.497\times2}$ −1）。

表 5-5　混合回归：家庭劳动力外流对家庭收入的影响

变量	模型 1	模型 2	模型 3	模型 4
	OLS	IV	OLS	IV
交叉项			−0.019*** (0.01)	−0.497*** (0.09)
家庭劳动力外流	0.061*** (0.01)	0.403*** (0.06)	0.089*** (0.01)	1.013*** (0.18)

续表

变量		模型 1	模型 2	模型 3	模型 4
		OLS	IV	OLS	IV
方言区（参照组：其他方言区）	官话区	0.627*** (0.08)	0.692*** (0.08)	0.606*** (0.08)	0.137 (0.12)
	吴粤区	0.481*** (0.07)	0.450*** (0.07)	0.471*** (0.07)	0.204** (0.09)
家庭劳动力数量		0.043*** (0.00)	0.027*** (0.01)	0.043*** (0.00)	0.037*** (0.00)
家庭规模		−0.083*** (0.00)	−0.095*** (0.00)	−0.083*** (0.00)	−0.091*** (0.00)
劳动力平均年龄		−0.003*** (0.00)	−0.001** (0.00)	−0.003*** (0.00)	−0.001*** (0.00)
劳动力平均受教育程度		0.038*** (0.00)	0.036*** (0.00)	0.038*** (0.00)	0.039*** (0.00)
女性劳动力比例		−0.185*** (0.01)	−0.164*** (0.01)	−0.185*** (0.01)	−0.164*** (0.01)
抚养比		−0.397*** (0.02)	−0.301*** (0.03)	−0.396*** (0.02)	−0.322*** (0.03)
人均耕地面积		0.001*** (0.00)	0.001* (0.00)	0.001*** (0.00)	0.001* (0.00)
时间效应		0.104*** (0.00)	0.105*** (0.00)	0.104*** (0.00)	0.101*** (0.00)
村固定效应		控制	控制	控制	控制
常数项		−199.899*** (4.20)	−201.937*** (4.41)	−199.569*** (4.20)	−192.784*** (4.70)
N		52475	52475	52475	52475

续表

变量	模型 1	模型 2	模型 3	模型 4
	OLS	IV	OLS	IV
R^2	0.428	0.384	0.429	0.348
调整后的 R^2	0.424	0.380	0.424	0.343
F	105.553		105.308	

注:*** 1%,** 5%,* 10%;括号内为标准误。

上述统计结果都建立在混合截面回归的基础之上,表 5-6 控制了家庭固定效应,采用面板固定效应模型进行估计,其结果与表 5-5 的 OLS 估计结果较为接近,在此不做赘述。

表 5-6 面板固定效应模型:家庭劳动力外流对家庭收入的影响

变量	模型 1	模型 2	模型 3	模型 4
	全样本	官话区	吴粤区	其他方言区
家庭劳动力外流	0.109*** (0.01)	0.123*** (0.01)	0.104*** (0.04)	0.059*** (0.02)
家庭劳动力数量	0.015** (0.01)	0.009 (0.01)	0.111*** (0.04)	0.021 (0.01)
家庭规模	−0.050*** (0.01)	−0.050*** (0.01)	−0.124*** (0.05)	−0.043*** (0.02)
劳动力平均年龄	0.023*** (0.00)	0.023*** (0.00)	0.019*** (0.01)	0.023*** (0.00)
劳动力平均受教育程度	0.026*** (0.00)	0.025*** (0.00)	0.012 (0.02)	0.034*** (0.01)
女性劳动力比例	−0.092*** (0.03)	−0.094*** (0.03)	0.270** (0.14)	−0.152*** (0.05)
抚养比	−0.609*** (0.04)	−0.614*** (0.05)	−0.324 (0.20)	−0.625*** (0.09)

续表

变量	模型 1	模型 2	模型 3	模型 4
	全样本	官话区	吴粤区	其他方言区
人均耕地面积	0.000 (0.00)	0.000 (0.00)	−0.004** (0.00)	0.001** (0.00)
常数项	8.511*** (0.08)	8.515*** (0.09)	8.912*** (0.40)	8.444*** (0.15)
N	52475	39541	2459	10475
R^2	0.074	0.072	0.065	0.090
调整后的 R^2	0.073	0.072	0.062	0.089
F	179.718	129.831	7.996	49.231

注:*** 1%,** 5%,* 10%;括号内为标准误。

表 5-7 在面板数据基础上进一步使用了工具变量,获得了 FE-IV 估计结果,在最大程度上消解了可能存在的内生性问题。但由于方言变量不随时间变化,因此无法直接获得估计结果,因此本章针对三个方言区分别进行了估计。表 5-8 首先汇报了第一阶段结果,符合预期。

表 5-7   FE-IV 模型:家庭劳动力外流对家庭收入的影响

变量	模型 1	模型 2	模型 3	模型 4
	全样本	官话区	吴粤区	其他方言区
家庭劳动力外流	0.428*** (0.04)	0.461*** (0.05)	0.007 (0.22)	0.335** (0.15)
家庭劳动力数量	0.005 (0.01)	0.001 (0.01)	0.113*** (0.03)	0.003 (0.02)
家庭规模	−0.057*** (0.01)	−0.061*** (0.01)	−0.121*** (0.04)	−0.036** (0.02)
劳动力平均年龄	0.025*** (0.00)	0.025*** (0.00)	0.018*** (0.01)	0.026*** (0.00)
劳动力平均受教育程度	0.022*** (0.00)	0.021*** (0.00)	0.013 (0.01)	0.030*** (0.01)

变量	模型 1	模型 2	模型 3	模型 4
	全样本	官话区	吴粤区	其他方言区
女性劳动力比例	−0.090***	−0.088***	0.272**	−0.163***
	(0.02)	(0.03)	(0.12)	(0.05)
抚养比	−0.567***	−0.557***	−0.334*	−0.637***
	(0.04)	(0.05)	(0.19)	(0.08)
人均耕地面积	0.000	0.000	−0.004	0.001**
	(0.00)	(0.00)	(0.00)	(0.00)
N	50150	37888	2282	9980
R^2	0.004	−0.002	0.060	0.025
调整后的 R^2	−0.412	−0.419	−0.374	−0.388
F	193.540	140.456	8.366	53.697

注：*** 1%，** 5%，* 10%；括号内为标准误。

表 5-8　固定效应工具变量模型第一阶段回归结果

变量	模型 1	模型 2	模型 3	模型 4
村级外出劳动力比例	6.763***	7.672***	6.285***	3.587***
	(0.55)	(0.39)	(1.02)	(1.08)
家庭劳动力数量	0.032***	0.023***	0.021	0.066***
	(0.01)	(0.01)	(0.02)	(0.01)
家庭规模	0.023***	0.032***	0.026	−0.020
	(0.01)	(0.01)	(0.02)	(0.01)
劳动力平均年龄	−0.006***	−0.005***	−0.004	−0.010***
	(0.00)	(0.00)	(0.00)	(0.00)
劳动力平均受教育程度	0.012***	0.010***	0.013	0.016***
	(0.00)	(0.00)	(0.01)	(0.01)
女性劳动力比例	−0.001	−0.018	0.029	0.048
	(0.02)	(0.02)	(0.08)	(0.04)

续表

变量	模型 1	模型 2	模型 3	模型 4
抚养比	−0.101***	−0.132***	−0.099	0.043
	(0.03)	(0.04)	(0.13)	(0.08)
人均耕地面积	−0.000*	−0.000*	−0.000	−0.000
	(0.00)	(0.00)	(0.00)	(0.00)
常数项	0.181***	0.139**	0.041	0.518***
	(0.06)	(0.06)	(0.22)	(0.14)
N	52476	39542	2459	10475
R^2	0.044	0.049	0.042	0.036
调整后的 R^2	0.044	0.049	0.039	0.035
F	61.312	77.143	7.075	14.942

注:*** 1%,** 5%,* 10%;括号内为标准误。

　　表 5-7 中的模型 1 结果显示,从整体上来说,劳动力外流家庭比没有劳动力外流家庭人均收入高了 53%($e^{0.428}-1$),与表 5-5 模型 2 的结果非常接近。而从不同方言区来看,官话区依旧是影响最大的区域,但是从系数大小来看,与表 5-5 结果差距较大。在官话区,劳动力外流能够提升家庭人均收入 59%($e^{0.461}-1$),其他方言区为 40%($e^{0.335}-1$),而吴粤区的影响并不显著。对比表 5-5 和表 5-7,表 5-7 的结果应该更为准确,原因有二:其一,表 5-5 的结果虽然解决了劳动力外流变量的内生性问题,但是由于方言变量本身可能是内生的,交叉变量的内生性问题依旧存在,这使得估计结果可能并不准确。而表 5-7 对不同的方言区进行回归,并控制了其他不随时间变化的因素的影响,结果更为可靠。其二,表 5-7 结果与前面的描述性结果一致,在一定程度上反映了吴粤区本身就是劳动力流入的主要区域,因此对于本区的劳动力而言,从农业转向非农业,并不一定需要"外流"。至此,假说 1 得到验证。

　　另外还值得注意的是,前文提到了劳动力外流与家庭收入的双向选择问题,大多数文献认为劳动力流动对于家庭收入是正向选择,即越富裕的家庭越会选择外出务工,这是因为贫困农户在一定程度上无法解决外出的成本(比如交通成本)问题,在这种情况下,OLS 估计的系数应该是偏高的,而 IV 估计值会进行修正,进而其数值也比 OLS 小。然而,从本章的结果来看,无论是混合界面和还是面板固定效应模型，IV 估计值都比 OLS 估计值大很多，这在一定程度上反映了目前中国农村的劳动力外流，已经从"正向选择"逐渐过渡到"反向选择"，随着已有的一部分农户转移出去，剩下的农户中越是贫困的农户越是希望通过转移提高收入，改变自身生活现状，这也从一个侧面为下文即将验证的第二个假说提供了证据。

二、劳动力外流与农户收入差距：方言差异性视角

上述章节论述了劳动力外流对于家庭收入的影响以及这种影响在不同方言区之间的异质性。而本小节则使用基尼系数分解方法来分析劳动力外流对于农户之间的收入差距有何影响。

假设 Y_i 是农户 i 的家庭总收入，其中 $i = 1, 2, \cdots, n$，Y_{ik} 是农户 i 来源于途径 k 的收入，其中很显然可以得到 $Y_i = \sum_{k=1}^{K} Y_{ik}$。进一步假定整个样本中农户总收入的分布为 $Y = (Y_1, Y_2, \cdots, Y_n)$，不同收入来源的分布为 $Y = (Y_{1k}, Y_{2k}, \cdots, Y_{nk})$。由此，在 Shorrocks（1982）以及 Lerman 和 Yitzhaki（1985）的基础之上，可以将总的收入不平等 G，按照下式分解：

$$G = \sum_{k=1}^{K} S_k G_k R_k \tag{5.4}$$

其中，S_k 代表总收入中收入来源为 k 的收入比例；G_k 是来自于途径 k 的收入分布的基尼系数；R_k 是途径 k 收入分布和总的收入分布的基尼相关性，其定义为 $R_k = \mathrm{cov}\{Y_k, F(Y)\} / \mathrm{cov}\{Y_k, F(Y_k)\}$，其中，$F(Y)$ 和 $F(Y_k)$ 为总收入和途径 k 收入的累积分布。

如果来源于某一途径的收入所占比例很大，它很有可能对收入不平等有较大影响。但是如果收入是相对平均地被分配，比如说 $G_k = 0$，那么即使它所占比重很大，也不会影响收入差距。同时，如果 S_k 和 G_k 都非常大，那么它也既有可能加剧不平等也有可能减少不平等。这取决于哪一个收入段的人能从中受益，如果处于收入顶端的人从中获益更多，那么它会加剧收入不平等；反之如果处于收入底端的人从中获益更多，则会有助于减小收入不平等。

按照这样的逻辑，本章做了相关的基尼系数分解，其结果如表 5.9 所示。在所有收入来源中，家庭经营收入所占比重最大，为 52%，劳动力外流

获得的收入其次，为34％，但是来自劳动力外流的收入的分配情况最为不平等。本章最为关心的是每个收入来源的弹性，表5.9的最后一列显示，家庭经营收入的弹性为0.12，这就意味着家庭经营收入的增加会加剧农户之间的收入不平等。同时其他收入也会在一定程度上加剧农户之间收入的不平等，但是程度相对较小，弹性为0.02。然而劳动力外流收入的弹性为－0.14，意味着劳动力外流收入的增加会减缓农户间的收入不平等，这与López-Feldman和Alejandro（2006）文中的案例相似，但是与Scharf和Rahut（2014）对于喜马拉雅地区的研究结论相反，同时与国内一些文献的研究结论也有不同，他们都得出了非农收入会在一定程度上加剧农户之间的收入不平等的结论。对此，本章进一步强调，诚如在假设中所提到的，以往的研究得出农户非农收入加剧收入分化的结论是基于一个事实判断，即很大一部分农户无法承担劳动力外流所需要付出的成本，比如说交通成本等，这就使得富裕农户先一步转移出去，并且进一步提升了收入，农户之间的收入差距逐渐拉大，上述喜马拉雅地区的研究也是这个道理。而从中国目前的发展水平来看，交通成本对于农户的限制已经越来越小，越是贫穷的农户越是希望通过转移提升收入，这一点上一小节也作了佐证，而随着处于收入底端的农户逐渐转移，劳动力流动自然会使农户间的收入差距逐渐减小。

表 5-9　基尼系数分解结果

收入来源	$S_k/\%$	G_k	R_k	贡献度	弹性
家庭（农业）经营收入	52	0.65	0.76	0.64	0.12
劳动力外流收入	34	0.71	0.33	0.20	－0.14
其他收入	13	1.88	0.25	0.15	0.02
总收入		0.40			

　　为了进一步探究上述结论在不同方言区之间是否成立，以及不同方言区之间是否存在异质性，本章进一步对不同的方言区做了基尼系数分解。表5-10的结果显示，S_k，G_k，R_k的系数与总体样本趋势基本一致。由于篇幅所限，本章重点关注其弹性的变化。三个方言区的劳动力外流收入弹性皆为负数，这说明在不同的方言区，随着收入位于底端的农户逐渐转移，劳动力外流的收入都会在一定程度上弱化农户之间的收入差距。同时值得注意的是，其他方言区的弹性（－0.14）相对于官话区和吴粤区稍高一些，这就说明随着其他方言

区的贫穷农户转移到非农部门,对于收入不平等的削减作用会更加明显。另外,与整体样本一致,在不同方言区农户经营收入会在一定程度上扩大农户的收入差距。与之不同的是,其他收入在吴粤区和其他方言区会减弱农户之间的收入不平等。至此,假说2得到验证。

表 5-10　不同方言区基尼系数分解结果

收入来源	官话区				
	$S_k(\%)$	G_k	R_k	贡献度	弹性
家庭(农业)经营收入	53	0.61	0.74	0.63	0.10
劳动力外流收入	35	0.74	0.32	0.22	−0.13
其他收入	12	2.20	0.22	0.15	0.03
总收入		0.38			

收入来源	吴语粤语区				
	$S_k/\%$	G_k	R_k	贡献度	弹性
家庭(农业)经营收入	59	0.84	0.87	0.76	0.18
劳动力外流收入	21	0.67	0.33	0.08	−0.13
其他收入	21	0.94	0.46	0.16	−0.05
总收入		0.56			

收入来源	其他方言区				
	$S_k/\%$	G_k	R_k	贡献度	弹性
家庭(农业)经营收入	48	0.69	0.75	0.65	0.16
劳动力外流收入	38	0.61	0.40	0.24	−0.14
其他收入	14	1.44	0.23	0.12	−0.02
总收入		0.39			

三、劳动力外流对村级收入不平等的影响

上一小节的分析揭示了劳动力流动弱化了农户之间的收入不平等,但是另一个值得关注的问题还没有得到解决:劳动力的外流会怎样影响村级收入不平等?尽管从整体上而言,农户之间的收入不平等减少,但是村和村之间的经济发展状况不尽相同,劳动力外流也有可能在一定程度上拉大跨村的收

入不平等。

为了更好地研究这个问题，本章参考了 Kung 和 Lee（2001）的研究思路，运用了以下模型：

$$\text{Vgini} = \beta_0 + \beta_1 R + \beta_2 \text{var}_{\text{labour}} + \beta_3 \text{var}_{\text{size}} + \beta_4 \text{var}_{\text{age}} + \beta_5 \text{var}_{\text{edu}} +$$
$$\beta_6 \text{var}_{\text{female}} + \beta_7 \text{var}_{\text{dependent}} + \beta_8 \text{var}_{\text{land}} + \mu \qquad (5.5)$$

其中，Vgini 为因变量，代表每个村的基尼系数；R 是主要的自变量，代表样本村庄的劳动力外出比例；β_1 是主要关注的系数。另外，对模型 1 和 2 中的控制变量都取了村级层面的方差，作为本模型的控制变量，其中包括劳动力数量、家庭规模、劳动力平均年龄、平均受教育程度、女性劳动力比例、抚养比以及人均耕地面积。

表 5-11　混合回归：劳动力外流对村级收入不平等的影响

变量	模型 1	模型 2	模型 3	模型 3
	总样本	官话区	吴粤区	其他方言区
村级外出劳动力比例	−0.286***	−0.353***	−0.219**	−0.233***
	(0.02)	(0.02)	(0.10)	(0.03)
家庭劳动力数量方差	0.135***	0.173***	0.096***	−0.048***
	(0.01)	(0.01)	(0.03)	(0.01)
家庭规模方差	0.027***	−0.007	0.072**	0.183***
	(0.00)	(0.01)	(0.03)	(0.01)
劳动力平均年龄方差	0.075***	0.072***	0.028**	0.086***
	(0.00)	(0.00)	(0.01)	(0.00)
劳动力平均受教育程度方差	0.065***	0.061***	0.367***	−0.004
	(0.00)	(0.00)	(0.02)	(0.01)
女性劳动力比例方差	0.084***	0.069***	−0.469***	0.192***
	(0.01)	(0.01)	(0.08)	(0.02)
抚养比方差	−0.001	0.092***	−0.265***	0.095***
	(0.01)	(0.01)	(0.06)	(0.02)
人均耕地面积方差	−0.003***	−0.001	−0.088***	−0.007***
	(0.00)	(0.00)	(0.01)	(0.00)

续表

变量	模型 1	模型 2	模型 3	模型 3
	总样本	官话区	吴粤区	其他方言区
常数项	−0.183*** (0.01)	−0.203*** (0.01)	0.010 (0.06)	−0.211*** (0.02)
N	52466	39537	2455	10474
R^2	0.097	0.107	0.297	0.161
调整后的 R^2	0.097	0.107	0.294	0.161
F	707.432	590.553	128.909	251.458

注:*** 1%,** 5%,* 10%;括号内为标准误。

表 5-11 和表 5-12 为上述模型的主要估计结果,其中表 5-11 采用 OLS 进行估计,而表 5-12 采用面板固定效应模型进行估计,消除了村级不随时间变化的变量可能存在的影响。从表 5-11 的结果来看,劳动力外流对于减少跨村的收入不平等也有很大的成效,1% 的人口流出能够减少村域不平等 28.6%。当进一步使用面板固定效应模型进行估计时,这一消解作用降为 20.5%(见表 5-12)。这说明了随着富裕村落的劳动力流动空间逐渐饱和,低收入村落具有一定的“后发优势”,这些村落劳动力流动逐渐流出将会在一定程度上减小村落之间的收入不平等。其他控制变量的估计结果也与预期相符合。

表 5-12　面板固定效应:劳动力外流对村级收入不平等的影响

变量	模型 1	模型 2	模型 3	模型 3
	总样本	官话区	吴粤区	其他方言区
村级外出劳动力比例	−0.205*** (0.04)	−0.263*** (0.04)	1.707*** (0.17)	−0.789*** (0.10)
家庭劳动力数量方差	0.050*** (0.01)	0.033*** (0.01)	0.106*** (0.03)	0.194*** (0.02)
家庭规模方差	0.080*** (0.01)	0.118*** (0.01)	0.019 (0.02)	−0.060*** (0.02)
劳动力平均年龄方差	0.037*** (0.00)	0.029*** (0.00)	0.097*** (0.01)	0.047*** (0.01)

续表

变量	模型 1	模型 2	模型 3	模型 3
	总样本	官话区	吴粤区	其他方言区
劳动力平均受教育程度方差	−0.045*** (0.01)	−0.057*** (0.01)	−0.245*** (0.03)	0.059*** (0.01)
女性劳动力比例方差	−0.018 (0.01)	0.021 (0.01)	−0.700*** (0.11)	−0.057 (0.04)
抚养比方差	−0.060*** (0.02)	−0.235*** (0.03)	0.949*** (0.09)	0.143*** (0.03)
人均耕地面积方差	−0.003*** (0.00)	−0.002*** (0.00)	0.007** (0.00)	−0.006*** (0.00)
常数项	0.163*** (0.02)	0.226*** (0.02)	0.184** (0.08)	−0.027 (0.05)
N	52466	39537	2455	10474
R^2	0.025	0.032	0.253	0.077
调整后的 R^2	0.024	0.032	0.250	0.076
F	63.480	56.838	54.526	34.882

注:*** 1%,** 5%,* 10%;括号内为标准误。

从不同方言区的异质性来看,表 5-11 结果显示官话区对于不平等消解作用最为显著,为 35.3%;其次是其他方言区,为 23.3%;而吴粤区劳动力外流对于村域不平等的消解作用最小,为 21.9%。但是当不随时间变化的因素被控制后,表 5-12 结果显示有很大不同,其他方言区是劳动力外流对于村域收入不平等消解作用最大的区域,达到 78.9%;官话区次之,为 26.3%。这一点与上述对于农户之间收入不平等的分析一致。令人惊讶的是,吴粤区劳动力流动对于村之间的收入不平等不仅没有消解作用,甚至有很强的扩大作用,其原因主要有两点:其一,考虑到观察值个数问题,本章将吴语粤语区归为一类,但事实上两个语言区村与村之间经济发展状况的差异性本来就很大;其二,之前也有提及,吴粤区尤其是吴语区本身就是劳动力流入的主要地区,因此劳动力外流并不会给低收入农户带来太大的收益。

至此可以大致得出本章的主要结论,由于低收入农户的"后发优势",家庭劳动力的外流会在一定程度上缩小农户之间的收入差距,同时也会缩小村与村之间的收入差距(吴粤区除外),并且这种消解作用对于其他方言区域是最大的,因此假说 3 也得到验证。

四、模拟与稳健性检验

为了验证上述结论是稳健的,本章借助倾向得分匹配方法(PSM)构建一个反事实收入分布,来看原分布与反事实分布(如果样本中所有劳动力选择流出)之间不平等指数的差异性,具体做法如下。

首先,将样本分为两个组,一组为劳动力外流组,将其视为控制组;另一组为劳动力不外流组,将其视为处理组,以此生成"处理"虚拟变量:

$$D_i = \begin{Bmatrix} 0 & \text{如果样本个体来自控制组} \\ 1 & \text{如果样本个体来自处理组} \end{Bmatrix}, i=1,2,\cdots,n \qquad (5.6)$$

其次,以 D_i 为被解释变量,构建劳动力外流决定方程(logit 模型),考察在每一个组合样本中,各类因素如何影响个体作出迁移决策。

再次,利用上述得到的选择概率的拟合值作为倾向得分,个体收入 Y 作为结果变量,选择有放回的"近邻匹配方法"(近邻数 $k=3$),进行倾向得分匹配,从控制组(劳动力外流组)中选择与处理组(非劳动力外流组)匹配的收入样本,构成匹配群组收入,即处理组的没有劳动力流动的家庭如果至少有一个劳动力流出的"反事实"收入。

最后,将匹配组样本收入(反事实收入)与控制组(劳动力外流组)的样本收入合并为一个完整的收入分布 $Y*$。这个分布表示当原收入分布中的所有家庭全都有劳动力流出时的"反事实"收入分布。由此可以比较两个分布不平等系数的变化。

表 5-13 列出了原收入分布与反事实收入分布基尼系数的变化。对于整体样本而言,如果所有家庭均有劳动力流出,基尼系数由 0.40 下降到 0.35,下降了 12.5％。针对不同的方言区而言,其他方言区的变化幅度最大,基尼系数由原收入分布的 0.39 下降到 0.34,下降幅度为 12.8％,这也与本章之前的结论吻合,即劳动力外流对于其他方言区的收入不平等消解作用最大。另外,吴粤区和官话区基尼系数也有所下降,下降幅度分别为 12.5％和 10.5％。

表 5-13 反事实模拟:基尼系数的变化

区域	原收入分布	反事实收入分布	绝对变化	相对变化/%
整体样本	0.40	0.35	−0.05	−12.5
官话区	0.38	0.34	−0.04	−10.5
吴粤区	0.56	0.49	−0.07	−12.5
其他方言区	0.39	0.34	−0.05	−12.8

表 5-14 进一步列出了原收入分布与反事实收入分布广义熵指数[①]GE(0)的变化。广义熵指数与基尼系数从数值上来看没有直接可比性,但是广义熵指数的优势在于可以进一步分解为组内不平等和组间不平等。因此,本章进一步将"村"作为分解变量,将广义熵指数进一步分解为村内的不平等和村之间的不平等。结果显示无论从整体层面还是不同方言区层面来看,劳动力流动都使 GE(0)指数下降,并且三个方言区中其他方言区相对下降最多。同时从组内不平等指数和组间不平等指数的变化来看,也都有不同程度的下降,这说明劳动力外流使得村内不平等和村之间的不平等都有了不同程度的下降。表 5-13 和表 5-14 的结果进一步保证了本章结论的稳健性。

表 5-14 基于方言区和村级层面的 GE(0)不平等指数分解

分类	原收入分布			反事实收入分布			相对变化/%
	GE(0)	组内	组间	GE(0)	组内	组间	GE(0)
村级层面(整体)	0.29	0.19	0.10	0.21	0.13	0.08	−27.8
村级层面-官话区	0.26	0.18	0.08	0.19	0.13	0.06	−26.9
村级层面-吴粤区	0.52	0.30	0.22	0.39	0.20	0.19	−25.0
村级层面-其他方言区	0.29	0.18	0.11	0.21	0.13	0.08	−27.6

---

① 广义熵指数一般形式为 $E_\alpha(Y) = \frac{1}{\alpha^2 - \alpha} \int \left(\left(\frac{y}{u_Y} \right)^\alpha - 1 \right) f(y) \mathrm{d}y$,这里使用的是和对数偏差均值指数(mean logarithmic deviation),$E_0(Y) = \int \log \left(\frac{y}{u_Y} \right) f(y) \mathrm{d}y$。

第五节　总结和讨论

由农村流向城镇地区的人口迁移大潮已经逐渐改变了中国传统的城乡二元结构,对于农村地区的人口来说,既是机遇,也是挑战。很多研究对于城乡之间故事的解读已经让我们意识到城乡之间的收入差距鸿沟,然而农村内部本身的收入以及收入差距问题却容易被忽视,在浩瀚迁移大潮的"风云搅动"下,这个问题也变得愈加复杂,也更亟须不同视角的研究探析一二,本章试图在这个问题上作出系统性的分析。

利用中国农业农村部农村经济研究中心全国农村固定观察点 2011—2014 年的数据,本章研究了农村劳动力外流如何对农村家庭的收入、农户之间的收入差距以及村域之间的收入不平等施加影响。同时基于不同的文化背景,以及不同的经济社会发展环境,本章探究了这种影响在不同方言区之间的异质性。这种区分既考虑了不同方言区域的经济社会条件,同时也考量了在方言背后的文化因素。

据此,本章主要验证了三个假说,得出以下结论:(1)农村劳动力外流提升了农村家庭整体的收入水平。而这种作用在官话区最为显著,在吴粤区影响最为微弱。这一方面从侧面印证了方言作为一种文化因素在非农就业中的身份认同作用,另一方面也与吴粤区作为劳动力流动流入主要地区农户收入本身较高的现实吻合。(2)农村劳动力外流已经由前期的"流动成本限制"过渡到低收入农户的"后发优势",随着越来越多的低收入农户开始流出,农户之间的收入差距逐渐减小。这同时也意味着农户外流和收入之间的关系已经由"正向选择"向"反向选择"逐渐转移。本章的一系列实证都验证了该假说,并且发现该作用在吴粤区影响最为微弱,而在其他方言区更为显著。(3)与劳动力外流对于农户之间收入差距的影响类似,随着低收入村落的低收入农户逐渐转移到非农部门,低收入村落通过"后发优势"也正在逐渐缩小和高收入村落的收入差距,同时这种作用在官话区和其他方言区更为显著。当然,由于数据的有限性,本章对于方言区异质性背后的机制探究依旧有很大的拓展空间,这也是后续的研究可以关注的。

本章在一定程度上揭示了劳动力流动的"后发优势"新阶段,随着低收入农户逐渐转移出农业生产,政府部门应该从以下几点入手最大限度地强化其正面作用。

一是政府应该尊重农户意愿,不应该为了保证粮食的增产和农业的可持续发展而限制农户,尤其是限制低收入农户转移出农业。农业人口的减少是城镇化过程中的必然现象,政府应该在如何提高农业生产率方面多下功夫,比如有针对性地推动不同地区的农业机械化进程,从而让更多的农业劳动力能够从农业生产中释放出来。

二是政府应该意识到低收入农户的流出对于减少农村贫困和缩小农村地区收入差距的重要性,制定相关的针对性政策支持和保护低收入农户的利益。从一方面来说,政府可以提供资金性支持项目或者低息贷款项目,支持那些想要从农业中转移出来但是无法提供初期转移成本的贫困农户,保障他们能够获得非农就业的机会。从另一方面来说,政府应该为农户尤其是低收入低技能的农户提供一些就业培训项目,帮助提升他们的职业技能,增加他们在城镇地区就业的优势。同时,应该深化户籍制度改革,保障农民工和本地劳动力在社会福利、子女教育、医疗卫生等方面服务的均等化,免除农民工非农就业的后顾之忧。

三是政府应该关注来自不同方言区域的农民工的异质性。对于来自其他方言区的农户予以重点支持,比如说针对部分普通话能力较弱的农民工,提供免费的普通话培训项目,以增加其在就业市场的优势。同时,针对部分有特殊需求的农户,可以开展流入地的方言培训项目,增强不同方言区之间的身份认同,最大程度地保障弱势农民工的利益,为弱势群体依靠自身努力取得成功创造条件。

第六章　教育和职业培训对农村收入增长和不平等的影响研究[①]

第一节　引言

近年来关于农民工的收入问题引发各界越来越多的关注,一方面是由于近40多年的改革开放促进了中国经济的飞速发展,农民工群体在这个过程中贡献很大。另一方面随着中国经济增长的速度逐渐放缓,中国面临着转型升级的巨大挑战和压力,而随着农民工群体数量逐渐增加,势必还将在新一轮的发展进程中扮演重要的角色,农民工收入能否进一步提升,在一个侧面也反映了进一步深化改革的成效显著与否。《2017年农民工监测调查报告》显示,2017年中国农民工总量达到28652万人,比上年增加481万人,增长1.7%。在农民工总量中,外出农民工17185万人,比上年增加251万人,增长1.5%,增速较上年提高1.2个百分点;本地农民工11467万人,比上年增加230万人,增长2.0%,增速仍快于外出农民工增速。从农民工收入来看,农民工月均收入3485元,比上年增加210元。外出务工农民工月均收入3805元,比上年增加233元,增长6.5%;本地务工农民工月均收入3173元,比上年增加188元,增长6.3%。

农民工工资逐年增加的背后,是中国基础教育的不断提升(Zhang et al.,2002;孙文凯等,2007)。Yue等(2018)的研究回顾了中国改革开放40年农村教育的发展历程,他们发现完成小学教育进入中学学习的儿童数量大幅提

---

① 本文修改版本《基础教育、职业培训与农民工外出收入——基于生命周期的视角》发表在《财经研究》2021年第1期。

升,其中的一个重要原因就在于教育资源的提升,比如 Glewwe 等(2016)的一项针对中国西部地区农村小学的研究发现,为视力较差的学生提供眼镜能够大幅提高他们的成绩,其作用相当于增加半年左右的学校教育。从农民工受教育情况来看,在 2017 年的农民工监测报告中,农民工未上过学的只占了 1%,而接受完义务教育的(包括小学和初中)已经占到 72%。相较于其他发展中国家而言,这个数字已经非常可观。但是从另一方面来看,农村教育和城市教育的鸿沟依旧巨大（Hannum,1999;Zhang,2017;Zhao,1997;吴愈晓,2013）,如果拿农民工的收入与城市居民作比较,也还存在着较大差距（Knight et al. ,2011;Meng & Zhang,2001;Wang & Zuo,1999）,在这背后既有制度性的原因,比如说户口的限制所带来的一系列福利差异（Afridi et al. ,2015;Gersovitz,2016;Song,2014;吴晓刚和张卓妮,2014;周文等,2017）,也有农民工与本地城市劳动力劳动技能的差异（Chan & Ngai,2009;Chan,2010）。而这种技能性的差异,靠基础教育往往并不是最有效的,反而是职业技能培训相较而言更能在短期内产生作用。

为了帮助低技能的农民工更好地融入城市生活,增加他们在就业市场的优势,以保证农业劳动力顺利向非农产业转移,近年来许多地方政府积极在农村举办各种形式的技能培训,然而农村居民参与培训的积极性并不高,王海港等（2009）在他们针对珠江三角洲五个区(市)的调查中发现,仅有不到 13% 的农村劳动力参与了培训。不过近年来,这个趋势有所上升,2017 年的农民工监测报告显示,2016 年接受非农职业技能培训的已经占了 30.6%。但是从这个数字看来,依旧有很大的上升空间。

关于教育和培训对于收入的影响一直以来是劳动经济学关注的焦点。由本章第二节的理论和文献回顾可以看到,大量的文献都已经证实了教育和培训对于增加收入和就业率的作用,但是还很少有文献对两者的作用差异进行比较研究。本章参考了 Hanushek 等(2017)的研究思路,研究了以下问题:在中国,农村的义务教育和非农职业培训分别对农村居民的非农收入有什么差异性的影响?这种影响在不同的就业类型和不同的就业地点有什么异质性?更进一步,教育的投入以及职业培训的开展能否缩小农村居民之间的非农收入差距?

本书的核心假说是:培训对收入具有"即时效应",而教育没有;培训和教育对收入都具有基于生命周期的"长期效应",随着年龄的增加,这种效应呈缓慢上升趋势。值得注意的是,本章对该问题的研究建立在基于出生群组的生命周期视角上,原因主要有两点:其一,培训和教育的投入(尤其是教育),对个人收入的影响是具有长期性的,如果像目前的主流文献一样,将其放在某一个时点进行研究,往往不能得到精确的估计结果;其二,从政策视角来看,以生命周期的视角来进行分析对政策制定者来说更具有现实意义,对政策制定过程而言也更具操作性。政府可以更有针对性地针对不同年龄层次的农民工制定不同的帮扶政策。

本章整体的行文结构如下:接下来的第二节将对教育和培训的相关文献进行回顾,以此归纳出本章的理论背景和基本假说;第三节着重介绍了本章的实证模型,并探讨了实证过程中的几个关键点;第四节对本章的数据进行了详细介绍,并做了初步的描述性统计分析;第五节为相关的实证结果和对于结果的讨论;最后一节进行了总结,并提出了相关的政策建议。

第二节　理论与文献回顾

要回答上述问题,应首先对教育和职业培训对于收入的影响加以区分。目前已有很多文献探讨中国农村教育和收入两者之间的关系,并且基本达成了一致的结论:教育对于提升中国农村劳动力的非农收入具有很大的作用,尽管这种作用相较于城市地区而言依旧有限(Rosenzweig & Zhang,2013)。然而更具体而言,关于教育对农村居民的收入究竟有多大的回报率,目前依旧有着很大的分歧。早期的研究发现,发展中国家的平均教育回报率在10%以上,其他亚洲国家基本在9%以上(Psacharopoulos,1994)。而中国的教育回报率相对低很多,从不同的研究来看中国城市的教育回报率很少会超过5%(Meng & Zhang,2001),而农村地区基本都低于5%(Luan et al.,2015;Parish et al.,2009)。

de Brauw 和 Rozelle(2008b)对这些早期的研究作了系统的回应,试图解释为什么这些研究计算出的中国农村的教育回报率如此之低,并提供了他们认为更为精确的教育回报率(6.3%)。这个估计结果无疑要比之前的文献高一些,并且他们发现,小学之后的教育对于年轻人以及农民工的影响尤为显著。然而,不仅仅是学界对农村教育回报率没有形成共识,就农民工本身而言,也并没有意识到教育的长期作用。de Brauw 和 Giles(2017)针对中国的一项最新研究发现,随着农村居民外出打工的限制逐渐减少,越来越多的农民工会选择中学毕业后结束学业,而不继续进入高中学习。这其中的原因在于外出打工确实能在短期内提升收入,增进农村居民的福祉(de Brauw & Giles,2018;Zhao,1999b;李实,1999;王西玉等,2000;钟笑寒,2006)。但另一方面也反映了两个问题:其一,他们对于真正的教育回报率没有清晰的认识;其二,可能也意味着从长期来看农村和城市居民之间收入不平等的趋势依旧会有所上升。

除了关注教育回报率之外,一些文献开始关注教育扩张对于收入差距和不平等的影响①。比如,Abdullah 等(2015)针对非洲的一项研究发现,教育的投入减少了最高收入者和最低收入者的收入份额,能够显著减少收入不平等,并且中学教育比小学教育能够起到的作用更大。Yang 和 Qiu(2016)则研究了先天能力、义务教育和高等教育对于中国收入不平等和收入代际传递的作用。他们通过政策模拟发现,增加对贫困父母的直接补贴,能够显著增加他们对孩子的教育投入,进而减缓整个社会的收入不平等现状。总结这些文献可以发现,教育投入对于提升收入和缩小收入差距的作用是被不同文献所证实的,然而关于教育回报率的大小问题却一直没有得到一致结论,其中的一个很大原因就是教育需要长期投入,而其对于个人收入发挥作用影响也往往是长期并且持续性的,而反过来,收入的多少又会限制一个家庭的教育投资(Brown & Park,2002)。

相较于教育而言,职业培训的影响则更为"即时",这种影响在针对很多国家的研究中被证实。Attanasio 等(2011)和 Attanasio 等(2017)研究了哥伦比亚一个随机培训项目对于劳动力就业的影响。结果发现无论是短期影响还是长期影响都非常显著,都明显增加了就业率和收入,并且这种影响在男性和女性之间差异不大。Hirshleifer 等(2016)运用一个随机试验研究土耳其职业培训项目的影响,发现培训对于就业的平均影响为正,但是趋近于 0 并且不显著。但是具体来看,培训后第一年对于就业质量的影响显著为正,并且如果培训是由私人公司或者组织提供的,影响会更大,而这种影响在 3 年之后就逐渐消失了。Fitzenberger(2005)以及 Riphahn 和 Zibrowius(2015)研究了德国学徒制和职业培训对劳动力市场表现的影响,他们发现职业培训能够显著提高就业率和劳动力收入水平,这种作用即使是在很差的劳动力

---

① 这些研究议题不仅仅限于中国。

市场环境中也依旧稳健。针对职业培训对劳动力市场影响的其他文献还涉及多米尼加共和国（Card et al.，2011；Ibarraran et al.，2014）、澳大利亚（Fersterer et al.，2008）、美国（Houser，1996；Meer，2007）、瑞典（Hall，2016；Stenberg & Westerlund，2015）等。

　　而从国内的相关文献来看，大多也都强调了职业教育在中国从人口大国迈向人力资源强国过程中的重要作用（辜胜阻等，2015）。最有代表性的是王海港等（2009）的研究，他们利用异质性工具变量模型，估算了在珠江三角洲各地农村普遍实施的职业技能培训的各项处理效应。结果发现参加者的收益不如从村民中随机挑选的村民的平均收益，而随机挑选的不如未参加者如果参加能获得的收益。因此，他们认为目前的这种培训没有充分发挥应有的作用，因为对于已经参加了的人并没有多大帮助，而对于能从培训中获利最多的人参加的可能性却很低。另外，姚洪心和王喜意（2009）的研究也发现了是否参加职业培训对农民收入具有显著的正向影响，进而能够有效地缩小贫困山区的农村收入差距。

　　尽管有大量文献分别对教育和职业培训的作用做了深入的研究，但是能够将两者的作用放在同一个维度进行比较的并不多见，基于中国的研究还凤毛麟角。早期的一些国际文献开始关注常规教育、职业培训和宏观经济发展之间的关系。比如 Krueger 和 Kumar（2004）以及 Bertocchi 和 Spagat（2004）都提出了一个关于教育类型、技术采用和经济增长的异质性理论模型，前者的研究发现：一个着重职业培训的经济体的经济增长速度往往低于着重正常教育的经济体，而且两者之间的差距随着技术的不断发展创新会越来越大。比如说 20 世纪六七十年代，由于技术发展速度缓慢，欧洲一些着重职业教育的国家经济发展良好，但是到八九十年代，随着技术创新速度不断加快，其经济增长速度就大大落后于美国。后者的研究发现一个经济体中，接受职业教育的人口比例与经济增长之间存在着一个倒 U 形的关系，这其实从侧面印证了前者的研究结论。除此之外，部分文献利用特定国家的政策环境变化，对比研究了常规教育和职业教育的异质性影响，比如说 Malamud 和 Pop-Eleches（2010）利用断点回归研究了罗马尼亚 1973 年的教育政策变革（将大量的职业教育学生转向常规教育）的处理效应，结果发现在男性中，受政策影响的个体更不可能选择偏向手工领域的职业，但是从就业率和收入来看与未受政策影响的个体并无显著差异。

　　针对个体微观层面常规教育和职业培训的研究，Hanushek 等（2017）使用 IALS(International Adult Literacy Survey)数据做了一些开创性的工作。该数据提供了 11 个国家的劳动力在不同生命周期教育和职业技能的详尽信息，为他们的实证研究提供了良好的基础。结果发现相对于正规教育而言，职业培训的作用在他们刚刚进入劳动力市场的时候更为显著，然而这种优越性在整个生命周期中随着年龄的增加逐渐减弱。这个结论从侧面反映了教育和培训影响的差异性：职业培训的影响往往具有"即时性""见效快"的特点，而教育的作用需要在一个更为长期的时间才能体现出来。

　　基于以上的文献和理论回顾，本章将使用基于不同年龄组的生命周期视角，系统地比较中国情境下义务教育和非农职业培训对于农村居民外出收入的影响。本章的核心假说是：培训对非农收入具有"即时效应"，而教育没有；培训和教育对非农收入都具有基于生命周期的"长期效应"。同时这种效应在不同职业类型、不同行业和不同地区之间具有异质性。另外，如果上述假说成立，那么在短期来看，非农职业培训的推进相对于义务教育而言，更有利于缩小农村地区的收入不平等。

第三节　模　型

　　本章所感兴趣的是分别估计义务教育和非农职业培训对于外出收入的基于生命周期（出生群组）的影响。由此，借鉴了 Hanushek 等（2017）的研究思路，使用如下基本形式的双重差分模型，使得不同年龄的农民工拥有不同的义务教育和非农培训的效应[①]：

$$\ln y_i = \alpha_0 + \alpha_1 \text{age}_i + \alpha_2 \text{age}_i^2 + \beta_1 M + \beta_2 \text{age} \times M + X_i \gamma + \varepsilon_i \quad (6.1)$$

　　在公式（6.1）中，因变量为农村居民外出打工收入的对数形式；age_i 和 age_i^2 分别是年龄和年龄的平方项；M 可以代表是否完成义务教育和非农职业培训的虚拟变量，如果个体 i 完成了义务教育（或者参加了非农职业培训）则取值为 1，否则取值为 0；X 是有可能影响个人外出收入的其他控制变量，比如性别、个人健康状况以及相关的家庭背景状况；系数 β_1 估计了初始进入劳动

---

　　① 最为理想的数据是基于个人的生命周期数据，但是这样的数据难以获得。而且很多研究指出使用不同年龄组个体数据可以在一定程度上达到替代效果。为了结果的稳健性，本章进一步使用 PSM 方法进行了分析。

力市场的年龄(本章将其标准化至 16 岁)义务教育(职业培训)对提升收入的效应;而系数 β_2 则估计了在整个生命周期中不同年龄的异质性影响。

值得注意的是,β_1 体现了义务教育和非农职业培训对于非农收入的整体效应的估计结果,但并没有精确地估计其实质影响。因为事实上这个系数存在自我选择偏误问题,也就是说完成义务教育的或者参加非农职业培训的本身就是那些收入偏高的群体,而本章(以及其他很多文章)的模型中,X 并没有考虑到所有可能影响这种选择性的变量。这也是目前很多文章估计教育回报率或者培训效应的主要难点。

然而在本章节的研究思路中,着重关注的系数为 β_2。在这个双重差分模型中(将年龄看作时间),β_2 反映了在不同的年龄阶段接受义务教育或者参加非农职业培训的不同影响。当然,如果要将其解释为因果效应,则必须建立在一个很强的假设基础之上:除了 X 之外,影响个体接受义务教育和参加非农职业培训选择的那些因素应该不随时间而改变。换句话,现在的不同教育或者培训背景的老年群体能够很好地代表现在的年轻群体几十年后的状况。这也就意味着,如果观察到义务教育或者非农职业培训的效应基于年龄组发生变化,并且这种变化并没有被 X 所控制住,那么它应该来源于不同教育和培训背景的老年人和年轻人之间不同的不随时间变化的能力(Caucutt & Kumar,2003)。值得注意的是,这个假设跟使用截面数据估计基本 Mincer 收入方程中不同年龄组的效应有相似之处,这一点可以参考 Hanushek、Zhang (2009)和 Heckman 等(2006)。

尽管通过简单的描述性统计,本章发现不同年龄组之间的各项差异基本上无显著性差异[①],但是依然无法保证所有的影响因素都是不随时间而变化的。因此在这个基础之上,本章除了使用固定效应模型作为对照之外,还进一步使用了倾向得分匹配方法,以保证结果的稳健性。其基本的思路是,首先通过倾向得分匹配来筛选出具有相同背景的个体,以减小自我选择偏误。本章使用如下 logit 模型来获得倾向得分的估计:

$$2P_i(M_i = 1 | U_i) = \frac{\exp(U_i\delta)}{1 - \exp(U_i\delta)} \tag{6.2}$$

其中,M 表示处理变量,即完成义务教育或者接受非农职业培训;U 表示年龄、年龄的平方项以及式(6.1)中的其他控制变量 X。接着使用匹配后的样

---

① 由于篇幅所限,没有列出。

本结合上述的双重差分方法进行估计，以此来分析义务教育和非农职业培训对于农村居民外出收入的影响。这个思路与其他文献中使用的 PSM-DID（双重差分倾向得分匹配方法）类似（Stenberg & Westerlund，2015；Stuart et al.，2014）。

$$PSM\text{-}DID = E(Y_{1i}^T - Y_{0i}^T | P(X_{0i}), T=1) -$$
$$E(Y_{1i}^C - Y_{0i}^C | P(X_{0i}), T=0) \tag{6.3}$$

其中，Y_{1i}^T 是处理组（完成义务教育或者接受非农职业培训）的个体 i 在时期 1（本章为年龄）的收入状况，Y_{0i}^T 是对应的处理组的个体 i 在时期 0 的收入状况。Y_{1i}^C 和 Y_{0i}^C 分别是控制组（未完成义务教育或者未接受非农职业培训）的个体 i 在时期 1 和时期 0 的收入状况。T 是一个虚拟变量，1 代表接受处理，0 代表控制组。Glazerman 等（2002）指出，综合利用 PSM 和 DID 方法，能够最大程度地解决选择性偏误问题。在接下来的篇幅中，本章综合比较了几种方法得出估计结果。

第四节　数据、变量及描述性分析

本章所使用的数据来自农业农村部农村固定观察点的年度统计数据，本章的分析基于 2011—2014 年四年的数据完成。该固定观察点数据包括了农村个体、家庭和村级数据各个方面的详尽信息，比如农户类型、每个家庭成员的信息（年龄、性别、健康等）以及家庭土地、资产、生产经营、收入支出信息等等。最为重要的是，该数据具备本研究需要的几个关键变量：其一，该数据能够识别农村居民是否外出打工以及外出打工的具体情况，比如工作类型、外出时间以及外出打工收入；其二，该数据包含农村居民受教育年限的数据，可以依此判别是否完成义务教育；其三，该数据包含个体是否参加农业和非农业培训的详细信息。因此，该数据是研究义务教育和非农职业培训对农村居民外出收入的最好数据之一。

本章使用的主要因变量为农村居民外出打工的收入，由表 6-1 可以看到其均值为 24173 元。表 6-1 还列出了其他关键变量的描述性统计结果。农村居民的平均受教育年限为 8.4 年，为了研究的需要，本章将其重新编码为新的二元变量，其中 1 表示完成义务教育（受教育年限大于等于 9），0 为未完成义务教育（受教育年限小于 9 年），表 6-1 显示 52% 的农村居民完成了义务教育。

非农教育也为二元变量,1 表示接受非农职业培训,0 表示未接受。相较于义务教育而言,接受正规非农培训的人相对较少,只有 8% 左右。另外可以看到,样本个体的平均年龄为 37 岁,其中 65% 的个体为男性。为了控制个人身体状况对收入的影响,本章使用了问卷中的自我认定的健康状况(1 为优、2 为良、3 为中、4 为差、5 为丧失劳动能力),为了研究的便利性,本章将其重新编码,其中 1 代表丧失劳动能力,5 代表优,分数越高表示身体状况越好。表 6-1 显示样本个体的平均健康状况评分为 4.65 分。除此之外,本章在模型中还控制了家庭的资源禀赋和家庭背景状况。针对家庭的资源禀赋,本章使用了人均土地变量,表 6-1 显示所用样本的人均土地面积为 1.85 亩。针对家庭背景,最为理想的是使用父母的受教育程度和就业状况,比如在 Hanushek 等(2017)的研究中就使用了这两个变量。但由于农村固定观察点数据并没有直接的父母信息变量,而如果从家庭代码中进行识别,会损失掉大部分观察值,本章使用了该家庭是否为乡村干部户作为相应的代理变量,因为父母受教育程度高的农户往往更有可能成为乡村干部,这在相关研究中也已经被证实(Hu,2005;Kung et al.,2009;Manion,1996)。

表 6-1　农村居民外出打工非农收入等关键变量的描述性统计(整体样本)

变量	均值	标准误	最小值	最大值
非农收入/元	24173	1.08e+06	0	2.50e+08
受教育年限/元	8.40	2.77	0	25
义务教育(1 表示完成)	0.52	0.50	0	1
非农培训(1 表示接受)	0.08	0.28	0	1
年龄/岁	37	12.25	16	70
性别(1 表示男性)	0.65	0.48	0	1
健康状况	4.65	0.60	1	5
人均土地/亩	1.85	16.72	0	2695
家庭背景(是否干部户,1 表示是)	0.04	0.19	0	1

表 6-2 根据义务教育和非农培训状况,将整个样本划分为不同的分样本,并报告了相关的描述性统计结果。首先从义务教育状况来看,完成义务教育的个体比未完成义务教育的个体获得更高的非农收入,分别为 30080 元和

17683 元。另外可以看到，完成义务教育的个体有 13% 的人参加了非农职业培训，而在未完成义务教育的个体中，这个数字只有 4%。在其他的一些方面，完成义务教育的个体也具有一定的优势，比如说更为年轻（平均年龄 33 岁），更为健康（平均自评分数 4.72 分）以及家庭背景更好（有 5% 的样本家庭是乡村干部户）。但是就人均土地而言，未完成义务教育样本的家庭相对略高，为 1.92 亩，完成义务教育样本家庭为 1.79 亩。其次从非农培训状况来看不同的分样本，情况大体上相似：接受非农培训的个体拥有更高的外出收入（25704 元），受教育程度更高（平均受教育年限为 10.74 年，其中 79% 的个体完成了义务教育），更为年轻（32 岁），同时自我认定的健康状况更好（4.81分），家庭背景状况更好（8% 的样本家庭为乡村干部户），同时人均土地拥有量略低于未接受非农培训的个体。

表 6-2　农村居民外出打工非农收入等关键变量的描述性统计（分样本）

变量	义务教育		非农培训	
	完成	未完成	接受	未接受
非农收入/元	30080	17683	25704	24033
受教育年限/年	10.29	6.33	10.74	8.18
义务教育（1 表示完成）	1	0	0.79	0.50
非农培训（1 表示接受）	0.13	0.04	1	0
年龄/岁	33	41	32	37
性别（1 表示男性）	0.66	0.64	0.74	0.64
健康状况	4.72	4.57	4.81	4.64
人均土地/亩	1.79	1.92	1.64	1.87
家庭背景（是否干部户，1 表示是）	0.05	0.03	0.08	0.04

同时，为了初步了解不同教育和培训背景对外出收入的基于生命周期的影响，本章使用局部加权回归散点平滑法刻画了外出收入和年龄之间的关系，结果如图 6-1 所示，其中纵轴为外出收入的对数值，横轴表示年龄。

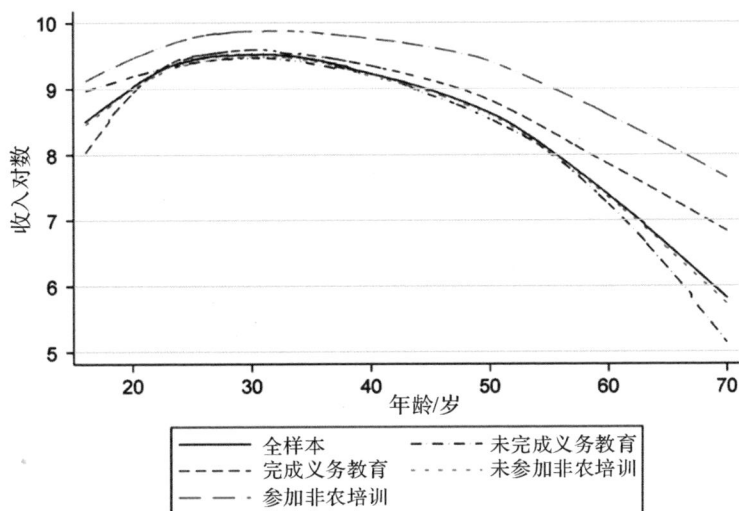

(a)

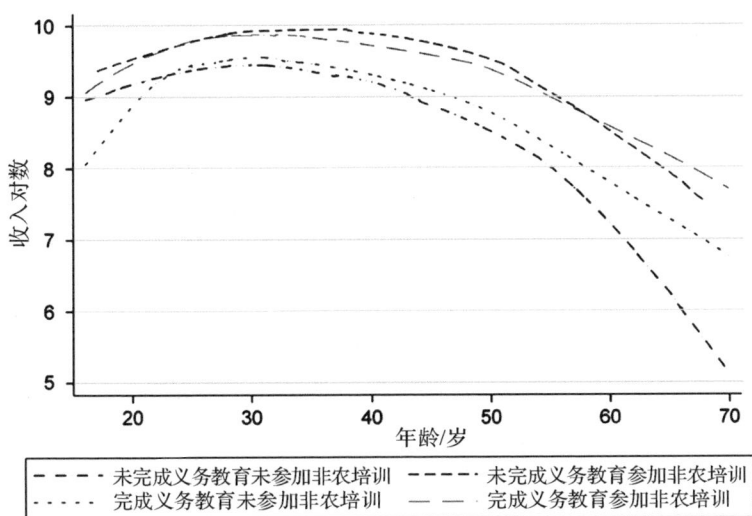

(b)

图 6-1 年龄与收入分布

注:本图使用局部加权回归散点平滑法计算所得。

图 6-1(a)展示了全样本和四个分样本的情况,可以看到五个样本下年龄和收入之间都存在倒 U 形的关系,即外出收入随着年龄的增长先逐渐增大,之后逐渐减少,与劳动经济学的主流理论相一致。值得注意的是接受非农培训的个体外出收入最高,这个趋势在整个生命周期中都存在,可见非农培训

对于外出收入的重要性。完成义务教育的个体在 25 岁之前外出收入相对较低没有优势,但是在 25 岁之后,就逐渐超过了其他两类个体(未完成义务教育和未参加非农培训),这也从一个侧面初步验证了我们的假说,常规教育往往在初期没有即时成效,但是在后期会发挥很大作用。图 6-1(a)也清晰地显示了未参加非农培训和没有完成义务教育的个体的情况,整个曲线处于最下方,在外出收入上没有优势。

图 6-1(b)进一步将整个样本划分为四个分样本,分别为:未完成义务教育并未接受非农培训、未完成义务教育但是接受了非农培训、完成义务教育但是并未接受非农培训以及完成义务教育且接受非农培训。可以清晰地看到,无论个体是否完成了义务教育,参加非农培训都明显意味着更高的收入。图 6-1(b)同时显示,相对于初期而言,完成义务教育并不意味着收入的提升,义务教育的作用往往在生命周期的后期才得以体现,这与图 6-1(a)的结论一致。

第五节　实证结果

一、义务教育和非农培训对农民外出收入的影响

表 6-3 列出了方程(6.1)的主要结果,考察了基于生命周期的义务教育和非农培训对于外出非农收入的主要影响。模型 1 列出了培训影响的初步结果,年龄对收入的影响呈现倒 U 形,与预期一致。非农培训的系数为 0.221[1],说明非农培训对农民外出收入具有正向的"即时效应",在农民刚刚进入就业市场的年纪[2]就开始发挥作用。本章最为关心的为年龄和非农培训的交叉项,模型 1 显示该项虽然系数较小,但是显著为正(0.015),这说明非农培训的作用在整个生命周期中是逐渐强化的,每增长一岁培训会使得非农收入增加 1.5% 左右。模型 2 进一步控制了个人和家庭的其他情况,包括性别、健康状况、人均耕地对数和是否为乡村干部户。结果显示与模型 1 相比,相关系数依旧显著,

---

[1]　由于未半对数模型,其实际影响为$[\exp(0.221)-1]\%$,接下来的系数分析中类似。

[2]　参考 Hanushek 等(2017)做了归一化处理至 16 岁。

其及时效应系数为 0.208,值得注意的是基于生命周期的强化效应系数相对更小一些,为 0.007。

模型 3 列出了义务教育对于外出打工收入的影响,模型 4 进一步加入了相关控制变量,两个模型的差异不大。以模型 4 作为参考可以发现,年龄与收入的倒 U 形关系依然存在,更为重要的是,义务教育变量的系数并不显著,这说明义务教育对外出打工收入不存在"即时效应"。但是随着年龄的增长,义务教育的作用逐渐显现,其交叉变量的系数为 0.006,略小于模型 3 非农培训的作用。这个结果已经初步验证了本章的假说:义务教育对农村居民的非农收入增长虽然初期并没有作用,但是会在后期逐渐显现;而培训对于农民工来说,具有非常明显的"即时效应",而且这种效应会在生命历程中不断强化。值得注意的是,由于身体状况等原因,年龄对于收入的影响是倒 U 型的,会随着年龄增长呈现先增加后减小的趋势中,但是在这种趋势中,教育和非农培训的作用是会被逐渐强化的,因为教育和非农培训会转化为不断累积的经验和人力资本。

为了保证结论的稳健性与可对比性,本章同时使用固定效应模型对方程(6.1)进行了估计,结果列在表 6.3 的模型 5 至模型 8 中。对其前面的 DID 结果可以发现,基本结果都保持稳健,年龄与收入的倒 U 形关系依然存在。更为重要的是,非农培训和义务教育的"长期效应"依旧存在,而"即时效应"依旧只存在于非农培训,虽然相关系数都比 DID 模型估计结果稍大。

表 6-3　义务教育和非农培训对非农收入的影响(基于生命周期的考察)

变量	DID				固定效应			
	模型 1	模型 2	模型 3	模型 4	模型 5	模型 6	模型 7	模型 8
年龄	0.109*** (0.00)	0.100*** (0.00)	0.103*** (0.00)	0.096*** (0.00)	0.109*** (0.00)	0.104*** (0.00)	0.103*** (0.00)	0.097*** (0.00)
年龄平方	−0.003*** (0.00)	−0.003*** (0.00)	−0.003*** (0.00)	−0.003*** (0.00)	−0.003*** (0.00)	−0.003*** (0.00)	−0.003*** (0.00)	−0.003*** (0.00)
年龄× 非农培训	0.015*** (0.00)	0.007* (0.00)			0.015*** (0.00)	0.012*** (0.00)		
非农培训	0.221*** (0.07)	0.208*** (0.07)			0.229*** (0.07)	0.242*** (0.07)		
年龄× 义务教育			0.010*** (0.00)	0.006*** (0.00)			0.010*** (0.00)	0.010*** (0.00)

续表

变量	DID				固定效应			
	模型 1	模型 2	模型 3	模型 4	模型 5	模型 6	模型 7	模型 8
义务教育			−0.026 (0.05)	−0.011 (0.05)			−0.026 (0.05)	−0.045 (0.05)
性别		0.894*** (0.02)		0.899*** (0.02)				
健康状况		0.326*** (0.02)		0.330*** (0.02)		0.356*** (0.02)		0.361*** (0.02)
人均土地对数		−0.124*** (0.01)		−0.124*** (0.01)		−0.097*** (0.01)		−0.097*** (0.01)
是否干部户		−0.192*** (0.05)		−0.175*** (0.05)		−0.253*** (0.06)		−0.232*** (0.06)
常数项	8.678*** (0.04)	6.651*** (0.10)	8.725*** (0.05)	6.662*** (0.10)	8.674*** (0.04)	7.010*** (0.10)	8.721*** (0.05)	7.047*** (0.10)
N	53751	53751	53751	53751	53751	53751	53751	53751
R^2	0.081	0.114	0.079	0.114	0.080	0.088	0.079	0.087
调整后的 R^2	0.080	0.114	0.079	0.114	0.080	0.087	0.079	0.086
F	1177.290	867.611	1159.060	861.289	1171.446	737.572	1152.178	727.503

注：*** 1%，** 5%，* 10%；括号内为标准误。

但是值得注意的是，本章的样本年龄为 16～70 岁，虽然这是属于农村劳动力参与工作的正常年龄界限，但是一般来说，只有到了 30 岁以上，才是个人职业生涯的黄金时期，义务教育和非农培训的作用在这个阶段可能体现得更为明显。因此，本章进一步限制了之前使用的样本，删除了年龄低于 30 岁以及还是在校学生的样本，重新对方程（6.1）进行回归，其结果如表 6-4 所示。与表 6-3 对比发现，主要的结果都基本保持一致。唯一值得注意的是，非农培训的系数变得不显著，尽管它与年龄的交叉项依旧显著。但这并不意味着此处不存在"即时效应"，由于先前对年龄做了归一化处理，可以算出对于 30 岁劳动力的"即时效应"为 0.168① 左右。

---

① （30−16）×0.012＝0.168。

表 6-4　义务教育和非农培训对非农收入的影响(限制部分样本的回归结果)

变量	DID				固定效应			
	模型 1	模型 2	模型 3	模型 4	模型 5	模型 6	模型 7	模型 8
年龄	0.084*** (0.00)	0.079*** (0.00)	0.084*** (0.00)	0.078*** (0.00)	0.141*** (0.01)	0.136*** (0.01)	0.139*** (0.01)	0.131*** (0.01)
年龄平方	−0.003*** (0.00)	−0.003*** (0.00)	−0.003*** (0.00)	−0.003*** (0.00)	−0.004*** (0.00)	−0.003*** (0.00)	−0.004*** (0.00)	−0.003*** (0.00)
年龄× 非农培训	0.015*** (0.00)	0.012*** (0.00)			0.019** (0.01)	0.016** (0.01)		
非农培训	0.065 (0.07)	0.081 (0.07)			−0.140 (0.20)	−0.124 (0.20)		
年龄× 义务教育			0.004* (0.00)	0.004** (0.00)			0.005 (0.00)	0.006* (0.00)
义务教育			0.064 (0.04)	0.036 (0.04)			−0.018 (0.10)	−0.084 (0.10)
性别	0.904*** (0.02)	0.901*** (0.02)	0.910*** (0.02)	0.906*** (0.02)	1.324*** (0.03)	1.309*** (0.03)	1.329*** (0.03)	1.312*** (0.03)
健康状况		0.335*** (0.02)		0.339*** (0.02)		0.380*** (0.02)		0.384*** (0.02)
人均土地 对数		−0.125*** (0.01)		−0.124*** (0.01)		−0.179*** (0.02)		−0.181*** (0.02)
是否干部户		−0.209*** (0.05)		−0.198*** (0.05)		−0.510*** (0.09)		−0.499*** (0.09)
常数项	8.434*** (0.04)	6.870*** (0.09)	8.388*** (0.05)	6.830*** (0.10)	7.331*** (0.15)	5.548*** (0.19)	7.338*** (0.17)	5.592*** (0.20)
N	53027	53027	53027	53027	32285	32285	32285	32285
R^2	0.114	0.122	0.113	0.121	0.125	0.135	0.124	0.135
调整后的 R^2	0.114	0.122	0.113	0.121	0.125	0.135	0.124	0.135
F	1362.563	918.987	1353.472	913.894	920.069	631.767	915.849	629.809

注:*** 1%,** 5%,* 10%;括号内为标准误。

上面的分析揭示了非农培训和义务教育对于农民外出打工收入的影响,尤其值得注意的是非农培训的作用比义务教育更为明显。为了进一步探究非农培训的重要性,表 6-5 分别对完成义务教育的样本和未完成义务教育的样本按照方程(6.1)进行了回归。结果显示,无论是完成义务教育还是没有完成义务教育,非农培训都对外出打工收入有着非常显著的影响。其中最为重要的信息是:如果一个人完成了义务教育再接受非农培训,其"即时效应"会更为显著,为 0.226(模型 2);而未完成义务教育的个体接受非农培训也会对其收入产生显著的影响,其系数为 0.211(模型 4)。这可能是由于完成义务教育的人群相对来说文化程度更高,已经具备了基本的交流和沟通技能,比如说已经基本识字,具备基本的阅读能力,因此可能在非农培训中更容易掌握相关的技能。

表 6-5 非农培训对外出收入的重要性(基于生命周期的考察)

变量	完成义务教育样本		未完成义务教育样本	
	模型 1	模型 2	模型 3	模型 4
年龄	0.102*** (0.00)	0.097*** (0.00)	0.106*** (0.00)	0.100*** (0.00)
年龄平方	−0.003*** (0.00)	−0.003*** (0.00)	−0.003*** (0.00)	−0.003*** (0.00)
年龄× 非农培训	0.008** (0.00)	0.006* (0.00)	0.010** (0.00)	0.007* (0.00)
非农培训	0.214*** (0.07)	0.226*** (0.07)	0.196*** (0.07)	0.211*** (0.07)
性别	0.843*** (0.02)	0.844*** (0.02)	0.893*** (0.02)	0.891*** (0.02)
健康状况		0.267*** (0.02)		0.324*** (0.02)
人均土地对数		−0.105*** (0.01)		−0.123*** (0.01)
是否干部户		−0.165*** (0.05)		−0.194*** (0.05)
常数项	8.227*** (0.04)	6.978*** (0.10)	8.171*** (0.04)	6.657*** (0.10)

续表

变量	完成义务教育样本		未完成义务教育样本	
	模型 1	模型 2	模型 3	模型 4
N	53402	53402	53589	53589
R^2	0.098	0.103	0.106	0.113
调整后的 R^2	0.098	0.103	0.106	0.113
F	1161.877	767.898	1275.553	857.032

注:*** 1%,** 5%,* 10%;括号内为标准误。

另外,为了进一步比较非农培训和义务教育的相对重要性,本章节参考了 Hanushek 等(2017)的做法,将两者放在一个变量中进行分析。新产生的类别变量也为虚拟变量,1 代表接受非农培训而没有完成义务教育,0 代表完成义务教育而没有接受非农培训①。然后使用新产生的类别变量对(6.1)式进行估计,其结果如表 6-6 所示。模型 1 为基本模型,模型 2 进一步控制了其他可能影响外出收入的变量,两个模型的结果基本一致。虽然使用新变量之后,"即时效应"的系数并不显著,但是存在很明显的"长期效应",在模型 2 中该系数为 0.014。这也就意味着从整个生命周期来看,非农培训对于农民外出的影响甚至比义务教育的作用还要大,由此进一步证实了非农培训对于提升农民外出收入的重要性。

表 6-6　非农培训 vs. 义务教育对非农收入的影响(基于生命周期的考察)

变量	模型 1	模型 2
年龄	0.114*** (0.00)	0.106*** (0.00)
年龄平方	−0.003*** (0.00)	−0.003*** (0.00)
年龄×类别	0.015** (0.01)	0.014** (0.01)

①　删除了既完成义务教育又接受非农培训,以及未完成义务教育且没有接受非农培训的样本。

续表

变量	模型 1	模型 2
类别	0.165 (0.16)	0.120 (0.16)
性别		0.570*** (0.03)
健康状况		0.120*** (0.03)
人均土地对数		−0.134*** (0.01)
是否干部户		−0.139** (0.07)
常数项	8.636*** (0.05)	7.776*** (0.14)
N	25545	25545
R^2	0.043	0.059
调整后的 R^2	0.043	0.059
F	284.731	200.307

注：*** 1%，** 5%，* 10%；括号内为标准误。

二、基于 PSM-DID 的进一步稳健性检验

上面的分析基本论证了本章的核心假说，但是就像第三节讨论的那样，样本个体自我选择的问题可能依旧存在。由此本章进一步使用了倾向得分匹配结合双重差分的方法进行了估计。首先，表 6-7 报告了基于义务教育和非农培训的 logit 选择模型，模型结果显示所有结果基本符合预期。比如说男性个体以及健康状况越好的个体越有可能完成义务教育并参加培训，家庭背景越好的个体也更具有优越性。

表 6-7　基于义务教育和非农培训的 Logit 选择模型

变量	义务教育	非农培训
	模型 1	模型 2
年龄	−0.084*** (0.00)	−0.016*** (0.01)
年龄平方	0.001*** (0.00)	−0.000*** (0.00)
性别	0.260*** (0.02)	0.568*** (0.04)
健康状况	0.130*** (0.02)	0.444*** (0.04)
人均土地对数	−0.143*** (0.01)	−0.061*** (0.02)
是否干部户	0.598*** (0.05)	0.827*** (0.06)
常数项	0.705*** (0.09)	−4.422*** (0.19)
N	53751	53751

注：*** 1%，** 5%，* 10%；括号内为标准误。

在使用匹配后的结果进行回归之前，本章首先对匹配的有效性进行了检验。图 6-2 首先展示了针对非农培训匹配前后的密度图，可以看到匹配前处理组与控制组的密度曲线差异较大，而匹配之后两者基本重合。同时，图（c）（d）显示，大多数变量的标准化偏差在匹配后缩小了，并且大多数观测值均在共同取值范围内，故而在进行倾向得分匹配时仅仅会损失少量样本。因此，非农培训具有很好的匹配效果。

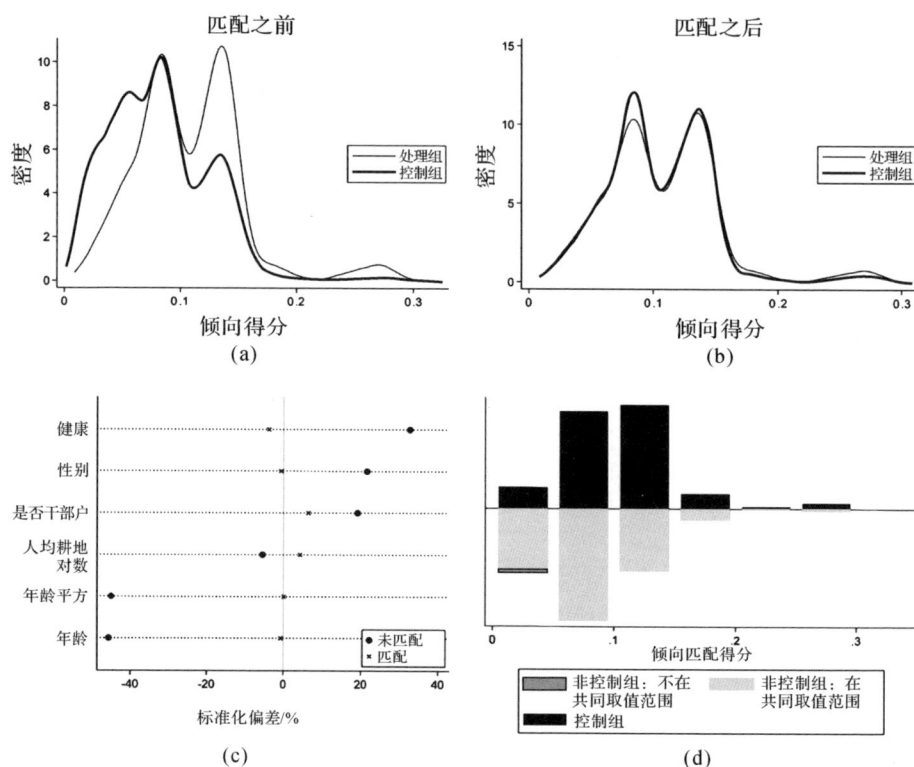

图 6-2　非农培训匹配效果

　　而图 6-3 显示,针对义务教育而言,匹配前后处理组与控制组的密度曲线变化较小,匹配效果没有非农培训显著,但是匹配前后大多数变量的标准化偏差也大大缩小了,并且绝大多数观察值也在共同取值范围内。因此,本章认为该倾向得分匹配能够在很大程度上解决样本个体自我选择的问题。

　　在接下来的分析中,本章使用匹配后的新样本重新对(6.1)式进行了估计,其结果如表 6-8 所示。无论是非农培训还是义务教育,年龄和外出收入之间依旧存在显著的倒 U 形关系。更为重要的是,表 6-8 的结果再次印证了本章的主要假说:非农培训对于农村居民外出收入同时具有"即时效应"和"长期效应",在控制了其他变量之后,其系数分别为 0.251 和 0.006;而义务教育对于外出收入依旧只有"长期效应",其系数为 0.005,其短期效应并不显著。这个结果增强了笔者对本章主要结论的信心,揭示了非农培训在农村居民外出打工的过程中发挥的重要作用。

匹配之前

匹配之后

(a)

(b)

(c)

(d)

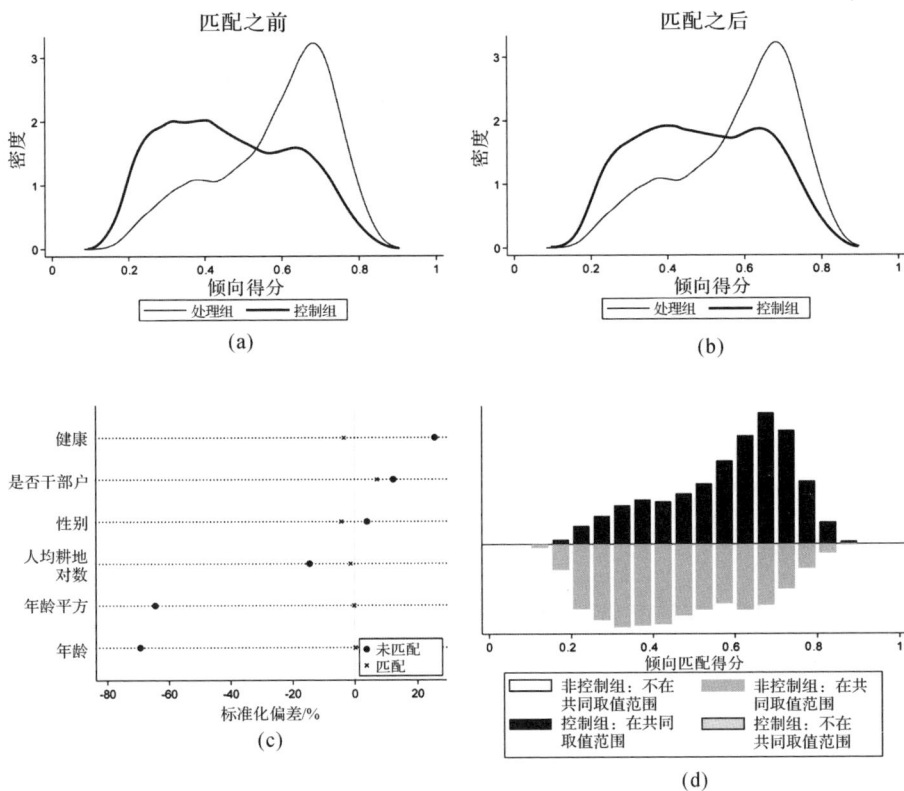

图 6-3　义务教育匹配效果

表 6-8　义务教育和非农培训对非农收入的影响(基于 PSM 的回归结果)

变量	非农培训		义务教育	
	模型 1	模型 2	模型 3	模型 4
年龄	0.095***	0.086***	0.096***	0.090***
	(0.01)	(0.01)	(0.00)	(0.00)
年龄平方	−0.003***	−0.003***	−0.003***	−0.003***
	(0.00)	(0.00)	(0.00)	(0.00)
年龄×非农培训	0.008**	0.006*		
	(0.00)	(0.00)		
非农培训	0.211***	0.251***		
	(0.06)	(0.06)		

续表

变量	非农培训		义务教育	
	模型 1	模型 2	模型 3	模型 4
年龄×义务教育			0.007*** (0.00)	0.005** (0.00)
义务教育			0.001 (0.05)	−0.005 (0.05)
性别		0.457*** (0.03)		0.829*** (0.02)
健康状况		0.119*** (0.04)		0.248*** (0.02)
人均土地对数		−0.083*** (0.02)		−0.125*** (0.01)
是否干部户		−0.022 (0.06)		−0.252*** (0.06)
常数项	8.855*** (0.05)	8.016*** (0.18)	8.785*** (0.05)	7.148*** (0.11)
N	18770	18770	43927	43927
R^1	0.038	0.050	0.064	0.095
调整后的 R^2	0.038	0.049	0.064	0.095
F	184.205	122.642	753.980	574.547

注:*** 1%,** 5%,* 10%;括号内为标准误。

三、异质性分析

　　上面的论述揭示了义务教育和非农培训对农民工收入的作用。在接下来的篇幅中,本章对这种作用的异质性作了进一步的分析。首先,本章节着眼于外出就业类型的差异性。农村固定观察点数据提供了农村劳动力外出就业类型的具体信息,包括四种类别:自主经营、受雇稳定工作、打零工及其他。本章节着重关注前三种类型,并分别对其按照方程(6.1)进行了回归,其结果如表 6-9 所示。从非农培训的结果来看,在受雇稳定工作和打零工两种工作类型中,非农培训都只有"即时效应",而"长期效应"并不显著。不同的是对于自主经营的个体,非农培训对提升他们的外出收入具有明显的"长期效应"。主要原因可能在于:对于长期从事农业的农民来说,很少有自主经营的经历,相关的培训产生的影响可能是长期性的。这一点对于政府来说也是极具启示意义的,比如说更多的培训可以倾向于有自主经营意向的农民。

另外,从义务教育的分析结果来看,在受雇稳定工作和打零工两种工作类型中,义务教育也只有"即时效应",其"长期效应"不显著。而对于自主经营的个体来说,义务教育具有很大的"即时效应",但是其"长期效应"为负数。这也就意味着完成义务教育对自主经营的部分个体来说,在初期具有很大作用,这种作用随着年龄增长逐渐减少。这似乎与之前的整体样本回归相悖,可能的原因有两个:其一,如上所述,农村群体缺少自主经营经历,自主经营对个体文化素质要求较高,没有完成义务教育对这些群体从事自主经营有很大挑战性,比如说不识字可能导致其无法进行正常的商业往来;其二,在样本中只有极少一部分个体从事了自主经营(4210 个),这也可能导致估计的结果出现偏误。

表 6-9　义务教育和非农培训的异质性作用(外出就业类型)

变量	非农培训			义务教育		
	自主经营	受雇稳定工作	打零工	自主经营	受雇稳定工作	打零工
年龄	0.160*** (0.02)	0.033*** (0.00)	0.036*** (0.00)	0.187*** (0.02)	0.034*** (0.00)	0.036*** (0.00)
年龄平方	−0.004*** (0.00)	−0.001*** (0.00)	−0.001*** (0.00)	−0.005*** (0.00)	−0.001*** (0.00)	−0.001*** (0.00)
年龄×非农培训	0.034** (0.02)	0.002 (0.00)	0.000 (0.00)			
非农培训	−0.314 (0.36)	0.155*** (0.03)	0.161** (0.07)			
年龄×义务教育				−0.021** (0.01)	0.000 (0.00)	0.001 (0.00)

续表

变量	非农培训			义务教育		
	自主经营	受雇稳定工作	打零工	自主经营	受雇稳定工作	打零工
义务教育				0.518** (0.22)	0.107*** (0.02)	0.085** (0.04)
性别	1.300*** (0.09)	0.261*** (0.01)	0.492*** (0.02)	1.338*** (0.09)	0.264*** (0.01)	0.487*** (0.02)
健康状况	1.169*** (0.08)	0.045*** (0.01)	0.155*** (0.01)	1.184*** (0.08)	0.047*** (0.01)	0.155*** (0.01)
人均土地对数	−0.451*** (0.05)	−0.039*** (0.00)	−0.116*** (0.01)	−0.460*** (0.05)	−0.036*** (0.00)	−0.110*** (0.01)
是否干部户	−0.305 (0.22)	0.046** (0.02)	−0.175*** (0.05)	−0.244 (0.22)	0.048** (0.02)	−0.187*** (0.05)
常数项	1.875*** (0.43)	9.118*** (0.04)	8.060*** (0.08)	1.353*** (0.46)	9.033*** (0.04)	8.017*** (0.08)
N	4210	27112	12706	4210	27112	12706
R^2	0.220	0.064	0.100	0.219	0.063	0.101
调整后的 R^2	0.218	0.064	0.099	0.218	0.063	0.101
F	147.975	231.278	175.897	147.469	227.799	178.859

注:*** 1%,** 5%,* 10%;括号内为标准误。

本章对非农培训和义务教育在不同行业的异质性作用做了分析。根据原始数据,将农村居民外出打工的行业划分为两大类:(1)第二产业。主要包括采矿业、制造业、电气燃气及水的生产和供应业、建筑业和交通运输业、仓储和邮政业。(2)第三产业。主要包括批发和零售业、住宿和餐饮业、租赁和商业服务业以及居民服务和其他服务行业。在这个基础上对两种产业分别进行了模型估计,其结果如表6-10所示。非农培训在第二产业有着长期正向效应,与之不同的是,针对第三产业,非农产业对外出收入有着很大的"即时效应",但是这种效应随着年龄增大,缓慢减少。这主要与第三产业的特征有关,在服务行业,有效的职业培训必不可少,发挥很大作用。但是随着年龄的增长,个人职位的上升,可能又需要不同类型的培训,而前期的培训效应就会降低。而义务教育则与之相反，接受义务教育在服务行业初期可能影响不大，但是对于外出农民工之后的职业上升则有着非常重要的作用，因此其作用是逐渐显现的。这也从侧面进一步验证了非农培训和义务教育"即时效应"和"长期效应"的不同特点。

表 6-10　义务教育和非农培训的异质性作用（从事行业）

变量	非农培训		义务教育	
	第二产业	第三产业	第二产业	第三产业
年龄	0.080*** (0.00)	0.140*** (0.00)	0.086*** (0.01)	0.125*** (0.01)
年龄平方	−0.003*** (0.00)	−0.003*** (0.00)	−0.003*** (0.00)	−0.003*** (0.00)
年龄×非农培训	0.019*** (0.01)	−0.013** (0.01)		
非农培训	−0.041 (0.11)	0.469*** (0.09)		
年龄×义务教育			−0.003 (0.00)	0.015*** (0.00)
义务教育			0.122* (0.06)	−0.184*** (0.06)
性别	1.324*** (0.03)	0.469*** (0.03)	1.340*** (0.03)	0.457*** (0.03)
健康状况	0.381*** (0.03)	0.264*** (0.03)	0.387*** (0.03)	0.264*** (0.03)
人均土地对数	−0.223*** (0.01)	0.046*** (0.01)	−0.222*** (0.01)	0.044*** (0.01)
是否干部户	−0.391*** (0.08)	0.018 (0.07)	−0.378*** (0.08)	0.043 (0.07)
常数项	6.278*** (0.13)	6.855*** (0.13)	6.147*** (0.14)	7.047*** (0.14)

续表

变量	非农培训		义务教育	
	第二产业	第三产业	第二产业	第三产业
N	33342	20409	33342	20409
R^2	0.146	0.086	0.145	0.086
调整后的 R^2	0.146	0.085	0.145	0.085
F	714.134	238.780	708.155	239.457

注:*** 1%,** 5%,* 10%;括号内为标准误。

　　最后,本章对非农培训和义务教育针对不同从业地点的农民工外出收入的异质性影响进行了分析。针对农村固定观察点数据,着重对乡镇外县内、县外省内以及外省三种从业地点分别进行了模型估计,结果如表 6-11 所示。由前三列的结果可以看到,在外省工作的农民工,非农培训不仅对其具有"即时效应",而且具有显著的"长期效应"。但是在乡镇外县内以及县外省内工作的农民工,培训对其没有显著的"长期效应",然而他们的"即时效应"相比于外省工作的个体来说,要大得多,尤其是在乡镇外县内工作的个体,培训的"即时效应"的系数达到了 0.449。这意味着对这些就近就业的人来说,因为他们刚刚进入一个新的行业,培训在初期将对他们产生巨大的作用;而对那些在离家较远的地方工作的人来说,培训将对他们之后的职业生涯大有助益。相对来说,义务教育对农民工非农收入的作用要弱一些,表 6-11 的结果显示,只有在县外省内工作的个体,义务教育对他们有着很大的"即时效应",但是这种效应也会随着年龄的增长慢慢消退。

表 6-11　义务教育和非农培训的异质性作用(从业地点)

变量	非农培训			义务教育		
	乡镇外县内	县外省内	外省	乡镇外县内	县外省内	外省
年龄	0.108*** (0.01)	0.032*** (0.00)	0.042*** (0.00)	0.102*** (0.01)	0.041*** (0.00)	0.043*** (0.00)
年龄平方	−0.003*** (0.00)	−0.001*** (0.00)	−0.001*** (0.00)	−0.003*** (0.00)	−0.001*** (0.00)	−0.001*** (0.00)
年龄×非农培训	−0.001 (0.01)	0.004 (0.00)	0.006** (0.00)			

变量	非农培训			义务教育		
	乡镇外县内	县外省内	外省	乡镇外县内	县外省内	外省
非农培训	0.449*** (0.15)	0.186*** (0.04)	0.083* (0.05)			
年龄×义务教育				0.004 (0.00)	−0.007*** (0.00)	0.000 (0.00)
义务教育				−0.060 (0.10)	0.296*** (0.03)	0.043 (0.03)
性别	1.156*** (0.04)	0.265*** (0.02)	0.227*** (0.01)	1.170*** (0.04)	0.274*** (0.02)	0.231*** (0.01)
健康状况	0.581*** (0.03)	0.145*** (0.01)	0.107*** (0.01)	0.589*** (0.03)	0.151*** (0.01)	0.108*** (0.01)
人均土地对数	−0.486*** (0.02)	−0.062*** (0.01)	−0.069*** (0.01)	−0.491*** (0.02)	−0.054*** (0.01)	−0.068*** (0.01)
是否干部户	0.000 (0.10)	−0.076** (0.03)	0.043 (0.03)	0.043 (0.10)	−0.083** (0.03)	0.048 (0.03)
常数项	4.826*** (0.17)	8.556*** (0.07)	8.719*** (0.06)	4.894*** (0.19)	8.308*** (0.07)	8.685*** (0.06)
N	17527	14359	17066	17527	14359	17066
R^2	0.140	0.062	0.054	0.138	0.065	0.052
调整后的 R^2	0.139	0.062	0.054	0.138	0.064	0.052
F	355.454	118.838	122.467	350.956	124.086	117.391

注：*** 1%，** 5%，* 10%；括号内为标准误。

四、义务教育和非农培训对收入不平等的影响

本章以上的部分系统地分析了义务教育和非农培训对农民外出收入的基于生命周期（出生群组）的影响。但是虽然这两者都对提升收入有着明显的作用，这种提升作用究竟对哪类群体更为显著却依旧没有得到解答。如果说，所有的农民因为完成义务教育或者非农培训收入都得到了提升，但是原

本收入高的那些农户收入提升更快，而原本收入低的那些农户虽然收入也提升了，但是并没有高收入农户那么明显，那也就意味着农民之间整体的收入不平等反而会上升。相反，如果说义务教育和非农培训对原本低收入的那些农户作用更为显著，那么农村地区的收入不平等会有所下降。如果整体收入的提升体现农民整体福利的提升，那么收入不平等的弱化可能也是政策制定者更愿意看到的。接下来的最后一部分，本章借鉴龚锋等（2017）的思路，通过构建反事实收入，对义务教育和非农培训如何影响收入不平等进行了简单的分析。

具体来说，本章节再次借助倾向得分匹配方法（PSM）构建一个反事实收入分布，来看原收入分布与反事实收入分布（如果样本中所有人完成义务教育或者接受培训）之间不平等指数的差异性。基于这个思路，首先将样本分为两个组：一组为完成义务教育或者接受非农培训，将其视为控制组；另一组为未完成义务教育或者未接受非农培训，将其视为处理组，以此生成"处理"虚拟变量。

其次，以该处理变量为被解释变量，构建劳动力外流决定方程（logit 模型），考察在每一个组合样本中，各类因素如何影响个体作出决策。然后利用上述得到的选择概率的拟合值作为倾向得分，个体收入 Y 作为结果变量，选择有放回的"近邻匹配方法"（近邻数 $k = 3$），进行倾向得分匹配，从控制组（完成义务教育或者接受非农培训）中选择与处理组（未完成义务教育或者未接受非农培训）匹配的收入样本，构成匹配群组收入，即处理组的未完成义务教育或者未接受非农培训的样本如果完成义务教育或者接受非农培训的"反事实"收入。

最后，将匹配组样本收入（反事实收入）与控制组的样本收入合并为一个完整的收入分布 $Y*$。这个分布表示当原收入分布中的所有个体完成义务教育或者接受非农培训的"反事实"收入分布。由此可以比较两个分布不平等系数的变化。

表 6-12 的结果显示，无论是使用基尼系数还是广义熵指数 GE(0) 作为收入不平等的指标，义务教育和非农职业培训都会使得整个样本的收入不平等大大下降。如果样本中的所有个体都能完成义务教育的话，从 GE(0) 系数来看，收入不平等能下降 59.6%；即便从基尼系数来看，基尼系数也由最初的0.82 下降到 0.56，下降了 31.7%。值得注意的是，如果样本中的所有个体都能参加非农培训的话，收入不平等下降幅度相对更大，基尼系数将为 0.36，幅

度为 56.1%,GE(0)的下降幅度为 84.0%。因此,这个结果显示非农培训对于降低收入不平等、缩小农村居民之间的收入差距作用更大,这事实上也与之前的分析相吻合,因为非农培训具有更为明显的"即时效应",而且投入成本较小,所有农户都有机会参加,自然对原本收入较低的农户来说是更为有利的。与之不同的是,义务教育的投入往往成本更大,很多收入较低的农户并没有达到相应的门槛条件,并且义务教育发挥作用也往往依靠长期影响。

表 6-12　义务教育和非农培训对收入不平等的影响

情境	变量	基尼系数	GE(0)
原情境	绝对值	0.82	1.56
情境一:所有人参加非农培训	绝对值	0.36	0.25
	变化比例/%	−56.1	−84.0
情境二:所有人接受义务教育	绝对值	0.56	0.63
	变化比例/%	−31.7	−59.6

第六节　总结和讨论

改革开放 40 多年的时间里,中国的经济飞速发展,从农村进城务工的农民工群体在其中扮演了极其重要的角色,在绝对数量上逐渐增加,在人口结构上农民工群体也在向年轻化发展,也有越来越多的女性群体开始从农业中转移出来。更为重要的是,在 40 多年的时间里,一方面,随着农村教育的深化改革与完善(Yue et al.,2018),农民工群体的文化教育水平也逐渐提高,这对于提升他们在外打工的收入发挥了重要作用。另一方面,由于农业和非农业工作的差异性,培训对于农民工群体,尤其是第一次接触非农工作的农民工群体提升他们的收入具有关键性的作用。

本章采用教育出生群组的生命周期视角,使用双重差分(结合倾向得分匹配)方法,研究了义务教育和非农职业培训对于提升农民工外出收入的重要性和异质性。研究发现,由于义务教育对于提升农民工非农收入不具有"即时效应",但是具有基于生命周期的"长期效应",也就是说义务教育前期投入大但是并不能在短期内提升农民工收入,但是在长期内会发挥重要作用。与之不同的是非农职业培训对于农民工外出收入不仅仅具有"长期效应"，其"即时效应"也非常显著，主要原因可能在于相对于义务教育而言，非农培训的进入壁垒更小，并且对于提升农民工的职业技能更具有针对性和有效性。同时本章发现，上述影响针对外出就业类型、从事行业以及从业地点具有异质性，比如说相对于打工而言，义务教育和非农职业培训对于自主经营的作用更加显著；非农培训对于第二产业具有正向的长期影响，但是对于第三产业有着很大的"即时效应"；非农培训的"长期效应"对于在外省打工的人群更加显著。

　　本章的另一个重要结论在于，义务教育和非农职业培训不仅能够提升农民工的外出收入，更重要的意义在于也会降低农村地区的收入不平等。这也就意味着义务教育和非农职业培训往往能够使原本收入较低的那些农民受益更多，不仅促进了农村地区整体福祉的上升，而且有利于促进整个农村地区往更加公平的形态发展。如果细究两者的效应可以发现，非农职业培训相对于义务教育而言，对于降低收入不平等作用更大，这对于政策制定者而言也具有很大的启示意义。基于这些研究结论，本章认为在中国继续深化改革、加快经济社会转型应该着重从以下着力点出发，牢牢把握"一个抓手""两种手段"以及"三个导向"。

　　首先，要将农民工收入问题作为深化经济改革的一个抓手。已有研究已经证明了中国的教育领域存在很大的机会不平等（刘精明，2008；吴愈晓，2013；李春玲，2003，2014；梁晨等，2012），而农村地区和农民工群体往往处于弱势地位。政府部门应该深刻意识到农民工群体在过去40多年中国经济发展中已经发挥的重要作用以及在未来几十年依旧会扮演的重要角色，将提升农民工收入作为重中之重。作为一个2.87亿人口的庞大群体，农民工群体的福利牵一发而动全身，如果农民工的收入提升了，农村地区的收入不平等弱化了，中国经济转型所面临的问题也就解决了一大半。

　　其次，将义务教育和非农职业培训视作互为补充的两种手段。本章的研究揭示了非农职业培训的重要作用，尤其是相对于义务教育而言，培训的进入门槛低，前期投入少，并且能够发挥有效的"即时效应"。政府部门应该加大培训的力度，着力于提升农民工的就业技能。农村固定观察点的数据显示，农民工的培训比例还非常低，有很大的上升空间，如果大部分的农民工能够接受培训，对于提升他们的收入和降低收入差距都将具有非常大的作用。但是值得注意的是，在这个过程中应该尊重农民的意愿，不能一味地强迫他们接受培训,对于不理解培训的群体应该予以介绍和合理引导。另外,加强培训并不意味着要放弃常规教育,义务教育虽然没有明显的"即时效应",但是在农民工职业生涯的后期,会发挥越来越重要的作用,因此政府应该要继续深化农村教育改革,尤其是目前农村和城市之间的教育水平还存在很大差距,缩小这种差距也应该成为政府工作的重中之重。

最后,将外出就业类型、从事行业和从业地点作为政策细化的三个导向。在政策制定过程中要避免"一刀切",应该针对不同类型的群体制定具有不同适应性的政策。比如说对于自主经营的人群和受雇打工的人群,对于从事第二产业和第三产业的人群,培训的模式就应该差异化。对于受雇打工的农民工,培训的重点可能在于操作技能的提升,而对于自主经营的人群,还要注重相关商业技能的培养,比如说沟通、谈判、撰写商业计划书等;而针对操作技能的培训,从事第二产业和第三产业的人群也应该具有很大的区分度,比如说第三产业的培训可能更注重于服务业技能的培养。另外,针对到不同地方打工的农民工群体,政策也应该给予不同的支持。当然在政策细化的过程中,如何定位这些目标群体,如何更有针对性地予以培训也是开展工作的一大难点,也需要后续的研究来进一步审视。

第七章　结论和政策启示

第一节　主要结论

在绪论中,笔者提出了本书的两个主要问题。(1)中国农村(以及城市)存在机会不平等的问题吗? 如果存在的话,机会不平等在多大程度上影响了农村(以及城市)的收入分配不均等? (2)在机会弱势的状况下,农村个体是否可以通过自身的努力改变命运? 个体努力的增加是否会降低整体的收入不平等? 基于这两大问题,本书主要得出了以下结论。

第一,中国的农村(以及城市)地区广泛存在机会不平等,并且在很大程度上影响了收入不平等。

其中第四章的研究发现:一是中国的机会不平等相对系数高达35.7%。在不同年龄组中,年轻个体面临的机会不平等小于年老个体,这在很大程度上可能归功于中国的改革开放。而农村地区不仅收入不平等系数更高,其机会不平等系数(27.6%)也比城市地区(18.7%)高出很多。二是 Shapley 值分解结果显示,父亲的背景(受教育程度和职业)对收入不平等的贡献度高达8.9%,出生地和户口是单个贡献最大的两个环境变量,分别为9.0%和7.6%,而其他环境变量的贡献度也非常大,性别为5.5%,父亲受教育程度为4.9%,年龄组为4.7%,父亲职业为4.0%。三是将两个努力变量加入分析框架后发现,在 Roemer 和 Barry 两种情境下努力变量分别贡献了24.4%和31.7%。环境不仅直接影响收入,还可以通过影响努力进而间接影响收入(7.3%)。在农村和城市两个子样本下,劳动力流动和个人受教育程度对收入差距都具有较高的贡献度,其中城市样本略高于农村样本。

第二,农村劳动力外流作为个人可以努力的主要变量之一,可以显著帮助农户提高自身收入改变自身命运,同时有效降低农村地区的收入不平等。

本书的第五章从方言差异性视角对这一问题进行了探讨,主要得出了以下结论:一是农村劳动力外流提升了农村家庭整体的收入水平。而这种作用在官话区最为显著,在吴粤区影响最为微弱。这一方面从侧面了印证了方言作为一种文化因素在非农就业中的身份认同作用,另一方面也与吴粤区作为劳动力流动流入主要地区农户收入本身较高的现实吻合。二是农村劳动力外流已经由前期的"流动成本限制"过渡到低收入农户的"后发优势",随着越来越多的低收入农户开始流出,农户之间的收入差距逐渐减小。这同时也意味着农户外流和收入之间的关系已经由"正向选择"向"反向选择"逐渐转移。本书的一系列实证都验证了该假说,并且发现该作用在吴粤区影响最为微弱,而在其他方言区更为显著。三是与劳动力外流对于农户之间收入差距的影响类似,随着低收入村落的低收入农户逐渐转移到非农部门,低收入村落通过"后发优势"也正在逐渐缩小和高收入村落的收入差距,同时这种作用在官话区和其他方言区更为显著。当然,由于数据的有限性,本书对于方言区异质性背后的机制探究依旧有很大的拓展空间,这也是后续的研究可以关注的。

第三,个人教育作为个人可以努力的另一个主要变量,同样可以显著帮助农户提高自身收入改变自身命运,同时有效降低农村地区的收入不平等。

本书的第六章从出生群组的生命周期视角,使用双重差分(结合倾向得分匹配)方法,研究了义务教育(常规教育)和非农职业培训(非常规教育)对于提升农民工外出收入的重要性和异质性。研究发现,由于义务教育对于提升农民工非农收入不具有"即时效应",但是具有基于生命周期的"长期效应",也就是说义务教育前期投入大但是并不能在短期内提升农民工收入,但是在长期内会发挥重要作用。与之不同的是非农职业培训对于农民工外出收入不仅仅具有"长期效应",其"即时效应"也非常显著,主要原因可能是相对于义务教育而言,非农培训的进入壁垒更小,并且对于提升农民工的职业技能更具有针对性和有效性。同时本书发现,上述影响针对外出就业类型、从事行业以及从业地点具有异质性,比如说相对于打工而言,义务教育和非农职业培训对于自主经营的作用更加显著;非农培训对于第二产业具有正向的"长期影响",但是对于第三产业有着很大的"即时效应";非农培训的长期效应对于在外省打工的人群更加显著。本章的另一个重要结论在于,义务教育和非农职业培训不仅能够提升农民工的外出收入，更重要的意义在于也会降低农村地区的收入不平等。

第二节　政策建议

本书揭示了中国农村收入增长和收入分配不均的现实，实证研究了收入分配过程中的机会不平等现象以及这种现象在农村和城市的差异，同时论证了个人努力在多大程度上可以改变个人命运，又在多大程度上可以减缓群体间的收入不平等。据此，本书提出以下政策建议，认为解决该问题应该建立在"一个中心、两个基本点以及三个重要策略"基础之上。

"一个中心"是指在中国经济转型以及新型城镇化持续推进的大背景之下，应该加强对于农村福祉问题的关注，致力提升农村居民的福利。从目前中国的人口就业分布来看，依旧有大量的劳动力附着于农业生产部门，大量的人生活在农村地区，农村居民的福祉提升既关系到中国经济社会转型的成败与否，又与社会稳定以及可持续发展战略息息相关。从 2004 年以来，历年的中央一号文件都关注到"三农"问题，可见中央政府对于"三农"问题的重视程度，这种重视应该在接下来的改革发展中延续。

"两个基本点"是指增进农村居民的福祉应该从两个主要方面着手：增加农民收入以及减小收入不平等。虽然经过了 40 多年的改革开放，农村居民的收入相较于改革开放之前已经实现大幅度增长，但是与城市居民相比较，依旧有着很大的差距，尤其对于中西部地区的农村居民而言，其收入依旧具有很大的上升空间。农民收入的增加能够极大地提高其消费水平，这一方面是居民福祉提升的重要指标，另一方面农村作为具有很大潜力的市场，农村居民的消费增加也将极大地促进中国经济的深入持续增长。除了收入增长之外，更为重要的是要注重这种增长的公平性，要致力缩减农村和城市之间以及农村内部的收入差距，这对于一个社会的稳定具有极大的意义。而社会稳定是一个国家经济社会良性发展的环境基础。

"三个重要策略"是指为了实现上述的"一个中心"和"两个基本点"应该实施的具体措施，主要包括：

第一，政府应该对中国收入问题中的机会不平等问题引起足够的重视，采用切实可行的措施缓解该问题的加剧。政府应该实施一系列的补偿性政策,对由机会不均引起的不平等予以补偿,比如提供就业培训、提供创业扶持等。而在这个过程中最为重要的就是要识别社会潜在的弱势群体。从本书的研究来看,户口制度是最为重要的一个机会因素,出生于农村地区本身也是一个处于弱势的不可控因素,这也进一步印证了为什么政府要加强对农村地区收入不平等的重视。另外,东中西部之间的差异不可忽视,出生在中西部地区相对于出生在东部地区而言,也具有较大的劣势,政府的补偿策略也应当向中西部地区适当倾斜。家庭背景对于一个人的收入有很大作用,然而父母职业以及受教育程度也不是在个体能够控制的范围之内,对于家庭背景较差的那部分群体,应该获得一定的资源支持。

第二,政府应该加强对农村劳动力外流现象的重视,政府部门应该致力最大程度地强化其正面作用。一是政府应该尊重农户意愿,不应该为了保证粮食的增产和农业的可持续发展而限制农户,尤其是低收入农户转移出农业。农业人口的减少是城镇化过程中的必然现象,政府应该在如何提高农业生产率方面多下功夫,比如有针对性地推动不同地区的农业机械化进程,从而能够让更多的农业劳动力从农业生产中释放出来。二是政府应该意识到低收入农户的流出对于减少农村贫困和缩小农村地区收入差距的重要性,制定相关的针对性政策支持和保护低收入农户的利益。一方面,政府可以提供资金性支持项目或者低息贷款项目,支持那些想要从农业中转移出来但是无法承受初期转移成本的贫困农户,保障他们能够获得非农就业的机会。另一方面,政府应该为农户尤其是低收入低技能的农户提供一些就业培训项目,帮助提升他们的职业技能,增加他们在城镇地区就业的优势。同时,应该深化户籍制度改革,保障农民工和本地劳动力在社会福利、子女教育、医疗卫生等方面服务的均等化,免除农民工非农就业的后顾之忧。三是政府应该关注来自不同方言区域的农民工的异质性。对于来自其他方言区的农户予以重点支持,比如说针对部分普通话能力较弱的农民工,提供免费的普通话培训项目,以增加其就业市场的优势。同时,针对部分有特殊需求的农户,可以开展流入地的方言培训项目,增强不同方言区之间的身份认同,最大程度地保障弱势农民工的利益,为弱势群体依靠自身努力取得成功创造条件。

第三,政府要加深对于农村居民“教育改变命运”的认知,不仅仅关注正规教育(诸如义务教育),同时也要关注非正规教育,比如说非农职业培训。从正规教育的角度来看,应该要进一步深化义务教育改革,不仅要让农村孩子接受义务教育,并且要接受高质量的跟城市孩子同等水平的义务教育。同时从非正规教育的角度来看，政府部门应该加大非农职业培训的力度，着力提升农民工的就业技能。并且在这个过程中应该尊重农民的意愿，不能一味地强迫他们接受培训，对于不理解培训的群体应该予以介绍和合理引导。值得注意的是在政策制定过程中要避免"一刀切"，应该针对不同类型的群体制定具有不同适应性的政策。比如说对于自主经营的人群、受雇打工从事第二产业和第三产业的人群，培训的模式就应该差异化。对于受雇打工的农民工，培训的重点可能在于操作技能的提升；对于自主经营的人群，还要注重相关商业技能的培养，比如说沟通、谈判、撰写商业计划书等；针对操作技能的培训，从事第二产业和第三产业的人群也应该具有很大的区分度，比如说第三产业的培训可能更注重于服务业技能的培养。另外，针对不同地方打工的农民工群体，政策也应该给予不同的支持。然而在实际操作过程中还有很多细节值得深思，比如说如何定位那些目标群体，如何区分不同的目标群体，以及针对不同的群体如何更好地推进差异化战略，等等。

除此之外，本书认为应该在政府主导的基础上，形成"政府—社会—企业"三方联动的战略布局。除了政府之外，一些社会组织也可以在其中扮演重要角色，比如说通过公益基金实施区域性扶贫战略，帮助增加贫困地区农民的收入；通过开展民间技能培训项目来增加农民工的职业技能，从而提高他们的工资性收入；通过组织公益支教活动为农村教育事业添砖加瓦等。另外，企业也应该在这个过程中发挥积极的作用，一方面企业可以为相关的公益活动注入资金，提供相关的支持；另一方面企业在招人用人方面应该消除对于农民工群体的歧视，增加相关的政策倾斜，设立专门针对农民工的人才培养计划，等等，如此不仅为农民工就业提供了便利，更为企业积蓄了一定的后备力量。

同时，本书的相关结论和政策建议对于在共同富裕背景下，如何通过机会公平提升农村居民收入，以此缩小城乡差距、促进城乡融合发展具有重要参考价值。

参考文献

[1] Aaberge, R., Mogstad, M., & Peragine, V. Measuring long-term inequality of opportunity. Journal of Public Economics, 2011, 95(3-4): 193-204.

[2] Abbay, A. G., & Rutten, R. Does spatial proximity to small towns matter for rural livelihoods? A propensity score matching analysis in Ethiopia. Letters in Spatial and Resource Sciences, 2016, 9: 287-307.

[3] Abdullah, A., Doucouliagos, H., & Manning, E. Does education reduce income inequality? A meta-regression analysis. Journal of Economic Surveys, 2015, 29(2): 301-316.

[4] Adams, R., Lopez-Feldman, A., Mora, J., & Taylor, J. Remittances, inequality and poverty: evidence from rural Mexico//DeWind, J., Holdaway, J. Migration and Development Within and Across Borders: Research and Policy Perspectives on Internal and International Migration. Geneva: International Organization for Migration(IOM) and Social Science Research Council(SSRC), 2008: 101-130.

[5] Adams, R. H., & Cuecuecha, A. Household Expenditure and Investment in Guatemala. World Development, 2010, 38(11): 1626-1641.

[6] Adda, J., Dustmann, C., & Görlach, J. S. Migrant Wages, Human Capital Accumulation and Return Migration. (2014-04-14). https://economicdynamics. org/meetpapers/2014/paper_679. pdf.

[7] Afridi, F., Li, S. X., & Ren, Y. Social identity and inequality: the impact of China's hukou system. Journal of Public Economics, 2015, 123: 17-29.

[8] Aitchison, J., & Brown, J. A. C. On Criteria for descriptions of income distribution. Metroeconomica, 1954, 6(3): 88-107.

[9] Alesina, A. , & Perotti, R. Income distribution, political instability, and investment. European economic review, 1996, 40(6):1203-1228.

[10] Almås, I. , Cappelen, A. W. , Lind, J. T. , Sørensen, E. Ø. , & et al. Measuring unfair (in) equality. Journal of Public Economics, 2011, 95 (7-8):488-499.

[11] Antman, F. M. The Intergenerational effects of paternal migration on schooling and work: what can we learn from children's time allocations? Journal of Development Economics, 2011, 96(2):200-208.

[12] Arneson, R. J. Equality and equal opportunity for welfare. Philosophical Studies, 1989, 56:77-93.

[13] Ash, R. F. The Evolution of Agricultural Policy. The China Quarterly, 1988, 116:529-555.

[14] Assaad, R. , Krafft, C. , Roemer, J. , & et al. Inequality of opportunity in wages and consumption in Egypt. Review of Income and Wealth, 2018, 64:S26-S54.

[15] Atamanov, A. , & Van den Berg, M. Heterogeneous effects of international migration and remittances on crop income: evidence from the Kyrgyz Republic. World Development, 2012, 40(3):620-630.

[16] Atkinson, A. B. On the measurement of inequality. Journal of Economic Theory, 1970, 2(3):244-263.

[17] Attanasio, O. , Guarín, A. , Medina, C. , & et al. Vocational training for disadvantaged youth in Colombia: along-term follow-up. American Economic Journal: Applied Economics, 2017, 9(2):131-143.

[18] Attanasio, O. , Kugler, A. , & Meghir, C. Subsidizing vocational training for disadvantaged youth in Colombia: evidence from a randomized trial. American Economic Journal: Applied Economics, 2011, 3(3):188-220.

[19] Au, C. -C. , & Henderson, J. V. How migration restrictions limit agglomeration and productivity in China. Journal of Development Economics, 2006, 80 (2):350-388.

[20] Barham, B. , & Boucher, S. Migration, remittances, and inequality: estimating the net effects of migration on income distribution. Journal of Development Economics, 1998, 55(2):307-331.

[21] Barry B. Why Social Justice Matters. Cambridge:Polity Press,2005.

[22] Bai, X. , Shi, P. , and Liu, Y. Society: realizing China's urban dream. Nature,2014,509:158-160.

[23] Becker,G. S. Investment in human capital:atheoretical analysis. Journal of Political Economy,1962,70(5):9-49.

[24] Becker,G. S. A theory of the allocation of time. The Economic Journal, 1965,75(299):493-517.

[25] Becker,G. S. Human Capital and the Personal Distributionof Income: An Analytical Approach. Ann Arbor, MI: University of Michigan, 1967.

[26] Ben-Porath, Y. The production of human capital and the life cycle of earnings. Journal of Political Economy,1967,75(4):352-365.

[27] Benjamin,D. ,Brandt,L. , & Giles,J. The evolution of income inequality in rural China. Economic Development and Cultural Change,2005,53(4): 769-824.

[28] Berry,R. A. , & Soligo,R. Rural-urban migration,agricultural output, and the supply price of labour in a labour-surplus economy. Oxford Economic Papers,1968,20(2):230-249.

[29] Berry,S. Social institutions and access to resources. Africa Journal of the International African Institute,1989,59(1):41-55.

[30] Berry,S. No Condition is Permanent:The Social Dynamics of Agrarian Change in Sub-Saharan Africa. Wisconsin:The University of Wisconsin Press,1993.

[31] Bertocchi, G. , & Spagat, M. The evolution of modern educational systems. Journal of Development Economics,2004,73(2):559-582.

[32] Björklund,A. ,Jäntti,M. , & Roemer,J. E. Equality of opportunity and the distribution of long-run income in Sweden. Social Choice and Welfare, 2011,39(2-3):675-696.

[33] Black,S. E. ,Devereux,P. J. Recent developments in intergenerational mobility. National Bureau of Economic Research,2010. https://www. nber. org/system/files/working_papers/w15889/w15889. pdf.

[34] Black,D. A. ,Sanders,S. G. ,Taylor,E. J. , & Taylor,L. J. The impact

of the great migration on mortality of African Americans:evidence from the deep south. The American Economic Review,2015,105(2):477-503.

[35] Blackwood,D. L. ,& Lynch,R. G. The measurement of inequality and poverty:a policy maker's guide to the literature. World Development,1994,22(4):567-578.

[36] Blinder,A. S. Wage discrimination:reduced form and structural estimates. Journal of Human Resources,1973,8(4):436-455.

[37] Bodie,Z. ,Merton,R. C. ,& Samuelson,W. F. Labor supply flexibility and portfolio choice in a life cycle model. Journal of Economic Dynamics and Control,1992,16(3-4):427-449.

[38] Bonnefond,C. ,& Clément,M. An analysis of income polarisation in rural and urban China. Post-Communist Economies,2012,24(1):15-37.

[39] Bosker,M. ,Brakman,S. ,Garretsen,H. ,& Schramm,M. Relaxing Hukou:increased labor mobility and China's economic geography. Journal of Urban Economics,2012,72(2-3):252-266.

[40] Bossert,W. Redistribution mechanisms based on individual characteristics. Mathematical Social Sciences,1995,29(1):1-17.

[41] Bossert,W. ,& Fleurbaey,M. Redistribution and compensation. Social Choice and Welfare,1996,13(3):343-355.

[42] Bossert,W. ,& Fleurbaey,M. Responsibility,talent,and compensation: a second-best analysis. Review of Economic Design,1999,4(1):35-55.

[43] Bourguignon, F. & Chiappori, P. A.. Collective models of household behavior//Caillavet,F. ,Guyomard,H. & Lifran,R. Agricultural Household Modeling and Family Economics. Amsterdam:Elsevier Science B. V. ,1994:205-216.

[44] Bourguignon,F. ,Ferreira,F. H. ,& Menendez,M. Inequality of opportunity in Brazil. Review of Income and Wealth,2007,53(4):585-618.

[45] Bourguignon, F. , Ferreira, F. H. G. , & Menéndez, M. Inequality of opportunity in Brazil:acorrigendum. Review of Income and Wealth,2013,59(3):551-555.

[46] Boustan, L. P. , Kahn, M. E. , & Rhode, P. W. Moving to higher ground:

migration response to natural disasters in the early twentieth century. American Economic Review,2012,102(3):238-244.

[47] Bowles,S. Planning Educational Systems for Economic Growth. Cambridge, Mass:Harvard University Press,1969.

[48] Bowles, S. Schooling and inequality from generation to generation. Journal of Political Economy,1972,80(3):S219-S251.

[49] Brown, P. H. , & Park, A. Education and poverty in rural China. Economics of Education Review,2002,21(6):523-541.

[50] Browning,M. ,& Crossley, T. F. The life-cycle model of consumption and saving. Journal of Economic Perspectives,2001,15(3):3-22.

[51] Bruce,J. Homes divided. World Development,1989,17(7):979-991.

[52] Brunori,P. ,Ferreira,F. H. , & Peragine, V. Inequality of opportunity, income inequality,and economic mobility:some international comparisons// Paus,E. Getting Development Right. New York:Palgrave Macmillan, 2013:85-115.

[53] Brunori,P. ,Peragine, V. , & Serlenga, L. Upward and downward bias when measuring inequality of opportunity. Social Choice and Welfare, 2019,52(4):635-661.

[54] Bryceson,D. F. Deagrarianization and rural employment in sub-Saharan Africa:a sectoral perspective. World Development,1996,24(1):97-111.

[55] Burkhauser, R. V. , Feng, S. Z. , & Jenkins, S. P. Using the P90/P10 index to measure US inequality trends with current population survey data:a view from inside the census bureau vaults. Review of Income and Wealth,2009,55(1):166-185.

[56] Cai,F. ,Du, Y. , & Wang, M. Migration and Labor Mobility in China. UNDP. (2013-10-11). http://hdr. undp. org/sites/default/files/hdrp_ 2009_09. pdf.

[57] Cai, Q. Migrant remittances and family ties:a case study in China. International Journal of Population Geography,2003,9(6):471-483.

[58] Card,D. ,Ibarraran,P. ,Regalia,F. ,Rosas-Shady,D. , & Soares,Y. The labor market impacts of youth training in the Dominican Republic. Journal of Labor Economics,2011,29(2):267-300.

[59] Champernowne, D. G. A model of income distribution. The Economic Journal, 1953, 63(250): 318-351.

[60] Chan, K. W. The household registration system and migrant labor in China: notes on a debate. Population and Development Review, 2010, 36 (2): 357-364.

[61] Chan, K. W. China: internal migration//Ness, I. The Encyclopedia of Global Human Migration. https://doi. org/10. 1002/9781444351071. wbeghm124.

[62] Chan, C. K. -C. , & Ngai, P. The making of a new working class? A study of collective actions of migrant workers in south China. The China Quarterly, 2009, 198: 287-303.

[63] Chan, K. W. , & Zhang, L. The Hukou system and rural-urban migration in China: processes and changes. The China Quarterly, 1999, 160: 818-855.

[64] Chang, H. , Dong, X. -y. , & MacPhail, F. Labor migration and time use patterns of the left-behind children and elderly in rural China. World Development, 2011, 39(12): 2199-2210.

[65] Checchi, D. , & Peragine, V. Inequality of opportunity in Italy. The Journal of Economic Inequality, 2010, 8(4): 429-450.

[66] Checchi, D. , Peragine, V. , & Serlenga, L. Fair and unfair income inequalities in Europe. SSRN. (2010-07-06). http://dx. doi. org/10. 2139/ssrn. 1634492.

[67] Chen, B. K. , Chen, Z. , Freeman, R. , & Lu, M. Language as a bridge: the effects of dialect on labor market performance in urban China// International Conference on Chinese Labor Market, Zhejiang University, Hangzhou, China, 2013.

[68] Chen, F. , & Davis, J. Land reform in rural China since the mid 1980s. Land Reform, Land Settlement, and Cooperatives, 1998, 6(2): 123-137.

[69] Chen, Z. , Ge, Y. , Lai, H. , & Wan, C. Globalization and gender wage inequality in China. World Development, 2013, 44: 256-266.

[70] Chen, Z. , Lu, M. , & Xu, L. Returns to dialect: identity exposure through language in the Chinese labor market. China Economic Review, 2014, 30: 27-43.

[71] Chiang,Y. ,Hannum,E. C. ,& Kao,G. It's not just about the money: motivations for youth migration in rural China. Asia-Pacific Education, Language Minorities and Migration (ELMM) Network Working Paper Series. (2013-02-18). https://repository. upenn. edu/elmm/6/.

[72] Chiswick,B. R. The average level of schooling and the intra-regional inequality of income:a clarification. The American Economic Review, 1968,58(3):495-500.

[73] Chiswick,B. R. Earnings inequality and economic development. The Quarterly Journal of Economics,1971,85(1):21-39.

[74] Chiswick,B. R. Income Inequality: regional analyses within a human capital framework. New York:National Bureau of Economic Research, 1974.

[75] Clément,M. Income mobility and income inequality in rural China. Frontiers of Economics in China,2016,11(4):1673-3444.

[76] Cohen,G. A. On the currency of egalitarian justice. Ethics,1989,99(4): 906-944.

[77] Cowell,F. A. Measurement of inequality//Atkinson,A. B. & Bourguignon, F. Handbook of Income Distribution. Amsterdam:Elsevier B. V. ,2000: 87-166.

[78] Cowell, F. A. , & Kuga, K. Inequality measurement: an axiomatic approach. European Economic Review,1981,15(3):287-305.

[79] Davies,S. ,& Hossain,N. Livelihood adaptation,public action and civil society:a review of the literature. IDS Working Paper 57,1997. https:// opendocs. ids. ac. uk/opendocs/handle/20. 500. 12413/3361.

[80] De Brauw,A. Seasonal migration and agricultural production in Vietnam. Journal of Development Studies,2010,46(1):114-139.

[81] De Brauw, A. Migration, youth, and agricultural productivity in Ethiopia. Agricultural and Applied Economics Association, 2014. https://ageconsearch. umn. edu/record/ 189684. DOI:10. 22004/ag. econ. 189684.

[82] De Brauw, A. , & Giles, J. Migrant opportunity and the educational attainment of youth in rural China. Journal of Human Resources,2017,

52(1):272-311.

[83] De Brauw, A. , & Giles, J. Migrant labor markets and the welfare of rural households in the developing world: evidence from China. The World Bank Economic Review,2018,32(1):1-18.

[84] De Brauw, A. , Huang, J. , Rozelle, S. , Zhang, L. , & Zhang, Y. The evolution of China's rural labor markets during the reforms. Journal of Comparative Economics,2002,30(2):329-353.

[85] De Brauw, A. , & Rozelle, S. Migration and household investment in rural China. China Economic Review,2008a,19(2):320-335.

[86] De Brauw, A. , & Rozelle, S. Reconciling the returns to education in off-farm wage employment in rural China. Review of Development Economics,2008b,12(1):57-71.

[87] De Haas, H. Migration, remittances and regional development in Southern Morocco. Geoforum,2006,37(4):565-580.

[88] De Janvry, A. , Emerick, K. , Gonzalez-Navarro, M. , & et al. Delinking land rights from land use: certification and migration in Mexico. American Economic Review,2015,105(10):3125-3149.

[89] De Wolff, P. , & Van Slijpe, A. R. D. The relation between income, intelligence, education and social background. European Economic Review,1973,4(3):235-264.

[90] Deininger, K. , Jin, S. , Xia, F. , & et al. Moving off the farm: land institutions to facilitate structural transformation and agricultural productivity growth in China. World Development,2014,59:505-520.

[91] Démurger, S. , Fournier, M. , & Yang, W. Rural households' decisions towards income diversification: evidence from a township in northern China. China Economic Review,2010,21:S32-S44.

[92] Devooght, K. To each the same and to each his own: aproposal to measure responsibility-sensitive income inequality. Economica,2008,75 (298):280-295.

[93] Dey, S. Impact of remittances on poverty at origin: a study on rural households in India using covariate balancing propensity score matching. Migration and Development,2015,4(2):185-199.

[94] Ding, C. Policy and praxis of land acquisition in China. Land Use Policy,2007,24(1):1-13.

[95] Donaldson,D. , & Weymark,J. A. A single-parameter generalization of the Gini indices of inequality. Journal of Economic Theory, 1980, 22 (1):67-86.

[96] Dougherty,C. R. S. Substitution and the structure of the labour force. The Economic Journal,1972,82(325):170-182.

[97] Du,Y. Rural labor migration in contemporary China:an analysis of its features and the macro context//West, L. A. & Zhao, Y. Rural Labor Flows in China,Berkeley,CA:Institute of East Asian Studies,2000:67-100.

[98] Du,Y. ,Park,A. , & Wang,S. Migration and rural poverty in China. Journal of Comparative Economics,2005,33(4):688-709.

[99] Duan,C. R. ,Lv,L. D. ,Guo,J. , & Wang,Z. P. Survival and development of left-behind children in rural China:based on the analysis of sixth census data. Population Journal,2013,35(3):37-49.

[100] Dworkin,R. What is equality? Part 1:equality of welfare. Philosophy & Public Affairs,1981,10(3):185-246.

[101] Dwyer,D. H. , & Bince,J. A Home Divided:Women and Income in the Third World. Stanford:Stanford University Press,1988.

[102] Ellis,F. Household strategies and rural livelihood diversification. The Journal of Development Studies,1998,35(1):1-38.

[103] Epstein, I. Chinese Education: Problems, Policies, and Prospects. Oxford:Routledge,2017.

[104] Fei,J. C. H. , & Ranis,G. Capital-labor ratios in theory and in history: reply. The American Economic Review,1964,54(6):1063-1069.

[105] Ferreira, F. H. G. , & Gignoux,J. The measurement of inequality of opportunity:theory and an application to Latin America. Review of Income and Wealth,2011,57(4):622-657.

[106] Ferreira, F. H. G. , & Gignoux,J. The measurement of educational inequality:achievement and opportunity. The World Bank Economic Review,2013,28(2):210-246.

[107] Ferreira, F. H. G. , Gignoux, J. , & Aran, M. Measuring inequality of opportunity with imperfect data: the case of Turkey. The Journal of Economic Inequality, 2011, 9(4): 651-680.

[108] Ferreira, S. G. , & Veloso, F. A. Intergenerational mobility of wages in Brazil. Brazilian Review of Econometrics, 2006, 26(2): 181-211.

[109] Fersterer, J. , Pischke, J. S. , & Winter-Ebmer, R. Returns to apprenticeship training in Austria: evidence from failed firms. Scandinavian Journal of Economics, 2008, 110(4): 733-753.

[110] Fields, G. S. , & Yoo, G. Falling labor income inequality in Korea's economic growth: patterns and underlying causes. Review of Income and Wealth, 2000, 46(2): 139-159.

[111] Fitzenberger, B. Vocational training and gender: wages and occupational mobility among young workers. Oxford Review of Economic Policy, 2005, 21(3): 392-415.

[112] Fleisher, B. , Li, H. , & Zhao, M. Q. Human capital, economic growth, and regional inequality in China. Journal of Development Economics, 2010, 92(2): 215-231.

[113] Fleurbaey, M. , & Maniquet, F. Fair social orderings when agents have unequal production skills. Social Choice and Welfare, 2005, 24(1): 93-127.

[114] Fleurbaey, M. , & Maniquet, F. Fair social orderings. Economic Theory, 2008, 34(1): 25-45.

[115] Fleurbaey, M. , & Maniquet, F. A Theory of Fairness and Social Welfare. Cambridge: Cambridge University Press, 2011.

[116] Fleurbaey, M. , & Peragine, V. Ex ante versus ex post equality of opportunity. Economica, 2013, 80(317): 118-130.

[117] Foellmi, R. , & Zweimüller, J. Income distribution and demand-induced innovations. The Review of Economic Studies, 2006, 73(4): 941-960.

[118] Folbre, N. Hearts and spades: paradigms of household economics. World Development, 1986, 14(2): 245-255.

[119] Foster, J. E. Inequality measurement. Fair Allocation, 1985, 33: 31-68.

[120] Fu, Y. , & Gabriel, S. A. Labor migration, human capital agglomeration and

regional development in China. Regional Science and Urban Economics, 2012,42(3):473-484.

[121] Garip,F. The impact of migration and remittances on wealth accumulation and distribution in rural Thailand. Demography,2014,51(2):673-698.

[122] Gersovitz,M. Sectoral asymmetries and a social-welfare interpretation of Hukou. China Economic Review,2016,38:108-115.

[123] Giles,J. , & Mu,0R. Village political economy,land tenure insecurity, and the rural to urban migration decision: evidence from China. American Journal of Agricultural Economics,2017,100(2):521-544.

[124] Glazerman, S. , Levy, D. M. , & Myers, D. Nonexperimental replications of social experiments: a systematic review. Mathematica Policy Research,2002. https://www. mathematica. org/-/media/publications /pdfs/nonexperimentalreps. pdf.

[125] Glewwe,P. ,Park,A. , & Zhao,M. A better vision for development: eyeglasses and academic performance in rural primary schools in China. Journal of Development Economics,2016,122:170-182.

[126] Golley,J. , & Kong,S. T. Inequality of opportunity in China's educational outcomes. China Economic Review,2018,51:116-128.

[127] Goodburn,C. Learning from migrant education: a case study of the schooling of rural migrant children in Beijing. International Journal of Educational Development,2009,29(5):495-504.

[128] Gottshcalk,P. , & Smeeding,T. Empirical evidence on income inequality in industrial countries//Atkinson, A. B. & Bourguignon, F. Handbook of Income Distribution. Amsterdam:Elsevier BV. ,2000:261-307.

[129] Gourieroux,C. ,Monfort,A. ,Renault,E. , & Trognon,A. Generalised residuals. Journal of Econometrics,1987,34(1-2):5-32.

[130] Grossmann, V. Risky human capital investment,income distribution, and macroeconomic dynamics. Journal of Macroeconomics, 2008, 30 (1):19-42.

[131] Guiso, L. ,Sapienza, P. , & Zingales, L. Cultural biases in economic exchange? The Quarterly Journal of Economics, 2009, 124 (3): 1095-1131.

[132] Gupta,S.,Pattillo,C. A.,& Wagh,S. Effect of remittances on poverty and financial development in sub-Saharan Africa. World Development,2009, 37(1):104-115.

[133] Gustafsson,B.,& Li,S. Income inequality within and across counties in rural China 1988 and 1995. Journal of Development Economics, 2002,69(1):179-204.

[134] Gustafsson,B.,& Shi,L. The ethnic minority-majority income gap in rural China during transition. Economic Development and Cultural Change,2003,51(4):805-822.

[135] Hadar,J.,& Russell,W. R. Rules for ordering uncertain prospects. The American Economic Review,1969,59(1):25-34.

[136] Hall,C. Does more general education reduce the risk of future unemployment? Evidence from an expansion of vocational upper secondary education. Economics of Education Review,2016,52:251-271.

[137] Hannum,E. Political change and the urban-rural gap in basic education in China, 1949-1990. Comparative Education Review, 1999, 43(2): 193-211.

[138] Hannum, E. Market transition: educational disparities, and family strategies in rural China: new evidence on gender stratification and development. Demography,2005,42(2):275-299.

[139] Hanoch,G. An economic analysis of earnings and schooling. Journal of Human Resources,1967,2(3):310-329.

[140] Hanushek,E. A.,Schwerdt,G.,Woessmann,L.,& Zhang,L. General education,vocational education,and labor-market outcomes over the lifecycle. Journal of Human Resources,2017,52(1):48-87.

[141] Hanushek,E. A.,& Zhang,L. Quality-consistent estimates of international schooling and skill gradients. Journal of Human Capital,2009,3(2):107-143.

[142] Hare,D. Women's economic status in rural china:household contributions to male-female disparities in the wage-labor market. World Development, 1999,27(6):1011-1029.

[143] Harris,J. R.,& Todaro,M. P. Migration,unemployment and development:

a two-sector analysis. The American Economic Review,1970,60(1):126-142.

[144] Hart,G. Gender and household dynamics: recent theories and their implications//Quibria,M. G. Critical Issues in Asian Development: Theories, Experiences and Policies. Hong Kong, Oxford: Oxford University Press,1995:39-74.

[145] Heckman,J. J. A life-cycle model of earnings,learning,and consumption. Journal of Political Economy,1976,84(4):11-44.

[146] Heckman,J. J. , Lochner, L. J. , & Todd, P. E. Earnings functions, rates of return and treatment effects: the mincer equation and beyond. Handbook of the Economics of Education,Amsterdam:Elsevier BV. , 2006:307-458.

[147] Heckman,J. J. , & MaCurdy,T. E. A life cycle model of female labour supply. The Review of Economic Studies,1980,47(1):47-74.

[148] Hirshleifer,S. , McKenzie, D. , Almeida, R. , & Ridao-Cano, C. The impact of vocational training for the unemployed: experimental evidence from Turkey. Economic Journal,2016,126(597):2115-2146.

[149] Hoang, T. X. , Pham,C. S. , & Ulubaşoğlu,M. A. Non-farm activity, household expenditure, and poverty reduction in rural Vietnam: 2002—2008. World Development,2014,64:554-568.

[150] Hogarth,N. J. , Belcher, B. , Campbell, B. , & Stacey, N. The role of forest-related income in household economies and rural livelihoods in the border-region of southern China. World Development,2013,43:111-123.

[151] Houser,J. Findings from Vocational Education in the United States: the Early 1990s. Washinton,DC:ERIC,1996.

[152] Howell, A. Impacts of migration and remittances on ethnic income inequality in rural China. World Development,2017,94:200-211.

[153] Hoyos,A. , & Narayan, A. Inequality of opportunities among children: how much does gender matter? Washington, DC: World Bank,2011. https://openknowledge. worldbank. org/handle/10986/27452.

[154] Hu, R. Economic development and the implementation of village

elections in rural China. Journal of Contemporary China, 2005, 14 (44):427-444.

[155] Hua, Y. , & Yin, Z. Internal migration decision and rural income inequality: a counterfactual-based Gini decomposition analysis. Emerging Markets Finance and Trade, 2017, 53(5):1093-1106.

[156] Huang, Y. Agricultural Reform in China: Getting Institutions Right. Cambridge: Cambridge University Press, 1998.

[157] Husén, T. Ability, opportunity and career: a 26 year follow-up. Educational Research, 1968, 10(3):170-184.

[158] Ibarraran, P. , Ripani, L. , Taboada, B. , Villa, J. M. , & Garcia, B. Life skills, employability and training for disadvantaged youth: evidence from a randomized evaluation design. IZA Journal of Labor & Development, 2014, 3(10). https://doi. org/10. 1186/2193-9020-3-10.

[159] Ibrahim, M. , & Srinivasan, C. Does Off-farm income alleviate poverty and income inequality? Evidence from rural Nigeria. The 88th Annual Conference, AgroParisTech, Paris, France, 2014. https://EconPapers. repec. org/RePEc:ags:aesc14:170509. DOI:10. 22004/ag. econ. 170509.

[160] Jenkins, S. The Measurement of Income Inequality Economic Inequality and Poverty: International Perspectives. New York: Routledge, 2017.

[161] Jia, P. , Du, Y. , & Wang, M. Rural labor migration and poverty reduction in China. China & World Economy, 2017, 25(6):45-64.

[162] Jimenez-soto, E. V. , & Brown, R. P.. Assessing the poverty impacts of migrants' remittances using propensity score matching: the case of Tonga. Economic Record, 2012:88(282):425-439.

[163] Johnson, D. G. Agricultural adjustment in China: problems and prospects. Population and Development Review, 2000, 26(2):319-334.

[164] Jorgenson, D. W. The development of a dual economy. The Economic Journal, 1961, 71(282):309-334.

[165] Juarez, F. W. C. , & Soloaga, I. Iop: Estimating ex-ante inequality of opportunity. Stata Journal, 2014, 14(4):830-846.

[166] Jusot, F. , Tubeuf, S. , & Trannoy, A. Circumstances and efforts: how important is their correlation for the measurement of inequality of

opportunity in health?. Health economics,2013,22(12):1470-1495.

[167] Kakwani, N. C. Income Inequality and Poverty. Oxford: Oxford University Press,1980.

[168] Kennan,J. ,& Walker,J. R. The effect of expected income on individual migration decisions. Econometrica,2011,79(1):211-251.

[169] Khan,A. R. ,& Riskin,C. China's household income and its distribution, 1995 and 2002. The China Quarterly,2005,182:356-384.

[170] Knight,J. Inequality in China:an overview. The World Bank Research Observer,2013,29(1):1-19.

[171] Knight,J. ,Deng,Q. ,& Li,S. The puzzle of migrant labour shortage and rural labour surplus in China. China Economic Review,2011,22 (4):585-600.

[172] Knight,J. ,& Gunatilaka,R. The rural-urban divide in China:income but not happiness?. Journal of Development Studies, 2010, 46 (3): 506-534.

[173] Krueger,D. ,& Kumar,K. B. Skill-specific rather than general education:a reason for US-Europe growth differences? Journal of Economic Growth, 2004,9(2):167-207.

[174] Kung, J. ,Cai, Y. S. , & Sun, X. L. Rural cadres and governance in China:incentive, institution and accountability. China Journal, 2009, 62:61-77.

[175] Kung,J. K. ,& Lee,Y. F. So what if there is income inequality? The distributive consequence of nonfarm employment in rural China. Economic Development and Cultural Change,2001,50(1):19-46.

[176] Kuznets, S. Economic growth and income inequality. The American Economic Review,1955,45(1):1-28.

[177] Kwong,J. Educating migrant children:negotiations between the state and civil society. The China Quarterly,2004,180:1073-1088.

[178] Lai,L. W. C. Marine fish culture and pollution—an initial Hong Kong empirical study. Asian Economic Journal,1993,7(3):333-351.

[179] Lai,L. W. C. Land use rights reform in China:some theoretical issues. Land Use Policy,1995,12(4):281-289.

[180] Lameli, A. , Nitsch, V. , Südekum, J. , & Wolf, N. Same same but different：dialects and trade. German Economic Review, 2015, 16(3)：290-306.

[181] Lefranc, A. , Pistolesi, N. , & Trannoy, A. Inequality of opportunities vs. inequality of outcomes：are western societies all alike? Review of Income and Wealth, 2008, 54(4)：513-546.

[182] Lefranc, A. , Pistolesi, N. , & Trannoy, A. Equality of opportunity and luck：definitions and testable conditions, with an application to income in France. Journal of Public Economics, 2009, 93(11-12)：1189-1207.

[183] López-Feldman, & Alejandro. Decomposing inequality and obtaining marginal effects. Stata Journal, 2006, 6(1)：106-111.

[184] Lerman, R. I. , & Yitzhaki, S. Income inequality effects by income source：a new approach and applications to the United States. The review of economics and statistics, 1985, 67(1)：151-156.

[185] Lewis, W. A. Economic development with unlimited supplies of labour. The Manchester School, 1954, 22(2)：139-191.

[186] Li, C. , & Gibson, J. Rising regional inequality in China：fact or artifact?. World Development, 2013, 47：16-29.

[187] Li, H. , Loyalka, P. , Rozelle, S. , Wu, B. , & Xie, J. Unequal access to college in China：how far have poor, rural students been left behind?. The China Quarterly, 2015, 221：185-207.

[188] Li, H. , & Zou, H. f. Income inequality is not harmful for growth：theory and evidence. Review of development economics, 1998, 2(3)：318-334.

[189] Li, S. Effects of labor out-migration on income growth and inequality in rural China. Development and Society, 1999, 28(1)：93-114.

[190] Liebig, T. , & Sousa-Poza, A. Migration, self-selection and income inequality：an international analysis. Kyklos, 2004, 57(1)：125-146.

[191] Lin, J. Y. , Wang, G. , & Zhao, Y. Regional inequality and labor transfers in China. Economic Development and Cultural Change, 2004, 52(3)：587-603.

[192] Lin, J. Y. F. Rural reforms and agricultural growth in China. American

Economic Review,1992,82(1):34-51.

[193] Ling,M. "Bad students go to vocational schools!": education,social reproduction and migrant youth in urban China. The China Journal, 2015,73(1):108-131.

[194] Lipton,M. , & Maxwell,S. The new poverty agenda: an overview. Discussion Paper-Institute of Development Studies,University of Sussex (United Kingdom):1992.

[195] Lipton,M. , & van der Gaag,J. Including the Poor:Proceedings of A Symposium Organized by the World Bank and the International Food Policy Research Institute. Washington,D. C. : World Bank Regional and Sectoral Studies,1993.

[196] Loyalka,P. ,Chu,J. ,Wei,J. ,Johnson,N. , & Reniker,J. Inequalities in the pathway to college in China:when do students from poor areas fall behind? The China Quarterly,2017,229:172-194.

[197] Lu,Y. Education of children left behind in rural China. Journal of Marriage and Family,2012,74(2):328-341.

[198] Luan,J. ,Chen,J. C. ,He,Z. W. ,Li,Q. , & Qiu,H. The education treatment effect on the non-farm income of Chinese western rural labors. China Agricultural Economic Review,2015,7(1):122-142.

[199] Luo,X. , & Zhu,N. Rising Income Inequality in China:A Race to the Top. World Bank Policy Research Working Paper Series,2018. World Bank Policy Research Working Paper No. 4700. https://ssrn. com/abstract=1258145.

[200] Malamud,O. , & Pop-Eleches,C. General education versus vocational training:evidence from an economy in transition. Review of Economics and Statistics,2010,92(1):43-60.

[201] Manion,M. The electoral connection in the Chinese countryside. American Political Science Review,1996,90(4):736-748.

[202] Matthews,R. , & Nee,V. Gender inequality and economic growth in rural China. Social Science Research,2000,29(4):606-632.

[203] McMillan,J. ,Whalley,J. , & Zhu,L. The impact of China's economic reforms on agricultural productivity growth. Journal of Political

Economy,1989,97(4):781-807.

[204] Meer,J. Evidence on the returns to secondary vocational education. Economics of Education Review,2007,26(5):559-573.

[205] Meillassoux,C. Maidens,Meal and Money:Capitalism and the Domestic Community. Cambridge:Cambridge University Press,1981.

[206] Meng,X. An examination of wage determination in China's rural industrial sector. Applied Economics,1996,28(6):715-724.

[207] Meng,X. ,& Zhang,J. The two-tier labor market in urban China. Journal of Comparative Economics,2001,29(3):485-504.

[208] Mincer,J. Investment in human capital and personal income distribution. Journal of political economy,1958,66(4):281-302.

[209] Modigliani,F. ,& Brumberg,R. Utility analysis and the consumption function:an interpretation of cross-section data//Modigliani,F. The Collected Papers of Franco Modigliani. Cambridge,Massachusetts, London,England:The MIT Press,2005:3-45.

[210] Mohapatra,S. ,Rozelle,S. ,& Huang,J. Climbing the development ladder:economic development and the evolution of occupations in rural China. Journal of Development Studies,2007,42(6):1023-1055.

[211] Morduch,J. ,& Sicular,T. Politics,growth,and inequality in rural China:does it pay to join the Party?. Journal of Public Economics, 2000,77(3):331-356.

[212] Morduch,J. ,& Sicular,T. Rethinking inequality decomposition,with evidence from rural China. The Economic Journal, 2002, 112(476): 93-106.

[213] Mu,R. ,& van de Walle,D. Left behind to farm? Women's labor re-allocation in rural China. Labour Economics,2011,18:S83-S97.

[214] Munshi,K. ,& Rosenzweig,M. Networks and misallocation:insurance, migration,and the rural-urban wage gap. American Economic Review, 2016,106(1):46-98.

[215] Murphy,K. M. ,Shleifer,A. ,& Vishny,R. Income distribution,market size,and industrialization. The Quarterly Journal of Economics,1989, 104(3):537-564.

[216] Murphy, R. Domestic migrant remittances in China: distribution, channels and livelihoods. Geneva: International Organization for Migration, 2006.

[217] Naughton, B. The Chinese Economy: Transitions and Growth. Cambridge, MA: The MIT Press, 2007.

[218] Niehues, J. , & Peichl, A. Upper bounds of inequality of opportunity: theory and evidence for Germany and the US. Social Choice and Welfare, 2014, 43(1): 73-99.

[219] Nguyen, L. D. , Raabe, K. , & Grote, U. Rural-urban migration, household vulnerability, and welfare in Vietnam. World Development, 2015, 71: 79-93.

[220] Nozick, R. Anarchy, State, and Utopia. New York: Basic Books, 1974.

[221] O'Neill, D. , Sweetman, O. , & Van de Gaer, D. Equality of opportunity and kernel density estimation: an application to intergenerational mobility. Advances in Econometrics: A Research Annual, 2000, 14: 259-274. http://mural. maynoothuniversity. ie/9156/1/DO-Equality. pdf.

[222] Oaxaca, R. Male-female wage differentials in urban labor markets. International Economic Review, 1973, 14(3): 693-709.

[223] Ooghe, E. , Schokkaert, E. , & Van de gaer, D. Equality of opportunity versus equality of opportunity sets. Social Choice and Welfare, 2007, 28(2): 209-230.

[224] Parish, W. L. , Zhe, X. , & Li, F. Nonfarm work and marketization of the Chinese countryside. The China Quarterly, 2009, 143: 697-730.

[225] Peragine, V. Ranking income distributions according to equality of opportunity. Journal of Economic Inequality, 2004, 2(1): 11-30.

[226] Peragine, V. , & Ferreira, F. Equality of opportunity: theory and evidence. Policy Research working paper, no. WPS 7217. Washington, D. C. : World Bank Group, 2015. (2015-03-20). http://documents. worldbank. org/curated/en/382131467998206429/Equality-of-opportunity-theory-and-evidence.

[227] Perotti, R. Growth, income distribution, and democracy: what the data say. Journal of Economic Growth, 1996, 1(2): 149-187.

[228] Piraino,P. Intergenerational earnings mobility and equality of opportunity in South Africa. World Development,2015,67:396-405.

[229] Pistolesi,N. Inequality of opportunity in the land of opportunities, 1968-2001. The Journal of Economic Inequality,2009,7(4):411-433.

[230] Psacharopoulos,G. Returns to investment in education-a global update. World Development,1994,22(9):1325-1343.

[231] Psacharopoulos,G. ,& Hinchliffe,K. Further evidence on the elasticity of substitution among different types of educated labor. Journal of Political Economy,1972,80(4):786-792.

[232] Quisumbing, A. R. Male-female differences in agricultural productivity: methodological issues and empirical evidence. World Development, 1996,24(10):1579-1595.

[233] Ramos,X. ,& Van de Gaer, D. Approaches to inequality of opportunity: principles,measures and evidence. Journal of Economic Surveys,2016, 30(5):855-883.

[234] Ranis,G. ,& Fei,J. C. H. A theory of economic development. The American Economic Review,1961,51(4):533-565.

[235] Reardon,T. ,Taylor,J. E. ,Stamoulis,K. ,Lanjouw,P. ,& et al. Effects of non-farm employment on rural income inequality in developing countries:an investment perspective. Journal of Agricultural Economics, 2000, 51 (2):266-288.

[236] Riphahn,R. T. ,& Zibrowius,M. Apprenticeship,vocational training, and early labor market outcomes-evidence from East and West Germany. Education Economics,2015,24(1):33-57.

[237] Roberts, K. D. Chinese labor migration:insights from Mexican undocumented migration to the United States//West,L. & Yaokui,Z. Rural Labour Flows in China. Berkeley:Institute of East Asian Studies,University of California,2000:179-230.

[238] Roemer,J. E. A pragmatic theory of responsibility for the egalitarian planner. Philosophy & Public Affairs,1993,22(2):146-166.

[239] Roemer, J. E. Equality of Opportunity. Cambridge, MA: Harvard University Press,1998.

[240] Roemer, J. E. On several approaches to equality of opportunity. Economics & Philosophy, 2012, 28(2):165-200.

[241] Rosenzweig, M. R. , & Zhang, J. Economic growth, comparative advantage, and gender differences in schooling outcomes: evidence from the birthweight differences of Chinese twins. Journal of Development Economics, 2013, 104:245-260.

[242] Roy, A. D. The distribution of earnings and of individual output. The Economic Journal, 1950, 60(239):489-505.

[243] Rozelle, S. , Taylor, J. E. , & De Brauw, A. Migration, remittances, and agricultural productivity in China. The American Economic Review, 1999, 89(2):287-291.

[244] Rutherford, R. S. Income distributions: a new model. Econometrica: Journal of the Econometric Society, 1955, 23(3):277-294.

[245] Saposnik, R. Rank-dominance in income distributions. Public Choice, 1981, 36(1):147-151.

[246] Sato, H. , & Shi, L. Class origin, family culture, and intergenerational correlation of education in rural China. IZA Discussion Papers 2642, Institute of Labor Economics (IZA), 2007.

[247] Sauer, J. , Gorton, M. , & Davidova, S. Migration and farm technical efficiency: evidence from Kosovo. Agricultural Economics, 2015, 46 (5):629-641.

[248] Scharf, M. M. , & Rahut, D. B. Nonfarm employment and rural welfare: evidence from the Himalayas. American Journal of Agricultural Economics, 2014, 96(4):1183-1197.

[249] Seeborg, M. C. , Jin Z, & Y, Z. The new rural-urban labor mobility in China: causes and implications. The Journal of Socio-Economics, 2000, 29(1):39-56.

[250] Shen, J. Increasing internal migration in China from 1985 to 2005: institutional versus economic drivers. Habitat International, 2013, 39: 1-7.

[251] Shi, Y. , Zhangb, L. , Maa, Y. , & et al. Dropping out of rural China's secondary schools: a mixed-methods analysis. The China Quarterly,

2015,224:1048-1069.

[252] Shorrocks, A. F. Inequality decomposition by factor components. Econometrica: Journal of the Econometric Society, 1982, 50 (1): 193-211.

[253] Shorrocks, A. F. Decomposition procedures for distributional analysis: a unified framework based on the Shapley value. The Journal of Economic Inequality, 2012, 11(1): 99-126.

[254] Siciliano, G. Rural-urban migration and domestic land grabbing in China. Population, Space and Place, 2014, 20(4): 333-351.

[255] Sicular, T. , Yue, X. , Gustafsson, B. , & Shi, L. The urban-rural income gap and inequality in China. Review of Income and Wealth, 2007, 53 (1): 93-126.

[256] Singh, A. Inequality of opportunity in earnings and consumption expenditure: the case of Indian men. Review of Income and Wealth, 2012, 58(1): 79-106.

[257] Solinger, D. J. Contesting Citizenship in Urban China: Peasant Migrants, the State, and the Logic of the Market. California: University of California Press, 1999.

[258] Song, Y. What should economists know about the current Chinese hukou system?. China Economic Review, 2014, 29: 200-212.

[259] Spolaore, E. , & Wacziarg, R. The diffusion of development. The Quarterly Journal of Economics, 2009, 124(2): 469-529.

[260] Stenberg, A. , & Westerlund, O. The long-term earnings consequences of general vs. specific training of the unemployed. IZA Journal of European Labor Studies, 2015, 4(1): 1-26.

[261] Stuart, E. A. , Huskamp, H. A. , Duckworth, K. , Simmons, J. , Song, Z. , Chernew, M. E. , & Barry, C. L. Using propensity scores in difference-in-differences models to estimate the effects of a policy change. Health Services and Outcomes Research Methodology, 2014, 14(4): 166-182.

[262] Swift, A. Justice, luck and the family: normative aspects of the intergenerational transmission of economic status//Bowles, S. , Gintis, H. , & Groves, M. O. Unequal Chances: Family Background and

Economic Success. Princeton: Princeton University Press, 2005: 256-276.

[263] Tao, R. , & Xu, Z. Urbanization, rural land system and social security for migrants in China. The Journal of Development Studies, 2007, 43 (7):1301-1320.

[264] Taylor, J. E. The new economics of labour migration and the role of remittances in the migration process. International Migration, 1999, 37 (1):63-88.

[265] Taylor, J. E. , & Martin, P. L. Human capital: migration and rural population change//Evenson, R. E. , & Pingali, P. Handbook of Agricultural Economics. Oxford, Amsterdam: Elsevier BV. , 2010: 457-511.

[266] Taylor, J. E. , Rozelle, S. , & de Brauw, A. Migration and incomes in source communities: a new economics of migration perspective from China. Economic Development and Cultural Change, 2003, 52 (1): 75-101.

[267] Tinbergen, J. Income Distribution: Analysis and Policies. New York: Elsevier, 1975.

[268] Todaro, M. P. A model of labor migration and urban unemployment in less developed countries. The American Economic Review, 1969, 59 (1):138-148.

[269] Trannoy, A. , Tubeuf, S. , Jusot, F. , & et al. Inequality of opportunities in health in France: a first pass. Health Econ, 2010, 19(8):921-938.

[270] Van De Gaer, D. F. G. Equality of opportunity and investment in human capital. Gent, Belgium: Ghent University, 1993.

[271] Vanwey, L. K. , Guedes, G. R. , & D'Antona, A. O. Out-migration and land-use change in agricultural frontiers: insights from Altamira settlement project. Population and Environment, 2012, 34(1):44-68.

[272] Walder, A. G. Markets and income inequality in rural China: political advantage in an expanding economy. American Sociological Review, 2002, 67(2):231-253.

[273] Wan, G. H. , & Zhou, Z. Y. Income inequality in rural China: regression-

based decomposition using household data. Review of Development Economics,2005,9(1):107-120.

[274] Wang,C. , Rada,N. , Qin,L. , & Pan,S. Impacts of migration on household production choices:evidence from China. The Journal of Development Studies,2014,50(3):413-425.

[275] Wang,F. ,& Zuo,X. J. Inside China's cities:Institutional barriers and opportunities for urban migrants. American Economic Review,1999, 89(2):276-280.

[276] Weber,M. The Protestant Ethic and the "Spirit" of Capitalismand Other Writings. London:Penguin Group,2002.

[277] Weiss,R. D. The effect of education on the earnings of blacks and whites. The Review of Economics and Statistics,1970,52(2):150-159.

[278] Wen,M. , & Lin,D. Child development in rural China:children left behind by their migrant parents and children of nonmigrant families. Child Development,2012,83(1):120-136.

[279] Wouterse,F. , & Taylor,J. E. Migration and income diversification. World Development,2008,36(4):625-640.

[280] Wu,H. ,Ding,S. , & Wan,G. Income inequality and rural poverty in China. China Agricultural Economic Review,2015,7(1):65-85

[281] Xie,Y. ,& Zhou,X. Income inequality in today's China. Proceedings of the National Academy of Sciences of the United States of America, 2014,111(19):6928-6933.

[282] Xu,H. ,& Xie,Y. The causal effects of rural-to-urban migration on children's wellbeing in China. European Sociological Review,2015,31 (4):502-519.

[283] Yan,X. ,Bauer,S. , & Huo,X. Farm size,land reallocation,and labour migration in rural China. Population, Space and Place,2014,20(4): 303-315.

[284] Yang,D. T. Urban-biased policies and rising income inequality in China. The American Economic Review,1999,89(2):306-310.

[285] Yang,J. ,& Qiu,M. The impact of education on income inequality and intergenerational mobility. China Economic Review,2016,37:110-125.

[286] Yang,J. ,Wang,H. ,Jin,S. , & et al. Migration,local off-farm employment, and agricultural production efficiency:evidence from China. Journal of Productivity Analysis,2015,45(3):247-259.

[287] Ye,J. Z. , & Pan,L. Differentiated childhoods:impacts of rural labor migration on left-behind children in China. The Journal of peasant studies,2011,38(2):355-377.

[288] Yitzhaki,S. More than a dozen alternative ways of spelling Gini. Research on Economic Inequality,1998,8:13-30.

[289] Yue,A. ,Tang ,B. ,Shi,Y. ,Tang ,J. ,Shang,G. ,Medina,A. , & Rozelle,S. Rural education across China's 40 years of reform:past successes and future challenges. China Agricultural Economic Review,2018,10(1): 93-118.

[290] Zhang, H. Opportunity or new poverty trap: rural-urban education disparity and internal migration in China. China Economic Review, 2017,44:112-124.

[291] Zhang,D. ,Li,X. , & Xue,J. Education inequality between rural and urban areas of the People's Republic of China, migrants' children education,and some implications. Asian Development Review,2015,32 (1):196-224.

[292] Zhang,L. X. ,Huang,J. K. , & Rozelle,S. Employment,emerging labor markets,and the role of education in rural China. China Economic Review, 2002,13(2-3):313-328.

[293] Zhang,X. , & Fan,S. Public investment and regional inequality in rural China. Agricultural Economics,2004,30(2):89-100.

[294] Zhang,Y. , & Eriksson,T. Inequality of opportunity and income inequality in nine Chinese provinces, 1989—2006. China Economic Review,2010, 21(4):607-616.

[295] Zhang,Y. ,Hannum,E. , & Wang,M. Gender-based employment and income differences in urban China:considering the contributions of marriage and parenthood. Social Forces,2008,86(4):1529-1560.

[296] Zhao,Y. Labor migration and returns to rural education in China. American Journal of Agricultural Economics,1997,79(4):1278-1287.

[297] Zhao, Y. Leaving the countryside: rural-to-urban migration decisions in China. The American Economic Review, 1999, 89(2): 281-286.

[298] Zhao, Y. Labor migration and earnings differences: the case of rural China. Economic Development and Cultural Change, 1999, 47 (4): 767-782.

[299] Zhou, C. , Sylvia, S. , Zhang, L. , & et al. China's left-behind children: impact of parental migration on health, nutrition, and educational outcomes. Health Affairs, 2015, 34(11): 1964-1971.

[300] Zhou, X. Economic transformation and income inequality in urban China: evidence from panel data. American Journal of Sociology, 2000, 105(4): 1135-1174.

[301] Zhou, Y. , Han, H. , & Harrell, S. From labour to capital: intra-village inequality in rural China, 1988—2006. The China Quarterly, 2008, 195: 515-534.

[302] Zhu M. The education problems of migrant children in Shanghai. Child Welfare, 2001, 80(5): 563-569.

[303] Zhu, N. The impacts of income gaps on migration decisions in China. China Economic Review, 2002, 13(2-3): 213-230.

[304] Zhu, N. , & Luo, X. The impact of migration on rural poverty and inequality: a case study in China. Agricultural Economics, 2010, 41 (2): 191-204.

[305] 白雪梅. 教育与收入不平等:中国的经验研究. 管理世界, 2004(6): 53-58.

[306] 蔡昉,王美艳. 从穷人经济到规模经济——发展阶段变化对中国农业提出的挑战. 经济研究, 2016(5): 14-26.

[307] 蔡昉. 劳动力迁移的两个过程及其制度障碍. 社会学研究, 2001(4): 44-51.

[308] 蔡昉. 中国农村改革三十年——制度经济学的分析. 中国社会科学, 2008(6): 99-110.

[309] 陈纯槿,李实. 城镇劳动力市场结构变迁与收入不平等:1989～ 2009. 管理世界, 2013(1): 45-55.

[310] 陈东,黄旭锋. 机会不平等在多大程度上影响了收入不平等? ——基于

代际转移的视角.经济评论,2015(1):3-16.

[311] 陈光金.市场抑或非市场:中国收入不平等成因实证分析.社会学研究,2010(6):86-89.

[312] 陈和午.农户模型的发展与应用:文献综述.农业技术经济,2004(3):2-10.

[313] 程名望,盖庆恩,史清华.中国农户收入不平等及其决定因素——基于微观农户数据的回归分解.经济学(季刊):2016(3):1253-1274.

[314] 戴亦一,肖金利,潘越."乡音"能否降低公司代理成本?——基于方言视角的研究.经济研究,2016(12):147-160.

[315] 董辅礽.中华人民共和国经济史.北京:经济科学出版社,1999.

[316] 董丽霞.中国的收入机会不平等——基于2013年中国家庭收入调查数据的研究.劳动经济研究,2018(1):44-62.

[317] 都阳.中国贫困地区农户劳动供给研究.北京:华文出版社,2001.

[318] 高海燕.20世纪中国土地制度百年变迁的历史考察.浙江大学学报(人文社会科学版),2007,37(5):124-133.

[319] 高虹,陆铭.社会信任对劳动力流动的影响——中国农村整合型社会资本的作用及其地区差异.中国农村经济,2010(3):12-24.

[320] 龚锋,李智,雷欣.努力对机会不平等的影响:测度与比较.经济研究,2017(3):76-90.

[321] 辜胜阻,刘磊,李睿.新型城镇化下的职业教育转型思考.中国人口科学,2015(5):2-9.

[322] 郭继强,姜俪,陆利丽.工资差异分解方法述评.经济学(季刊):2011(2):363-414.

[323] 胡景北.农业土地制度和经济发展机制:对二十世纪中国经济史的一种理解.经济学(季刊),2002(2):435-454.

[324] 胡霞,李文杰.中国城乡收入流动性与收入不平等——基于CHNS九省调查数据的经验分析.中国农村经济,2016(8):15-27.

[325] 胡雪枝,钟甫宁.农村人口老龄化对粮食生产的影响——基于农村固定观察点数据的分析.中国农村经济,2012(7):29-39.

[326] 黄春华.中国机会不平等,经济增长与教育作用.武汉:华中科技大学,2016.

[327] 黄嘉文.收入不平等对中国居民幸福感的影响及其机制研究.社会,

2016(2):123-145.

[328] 黄祖辉,王敏.我国居民收入不平等问题:基于转移性收入角度的分析.管理世界,2003(3):70-75.

[329] 江求川,任洁,张克中.中国城市居民机会不平等研究.世界经济,2014(4):111-138.

[330] 靳相木.对改革开放以来中国农村土地制度研究的述评.中国农村观察,2003(2):14-24.

[331] 李春玲."80后"教育经历与机会不平等——兼评《无声的革命》.中国社会科学,2014(4):66-77.

[332] 李春玲.社会政治变迁与教育机会不平等——家庭背景及制度因素对教育获得的影响(1940—2001).中国社会科学,2003(3):86-98.

[333] 李德彬.中华人民共和国经济史简编(1949—1985).长沙:湖南人民出版社,1987.

[334] 李骏,顾燕峰.中国城市劳动力市场中的户籍分层.社会学研究,2011(2):48-77.

[335] 李骏,吴晓刚.收入不平等与公平分配:对转型时期中国城镇居民公平观的一项实证分析.中国社会科学,2012(3):115-129.

[336] 李澜,李阳.我国农业劳动力老龄化问题研究——基于全国第二次农业普查数据的分析.农业经济问题,2009(6):61-66.

[337] 李旻,赵连阁.农业劳动力"老龄化"现象及其对农业生产的影响——基于辽宁省的实证分析.农业经济问题,2009(10):12-18.

[338] 李培林等.中国扶贫开发报告.北京:社会科学文献出版社,2016.

[339] 李琴,宋月萍.劳动力流动对农村老年人农业劳动时间的影响以及地区差异.中国农村经济,2009(5):52-60.

[340] 李实.中国经济发展中的一道灰色的风景线——评《中国转轨时期劳动力流动》.经济研究,2007,42(1):154-157.

[341] 李实.中国农村劳动力流动与收入增长和分配.中国社会科学,1999(2):16-33.

[342] 李岳云,蓝海涛,方晓军.不同经营规模农户经营行为的研究.中国农村观察,1999(4):41-47.

[343] 梁晨等.无声的革命:北京大学与苏州大学学生社会来源研究(1952—2002).中国社会科学,2012(1):98-118.

[344] 梁雄军,林云,邵丹萍.农村劳动力二次流动的特点,问题与对策——对浙,闽,津三地外来务工者的调查.中国社会科学,2007(3):14-29.

[345] 林汉川,夏敏仁.发展中国家剩余劳动力转移的三个模型探析.数量经济技术经济研究,2002(5):125-127.

[346] 林建浩,赵子乐.均衡发展的隐形壁垒:方言,制度与技术扩散.经济研究,2017(9):182-197.

[347] 林毅夫,胡庄君.中国家庭承包责任制改革:农民的制度选择.北京大学学报:哲学社会科学版,1988(4):49-53.

[348] 刘波,王修华,彭建刚.我国居民收入差距中的机会不平等——基于CGSS数据的实证研究.上海经济研究,2015(8):77-88.

[349] 刘精明.中国基础教育领域中的机会不平等及其变化.中国社会科学,2008(5):101-116.

[350] 刘秀梅,田维明.我国农村劳动力转移对经济增长的贡献分析.管理世界,2005(1):91-95.

[351] 刘毓芸,戴天仕,徐现祥.汉语方言,市场分割与资源错配.经济学(季刊):2017,16(4):1583-1600.

[352] 刘毓芸,徐现祥,肖泽凯.劳动力跨方言流动的倒 U 型模式.经济研究,2015,50(10):134-146.

[353] 龙翠红,洪银兴.收入不平等对中国经济增长的影响.当代财经,2010(6):5-11.

[354] 陆益龙.户口还起作用吗——户籍制度与社会分层和流动.中国社会科学,2008(1):149-162.

[355] 罗丹,严瑞珍,陈洁.不同农村土地非农化模式的利益分配机制比较研究.管理世界,2004(9):87-96.

[356] 罗重谱.我国农村土地产权制度变迁与创新研究——基于制度经济学的视角.地方财政研究,2009(3):9-13.

[357] 吕光明,徐曼,李彬.收入分配机会不平等问题研究进展.经济学动态,2014(8):137-147.

[358] 梅金平.自由流动,公平就业和社会公正:农民通向小康之路——《不确定性,风险与中国农村劳动力区际流动》评析.管理世界,2004(5):151-153.

[359] 欧阳葵,王国成.社会福利函数与收入不平等的度量——一个罗尔斯主

义视角.经济研究,2014(2):87-100.

[360] 潘春阳.中国的机会不平等与居民幸福感研究.上海:复旦大学,2011.

[361] 钱忠好,张骏.农村教育投资与农村剩余劳动力转移:理论与实证分析——来自江苏省的数据检验及其政策启示.农业技术经济,2008(5):4-9.

[362] 钱忠好.非农就业是否必然导致农地流转——基于家庭内部分工的理论分析及其对中国农户兼业化的解释.中国农村经济,2008(10):13-21.

[363] 乔明睿,钱雪亚,姚先国.劳动力市场分割,户口与城乡就业差异.中国人口科学,2009(1):32-41.

[364] 乔榛,焦方义,李楠.中国农村经济制度变迁与农业增长——对 1978—2004 年中国农业增长的实证分析.经济研究,2006,41(7):73-82.

[365] 阮建青,王凌.语言差异与市场制度发展.管理世界,2017(4):80-91.

[366] 石智雷,杨云彦.家庭禀赋,家庭决策与农村迁移劳动力回流.社会学研究,2012,3(8):157-181.

[367] 漱兰.中国农村发展:理论和实践.中国人民大学出版社,1999.

[368] 宋洪远,赵海,徐雪高.从积贫积弱到全面小康——百年以来中国农业农村发展回顾与展望.中国农村经济,2012(1):4-15.

[369] 宋扬.中国的机会不均等程度与作用机制——基于 CGSS 数据的实证分析.财贸经济,2017,38(1):34-50.

[370] 苏星.我国农业的社会主义改造.北京:人民出版社,1980.

[371] 孙健.中国经济通史(上·中·下卷).北京:中国人民大学出版社,1999.

[372] 孙文凯,路江涌,白重恩.中国农村收入流动分析.经济研究,2007,42(8):43-57.

[373] 万广华,张藕香,伏润民.1985~ 2002 年中国农村地区收入不平等:趋势,起因和政策含义.中国农村经济,2008(3):4-15.

[374] 万广华,张茵,子璇.收入增长与不平等对我国贫困的影响.经济研究,2006,41(6):112-123.

[375] 万广华,周章跃,陆迁.中国农村收入不平等:运用农户数据的回归分解.中国农村经济,2005(5):4-11.

[376] 万海远,李实.户籍歧视对城乡收入差距的影响.经济研究,2013,48(9):43-55.

[377] 王本陆,潘国琪,刘伟.消除双轨制:我国农村教育改革的伦理诉求.北京师范大学学报:社会科学版,2004(5):20-25.

[378] 王春超.农村土地流转、劳动力资源配置与农民收入增长:于中国 17 省份农户调查的实证研究.农业技术经济,2011(1):93-101.

[379] 王海港,黄少安,李琴,罗凤金.职业技能培训对农村居民非农收入的影响.经济研究,2009,44(9):128-139.

[380] 王海港,黄少安,李琴,罗凤金.职业技能培训对农村居民非农收入的影响.经济研究,2009,44(9):128-139.

[381] 王洪亮,徐翔.收入不平等孰甚:地区间抑或城乡间.管理世界,2006(11):41-50.

[382] 王西玉,崔传义,赵阳马,忠东.中国二元结构下的农村劳动力流动及其政策选择.管理世界,2000(5):61-69.

[383] 王原君,游士兵.收入不平等问题最新研究热点分析.经济学动态,2014(5):133-146.

[384] 卫龙宝,史新杰.特色小镇建设与产业转型升级:浙江特色小镇建设的若干思考与建议.浙江社会科学,2016(3):28-32.

[385] 吴晓刚,张卓妮.户口、职业隔离与中国城镇的收入不平等.中国社会科学,2014(6):118-140.

[386] 吴晓刚.中国的户籍制度与代际职业流动.社会学研究,2007,22(6):38-65.

[387] 吴愈晓.中国城乡居民的教育机会不平等及其演变(1978—2008).中国社会科学,2013(3):5-22.

[388] 伍山林.农业劳动力流动对中国经济增长的贡献.经济研究,2016,51(2):97-110.

[389] 向国成,韩绍凤.农户兼业化:基于分工视角的分析.中国农村经济,2005(8):4-9,16.

[390] 谢正勤,钟甫宁.农村劳动力的流动性与人力资本和社会资源的关系研究——基于江苏农户调查数据的实证分析.农业经济问题,2006(8):28-32.

[391] 邢鹂,樊胜根,罗小朋,张晓波.中国西部地区农村内部不平等状况研究.经济学(季刊),2008(1):325-346.

[392] 熊婕,腾洋洋.农村异质性劳动力转移对城乡收入差距的影响机制与检

验——基于刘易斯二元经济理论的推理和实证分析. 中国人口科学，2010(S1):31-40.

[393] 徐舒. 技术进步，教育收益与收入不平等. 经济研究，2010,45(9):79-92.

[394] 徐晓红，荣兆梓. 机会不平等与收入差距——对城市住户收入调查数据的实证研究. 经济学家，2012(1):15-20.

[395] 许庆，田士超，徐志刚，邵挺. 农地制度，土地细碎化与农民收入不平等. 经济研究，2008,43(2):83-92,105.

[396] 薛宝贵，何炼成. 我国居民收入不平等问题研究综述. 经济学家，2015(2):82-90.

[397] 薛宇峰. 中国农村收入分配的不平等及其地区差异. 中国农村经济，2005(5):26-34.

[398] 杨仕元，卿涛，岳龙华. 从刘易斯到索洛：中国劳动力市场转折的典型化事实. 经济体制改革，2018(3):5-11.

[399] 杨学成，曾启. 试论农村土地流转的市场化. 中国社会科学，1994(4):16-22.

[400] 姚洪心，王喜意. 劳动力流动，教育水平，扶贫政策与农村收入差距——一个基于 multinomial logit 模型的微观实证研究. 管理世界，2009(9):80-90.

[401] 姚洋. 中国农地制度：一个分析框架. 中国社会科学，2000(2):54-65.

[402] 袁方，史清华. 不平等之再检验：可行能力和收入不平等与农民工福利. 管理世界，2013(10):49-61.

[403] 张红宇. 关于深化农村改革的四个问题. 农业经济问题，2016,37(7):4-11.

[404] 张林秀. 农户经济学基本理论概述. 农业技术经济，1996(3):24-30.

[405] 张天雪，黄丹. 农村教育"内卷化"的两种形态及破解路径. 教育发展研究，2014,34(11):30-35.

[406] 张务伟，张福明，杨学成. 中国农村经济、农业富余劳动力转移程度与其土地处置方式的关系——基于山东省 241 位农业转移劳动力调查资料的分析. 中国农村经济，2009(3):85-90.

[407] 张影强. 我国机会不平等对收入差距的影响研究. 北京：北京交通大学，2010.

［408］张瑜,苏小梅.论建立我国土地产权制度.管理世界,1992(6):114-117.

［409］章元,王昊.城市劳动力市场上的户籍歧视与地域歧视:基于人口普查数据的研究.管理世界,2011(7):42-51.

［410］赵亮,张世伟.农村内部收入不平等变动的成因——基于回归分解的研究途径.人口学刊,2011(5):50-57.

［411］赵子乐,林建浩.经济发展差距的文化假说:从基因到语言.管理世界,2017(1):65-77.

［412］甄小鹏,凌晨.农村劳动力流动对农村收入及收入差距的影响——基于劳动异质性的视角.经济学（季刊）,2017(3):1073-1096.

［413］郑冰岛,吴晓刚.户口、"农转非"与中国城市居民中的收入不平等.社会学研究,2013(1):160-181.

［414］钟笑寒.劳动力流动与工资差异.中国社会科学,2006(1):34-46.

［415］周文,赵方,杨飞,李鲁.土地流转,户籍制度改革与中国城市化:理论与模拟.经济研究,2017,52(6):183-197.